INTRODUÇÃO ÀS LINGUAGENS DE PROGRAMAÇÃO PARA CLP

Blucher

EDILSON ALFREDO DA SILVA

INTRODUÇÃO ÀS LINGUAGENS DE PROGRAMAÇÃO PARA CLP

Introdução às linguagens de programação para CLP
© 2016 Edilson Alfredo da Silva
Editora Edgard Blücher Ltda.

2ª reimpressão - 2022

Blucher

Rua Pedroso Alvarenga, 1245, 4º andar
04531-934 – São Paulo – SP – Brasil
Tel.: 55 11 3078-5366
contato@blucher.com.br
www.blucher.com.br

Segundo o Novo Acordo Ortográfico, conforme 5. ed. do *Vocabulário Ortográfico da Língua Portuguesa*, Academia Brasileira de Letras, março de 2009.

É proibida a reprodução total ou parcial por quaisquer meios sem autorização escrita da Editora.

Todos os direitos reservados pela Editora Edgard Blücher Ltda.

FICHA CATALOGRÁFICA

Silva, Edilson Alfredo da
    Introdução às linguagens de programação para CLP / Edilson Alfredo da Silva. – São Paulo: Blucher, 2016.
    354 p.

    ISBN 978-85-212-1053-5

    1. Automação industrial 2. Controladores programáveis 3. Linguagens de programação I. Título

16-0213   CDD 629.895

Índices para catálogo sistemático:
1. Controladores programáveis

A Deus, por dar-me saúde e vontade de transmitir meu conhecimento sobre tecnologia do Controlador Lógico Programável.

A minha esposa, Maria Evanil, pelo incentivo.

Aos meus filhos, Rafael e Naara, pelo estímulo e pelo tempo que dividiram com estas páginas que trazem muitos esforços impressos.

AGRADECIMENTOS

A Deus todo-poderoso por todas as dádivas que são oferecidas a nós diariamente, nas quais incluo amor, paz, saúde e conhecimento.

À Igreja que tem orado por todos os povos para salvação em Cristo Jesus.

À direção do Instituto Federal de Educação, Ciência e Tecnologia de Mato Grosso (IFMT), pelo apoio ao desenvolvimento deste trabalho.

À Schneider Electric do Brasil pelo suporte na elaboração do livro.

Ao professor José Mario Luciano da Silva, do Departamento de Área de Eletroeletrônica do IFMT, pelo apoio na preparação do livro.

Aos professores do Departamento de Área de Eletroeletrônica que, de forma direta ou indireta, contribuíram com a realização deste trabalho.

Aos alunos das disciplinas Automação Industrial e Controlador Lógico Programável que contribuíram com o desenvolvimento dos exercícios do livro.

Ao Senai-MT, que por 15 anos me proporcionou conhecimento em automação industrial para escrever este livro.

PREFÁCIO

Este livro surgiu em razão da necessidade de um material didático que abordasse controladores lógicos programáveis de acordo com a norma IEC 61131-3 e fosse acompanhado de exercícios de solução na prática.

Todo o escopo do livro é apresentado em linguagem simples. Há exercícios resolvidos e figuras exemplificando o processo industrial e tratando da teoria aliada à prática. O intuito é auxiliar a compreensão do conteúdo quando analisado por estudantes de nível técnico, acadêmicos de graduação e profissionais da área de controle industrial.

As principais novidades do livro estão na metodologia empregada nos exemplos de projetos de automação industrial, que são resolvidos com a norma IEC para programação de controladores, facilitando, assim, o entendimento da linguagem de programação por parte do leitor. Os mesmos exercícios são desenvolvidos nas cinco linguagens, para que o leitor possa compará-las e avaliar a aplicação de determinada linguagem em parte da planta ou no total.

O Capítulo 1 comenta as principais características da norma IEC 61131-3, destacando as linguagens de programação segundo o padrão para controladores lógicos programáveis que estão de acordo com a norma: lista de instruções (IL), texto estruturado (ST), diagrama de blocos funcionais (FBD), *ladder* (LD), sequencial gráfico de função (SFC) e os elementos que caracterizam cada uma delas.

No Capítulo 2, estão os principais comandos da linguagem texto estruturado (ST), que é uma linguagem textual de alto nível e muito poderosa. A linguagem texto estruturado foi inspirada na linguagem Pascal e é excelente para programação complexa. Desse modo, é recomendada para aplicação de planta envolvendo blocos funcionais complexos. Em sua descrição estão os exercícios resolvidos para entendimento da linguagem.

Lista de instruções (IL) é a segunda linguagem textual de baixo nível e fácil compreensão. O Capítulo 3 descreve os princípios básicos, a estrutura e a semântica dessa linguagem. Os exercícios resolvidos do capítulo facilitam o desenvolvimento de pequenos projetos ao implementar a lista de instruções.

O Capítulo 4 traz a primeira linguagem gráfica: diagrama de blocos de funções (FBD). Nele, são comentadas as principais características da programação FBD cujos elementos de programação são interligados, semelhantes às portas utilizadas em eletrônica digital. Os exercícios são resolvidos com os blocos principais para programação hierárquica e modular.

A linguagem *ladder* (LD), tema do Capítulo 5, é uma linguagem gráfica com lógica baseada em relés e contatos para realização de circuitos de controles e acionamentos e é a mais utilizada na prática por programadores de Controlador Lógico Programável. Isso se dá em razão de sua semelhança com a lógica convencional de comandos elétricos, utilizados pelos profissionais de montagem de acionamento de motores industriais, e por ser a primeira linguagem utilizada pelos fabricantes de controladores. Nos exercícios resolvidos, observa-se a praticidade para quem já trabalha com a automação industrial.

O último capítulo trata da linguagem sequencial gráfico de função (SFC), mostrando conceitos básicos, passos, ações, estruturas básicas, tipos de sequência, exemplos com ações utilizando outras linguagens, permitindo que o leitor compare a vantagem de utilizar determinada linguagem.

SOBRE O AUTOR

Edilson Alfredo da Silva é professor de cursos formadores de tecnólogos em Automação Industrial e de técnicos em Eletrônica e Eletrotécnica do Instituto Federal de Educação, Ciência e Tecnologia de Mato Grosso (IFMT). Nessa instituição, ministra as disciplinas: Automação Industrial, Sistemas Eletropneumáticos, Supervisório, Controlador Lógico Programável.

É especialista em Inovação em Ciência e Tecnologia, pela Universidade Federal de Mato Grosso (UFMT), e em Segurança Linux, pelo Instituto Federal de Educação, Ciência e Tecnologia de Mato Grosso (IFMT). Graduado em Engenharia Elétrica pela Universidade Federal de Mato Grosso (UFMT) e mestre em Engenharia Elétrica, especialidade em Automação, pela Universidade Estadual Paulista "Júlio de Mesquita Filho" (Unesp) de Ilha Solteira.

CONTEÚDO

1. CONTROLADOR LÓGICO PROGRAMÁVEL   **17**

1.1   Introdução   17

1.2   Evolução do Controlador Lógico Programável   17

1.3   Funcionamento do Controlador Lógico Programável   18

     1.3.1   Varredura ou *scan*   19

1.4   Arquitetura básica do Controlador Lógico Programável   20

     1.4.1   Módulos especiais   21

     1.4.2   Unidades de entrada e saída digital   21

     1.4.3   Unidades analógicas   24

2. NORMA IEC 61131-3 APLICADA AO CONTROLADOR LÓGICO PROGRAMÁVEL   **27**

2.1   Introdução   27

2.2   Conceitos básicos da Norma IEC 61131-3   29

     2.2.1   Introdução   29

     2.2.2   Estrutura do modelo do *software* IEC   30

     2.2.3   Configurações (*configurations*)   31

     2.2.4   Recursos (*resources*)   31

     2.2.5   Tarefas (*tasks*)   32

2.2.6	Unidade de organização de programa (POU)	32
2.2.7	Variáveis	33
2.2.8	Caminhos de acesso (*access paths*)	34

3. ELEMENTOS COMUNS   37

3.1	Introdução	37
3.2	Identificadores (*identifiers*)	37
3.3	Tipos de dados (*data types*)	38
	3.3.1 Tipos de dados elementares	39
	3.3.2 Dados booleanos	40
	3.3.3 Tipos de dados genéricos	40
	3.3.4 Tipos de dados derivados (*derived data types*)	40
3.4	Variáveis	41
	3.4.1 Tipos de variáveis	41
3.5	Unidades de organização de programa (POUs)	43
	3.5.1 Funções (*functions*)	43
	3.5.2 Blocos funcionais (*function blocks*)	46
	3.5.3 Programas (*programs*)	47
	3.5.4 Recursos (*resources*)	48
	3.5.5 Tarefas (*tasks*)	48

4. LINGUAGENS TEXTUAIS   49

4.1	Texto estruturado (*Structured Text,* ST)	49
	4.1.1 Elementos característicos da *Structured Text* (ST)	50
	4.1.2 Instruções	52
	4.1.3 Comando condicional CASE	105
	4.1.4 Comandos de repetição	105
	4.1.5 Elementos dos blocos funcionais	109
	4.1.6 Variável pública	110
	4.1.7 Variável privada	110
	4.1.8 Inserção de blocos funcionais	110
	4.1.9 Criação de blocos funcionais	111
	4.1.10 Benefícios da utilização de um bloco funcional	112
	4.1.11 Criação de tipo de bloco funcional	112

4.2	Lista de instruções (*Instruction List,* IL)	112
	4.2.1 Instruções	113
	4.2.2 Estrutura da linguagem de programação IL	113
	4.2.3 Semântica dos operadores	114
	4.2.4 Chamada de funções e blocos de função	114
	4.2.5 Operadores	114
	4.2.6 Modificadores	115
	4.2.7 Comentários (*comments*)	117

5. LINGUAGENS GRÁFICAS   163

5.1	Linguagem *ladder*	163
	5.1.1 Endereçamento	164
	5.1.2 Instruções básicas em linguagem *ladder*	165
5.2	Diagrama de blocos funcionais (FBD)	222
	5.2.1 Bloco funcional padrão	223
	5.2.2 Função elementar	224
5.3	Sequencial gráfico de função (SFC)	270
	5.3.1 Elementos do sequencial gráfico de função (SFC)	270
	5.3.2 Objetos de uma seção do SFC	271
	5.3.3 Sequências no SFC	273
	5.3.4 Ação	274

REFERÊNCIAS BIBLIOGRÁFICAS   353

CAPÍTULO 1
Controlador Lógico Programável

1.1 INTRODUÇÃO

O Controlador Lógico Programável (CLP) – ou PLC (*Programmable Logic Controller*) – pode ser definido como um dispositivo de estado sólido, um computador industrial, capaz de armazenar instruções para o controle de um processo e a implementação de funções e blocos funcionais em um sistema (sequência lógica, temporização, contagem). Também realiza operação lógica e aritmética, manipulação de dados e comunicação em rede. Está localizado no segundo nível da pirâmide da automação industrial e é um equipamento que realiza o controle automatizado das atividades da planta.

1.2 EVOLUÇÃO DO CONTROLADOR LÓGICO PROGRAMÁVEL

Em 1968, a divisão de projetos da General Motors, com o objetivo de eliminar os elevados custos associados a painéis de controle feitos com relés eletromecânico, elaborou um equipamento (Figura 1.1) que tinha características que exigiam um sistema de estado sólido com flexibilidade similar à de um computador e capacidade de sobreviver em um ambiente industrial. Tal equipamento também apresentava facilidade de programação, possibilidade de reutilização em diferentes processos, redução de tempo de paralização nas manutenções e controles lógicos.

Ao longo dos anos, o CLP sofreu aprimoramentos:

- 1969-1971: mudança da lógica eletromecânica por semicondutores.
- 1971-1976: utilização de processadores e memórias, substituição de contadores e temporizadores, cálculos aritméticos, impressão de relatórios, controle em malha fechada.

- 1976-1981: controle de posicionamento e comunicação entre CLPs.
- 1981-1985: comunicação em rede com periféricos inteligentes (remotos) e redundância de CPUs.
- 1985 em diante: acesso via interface homem-máquina (IHM), controle por sistemas supervisórios.

Figura 1.1 CLP.
CLP M340 (Cortesia de Schneider Electric do Brasil).

De acordo com a norma IEC 61131-1, um Controlador Lógico Programável é definido como:

Sistema eletrônico digital, desenvolvido para uso em ambiente industrial, que usa uma memória programável para armazenamento interno de instruções do usuário, para implementação de funções específicas, como lógica, sequenciamento, temporização, contagem e aritmética, para controlar, por meio de entradas e saídas, vários tipos de máquinas e processos. (INTERNATIONAL ELECTROTECHNICAL COMMISSION, 1992, p. 9, tradução nossa)

1.3 FUNCIONAMENTO DO CONTROLADOR LÓGICO PROGRAMÁVEL

O Controlador Lógico Programável, em substituição aos comandos elétricos convencionais mais simples, tem um microcontrolador composto de sinais de entrada binários. Em instantes discretos e durante certo intervalo de tempo, ele executa um programa de controle e depois atualiza o valor dos sinais.

A todo o momento, a informação das entradas está disponível em sua interface, mas apenas durante a operação de leitura os sinais são copiados para a memória de entrada. Essa informação armazenada na memória de entrada é usada ao longo da execução do programa do usuário de controle. A operação do programa envia as informações para as saídas. Os sinais de saída computados na operação são copiados da memória de saída para a interface de saída. O tempo de ciclo do programa é definido pelo tamanho, pela complexidade e pela configuração do controle de execução do Controlador Lógico Programável e deve ser compatível com o tempo máximo permitido para o processo controlado.

A seguir, como se dá o funcionamento:

- Energização.
- Limpeza das memórias-imagem de entrada e saída.
- Teste de escrita/leitura da memória RAM.
- Teste de executabilidade do programa usuário.
- Execução das rotinas de inicialização.
- Execução da varredura.

1.3.1 VARREDURA OU *SCAN*

O Controlador Lógico Programável lê os estados de cada uma das entradas e verifica se alguma foi acionada. Esse processo é chamado ciclo de varredura ou *scan* e geralmente dura microssegundos, valor que depende do *hardware*. Atualmente, os controladores são muito rápidos (*scan time*). Após o ciclo de varredura, o Controlador Lógico Programável armazena os resultados obtidos na varredura em uma região. Esse resultado é consultado no decorrer do processamento do programa usuário.

Ao executar o programa usuário e consultar o resultado armazenado, a CPU atualiza as saídas, de acordo com as instruções definidas pelo usuário no programa. A CPU escreve o valor contido na memória das saídas e atualiza as interfaces ou módulos de saída. Em seguida inicia-se um novo ciclo de varredura, conforme a Figura 1.2.

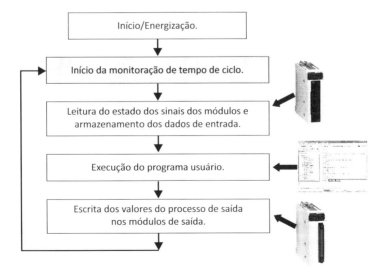

Figura 1.2 *Scan.*

Os sistemas de controle industrial são sistemas de tempo real, o que significa que alterações nos sinais de entrada exigem uma imediata ação no sinal de saída correspondente, ou seja, o tempo de reação do sistema de controle deve ser condizente com as necessidades do processo controlado.

1.4 ARQUITETURA BÁSICA DO CONTROLADOR LÓGICO PROGRAMÁVEL

Na arquitetura básica do Controlador Lógico Programável (Figura 1.3), algumas características avançadas dependem do fabricante e acrescentam o diferencial competitivo. São exemplos dessas características: capacidade relacionada ao número de entradas e saídas, memória, conjunto de instruções, velocidade de processamento, comunicação, confiabilidade, modularidade, IHM etc.

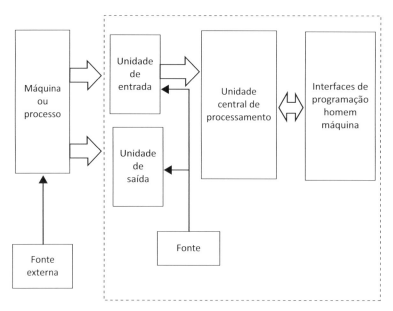

Figura 1.3 Arquitetura básica do CLP.

A seguir, detalha-se o papel de alguns elementos da arquitetura básica:

- **Unidade de entrada**: recebe sinais elétricos da máquina ou processo e tem compatibilidade com o circuito eletrônico do CLP.
- **Unidade de saída**: recebe os sinais processados pelo CLP e disponibiliza um sinal elétrico para utilização na máquina ou processo.

- **Unidade de processamento**: é o cérebro do CLP; administra todas as funções, recebe os sinais da unidade de entrada, executa a lógica do programa usuário e coloca o resultado na unidade de saída.

- **Fonte de alimentação**: adapta a energia elétrica para o funcionamento do conjunto do Controlador Lógico Programável.

1.4.1 MÓDULOS ESPECIAIS

O Controlador Lógico Programável aceita uma infinidade de módulos especiais. A seguir, alguns módulos especiais que são mais encontrados nos fabricantes:

- Módulos de entrada para termopares.

- Módulos de entrada para PT100.

- Módulos de contagem rápida (*encoder*).

- Módulos para controle de motor de passo.

- Módulos para medição de parâmetros elétricos (V, I, Pot. Ativa, Pot. Reativa, Energia etc.).

- Módulos de comunicação com redes.

- Módulos de Ethernet.

O Controlador Lógico Programável ideal é aquele que se adapta à sua necessidade e apresenta interfaces a serem interligadas à planta industrial compatíveis com sensores e atuadores. A diferença entre modelos basicamente está em sua nomenclatura, simbologia e programação de acordo com o fabricante.

1.4.2 UNIDADES DE ENTRADA E SAÍDA DIGITAL

Projetadas para trabalhar no ambiente industrial, as unidades de entrada e saída são modularizadas para conexão direta com os sinais dos transdutores e atuadores. Com as características do projeto, as unidades de E/S convertem os sinais elétricos do processo para os baixos níveis utilizados pelo controlador, que são providas de isoladores ópticos com fotodiodo e fototransistor encapsulados em um dispositivo denominado acoplador óptico.

As unidades de entrada e saída digital admitem apenas dois estados:

- Ligado – *On*.

- Desligado – *Off*.

1.4.2.1 Entradas digitais do tipo N ou P

- **Tipo N (ou NPN)**: entrada ligada quando se coloca 0 Vcc no borne de entrada (Figura 1.4).

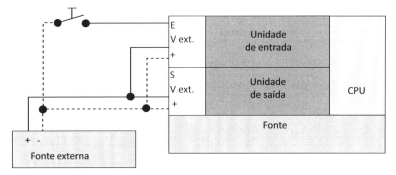

Figura 1.4 Ligação de entrada NPN.

- **Tipo P (ou PNP)**: entrada ligada quando se coloca +24 Vcc no borne de entrada (Figura 1.5).

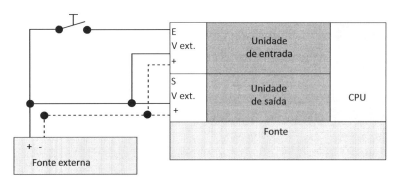

Figura 1.5 Ligação de entrada PNP.

1.4.2.2 Saídas digitais do tipo N ou P

- **Tipo N (ou NPN)**: saída ligada quando se coloca 0 Vcc no borne de saída (Figura 1.6).

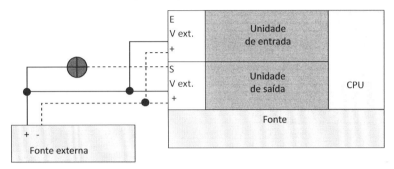

Figura 1.6 Ligação de saída NPN.

- **Tipo P (ou PNP)**: saída ligada quando se coloca +24 Vcc no borne de saída (Figura 1.7).

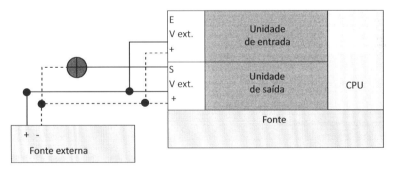

Figura 1.7 Ligação de saída PNP.

Os módulos do Controlador Lógico Programável são constituídos de cartões, conforme a Figura 1.8, que, de acordo com o fabricante, possuem um número variado de opções para atender as mais variadas aplicações nos ambientes industriais.

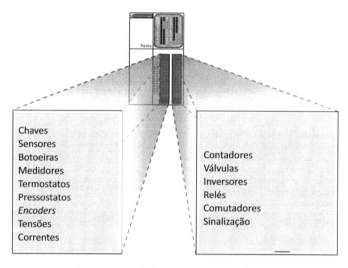

Figura 1.8 CLP com entradas e saídas.

1.4.3 UNIDADES ANALÓGICAS

Essas unidades admitem mais de dois estados possíveis, usualmente um intervalo de valores. O sinal analógico é representado por uma grandeza que pode assumir qualquer valor entre dois limites determinados. As grandezas analógicas elétricas tratadas por um Controlador Lógico Programável são tensão e corrente.

- Corrente: 0 a 20 mA; 4 a 20 mA.
- Tensão: 0 a 10 Vcc; 0 a 5 Vcc; -5 Vcc a +5 Vcc; -10 Vcc a +10 Vcc.

1.4.3.1 Entrada analógica

Essa entrada recebe sinal analógico e o converte em valores numéricos (Figura 1.9). Os principais dispositivos utilizados nas entradas analógicas são:

- Sensores de pressão manométrica.
- *Encoder*.
- Transmissores de pressão, nível, vazão, temperatura etc.
- Sensores de pressão mecânica, como célula de carga.

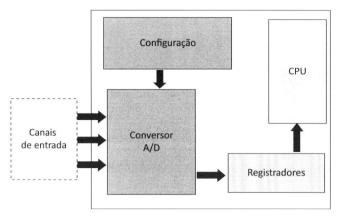

Figura 1.9 Interface de entrada analógica.

1.4.3.2 Saída analógica

Essa saída converte os valores numéricos (Figura 1.10) em sinais de tensão ou corrente. Os mais comuns são de 0 a +10 Vcc ou de 0 a +5 Vcc. A corrente deve ser de 0 a 20 mA ou de 4 a 20 mA. Os sinais de saída analógica são utilizados para controlar dispositivos do tipo:

- Inversores de frequência.
- Válvulas proporcionais.
- Posicionadores rotativos.
- Servomotores CC.

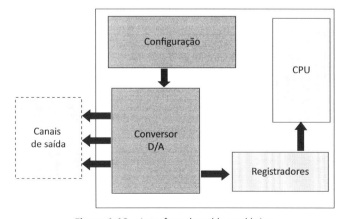

Figura 1.10 Interface de saída analógica.

CAPÍTULO 2

Norma IEC 61131-3 aplicada ao Controlador Lógico Programável

2.1 INTRODUÇÃO

A International Electrotechnical Commission (IEC) é uma organização internacional responsável pela padronização de sistemas para produtos elétricos e eletrônicos. Compreendendo os comitês nacionais, tem como objetivo promover cooperação internacional em todas as questões relativas à normalização de campos elétricos e eletrônicos. Para tanto, a IEC publica padrões internacionais, cuja preparação é confiada a comissões técnicas, as quais podem ter participação de qualquer comitê nacional da IEC interessado em certo assunto.

Durante muito tempo, foram desenvolvidas diferentes técnicas de programação para aplicações industriais de controle e para Controladores Lógicos Programáveis (CLPs). Isso exigiu que os profissionais envolvidos no trabalho em plantas tivessem de buscar conhecimento de várias marcas de fabricantes de CLPs, o que acarretou desperdício dos recursos humanos no treinamento da equipe técnica e no uso ineficiente de tempo e dinheiro. Desse modo, a comunidade da IEC reconheceu que havia algo errado no uso do CLP e, em 1979, organizou um grupo para estudar e avaliar sua aplicação. Esse grupo responsabilizou-se por avaliar o projeto do *hardware*, a instalação, os testes, a documentação, a programação e as comunicações, estendendo o conceito de CLP para Controlador Programável. Esse moderno conceito permite que o equipamento desempenhe funções muito mais complexas do que simplesmente a lógica discreta do CLP tradicional.

A partir disso, sabe-se que, no futuro, o padrão internacional vai estipular um treinamento mais uniforme do recurso humano, e os equipamentos serão padronizados onde quer que sejam empregados. O custo de treinamento será reduzido, uma vez que apenas características específicas de cada novo sistema deverão ser aprendidas. A documentação também será mais uniforme, mesmo havendo *hardware* de mais de um fornecedor em toda a planta.

Dos estudos, a organização elaborou a norma IEC 61131-3, que apresenta e define cinco linguagens de programação que podem cobrir uma ampla gama de aplicações. A padronização a partir dessa norma tem as seguintes vantagens:

- Padrão internacional aceito para o equipamento.

- Oferecimento de projeto com a melhor linguagem para cada parte da planta, de acordo com a necessidade.

- Geração de economia no tempo de processamento.

- Qualidade na programação, com opção de duas linguagens textuais e possibilidade de usar todas em uma mesma planta.

A Tabela 2.1 apresenta todos os itens tratados na norma IEC 61131-3.

Tabela 2.1 Norma IEC 61131-3.

Parte	Título	Conteúdo	Publicação
Parte 1	*General Information*	Definição da terminologia e conceitos.	2003 (2. ed.)
Parte 2	*Equipment Requirements and Tests*	Teste de verificação e fabricação eletrônica e mecânica.	2003 (2. ed.)
Parte 3	*Programmable Languages*	Estrutura do *software* do CP, linguagens e execução de programas.	2003 (2. ed.)
Parte 4	*User guidelines*	Orientações para seleção, instalação e manutenção de CPs.	2004 (2. ed.)
Parte 5	*Communications*	Funcionalidades para comunicação com outros dispositivos.	2000 (2. ed.)
Parte 6	Reservada		
Parte 7	*Fuzzy Control Programming*	Funcionalidades para comunicação com outros dispositivos.	2000 (2. ed.)
Parte 8	*Guidelines for the Application and Implememtation of Programming Languages*	Orientações para implementação das linguagens IEC 61131-3.	2003 (2. ed.)

O Controlador Lógico Programável (CLP) tradicional contém um único recurso, executa uma única tarefa, controla um único programa, realiza uma única malha fechada. O Controlador Programável segundo a norma IEC 61131-3, por sua vez, realiza multiprocessamento e o programa carrega em sua memória as seguintes interfaces:

- Interface de entrada/saída: a função da interface com entradas e saídas é permitir acesso à leitura dos sinais do processo, assim como o comando dos dispositivos de campo.

- Interface de comunicação: a função da interface de comunicação é disponibilizar dados para troca de informações no processo, com CLPs, IHMs, computadores etc.

- Interface de sistema: permite a interação entre o programa do Controlador Programável e seu *hardware*, para o correto processamento do programa.

2.2 CONCEITOS BÁSICOS DA NORMA IEC 61131-3

2.2.1 INTRODUÇÃO

Um dos principais objetivos do grupo que elaborou a norma foi unificar os conceitos de programação com interface padronizada e definida entre eles. A norma permite decompor o programa em partes menores ou modularizadas, possibilitando que as partes decompostas sejam gerenciadas. O desenvolvimento de uma programação bem estruturada a partir da abordagem de cima para baixo (*top-down*) e de baixo para cima (*bottom-up*) permite dividir o programa em elementos funcionais chamados *Program Organization Units* (POUs), que têm como fundamento três princípios:

- Modularização: decomposição do programa em partes menores.

- Estruturação: hierarquia para programação em níveis para a aplicação da modularização e da reutilização de blocos funcionais.

- Reutilização: reutilização por meio de cópias de programas e blocos funcionais.

A norma IEC 61131-3 padroniza diversos aspectos relativos à programação de Controladores Programáveis. Mesmo assim, não se pode esperar que os produtos de mercado sejam totalmente compatíveis entre si. O objetivo da norma é alcançar maior produtividade e portabilidade entre aplicações de CPs de fabricantes diferentes.

Apesar do esforço para a utilização dos conceitos propostos pela norma IEC 61131-3, os benefícios ainda não vistos totalmente. Isso se dá porque a maior parte dos projetos de automação é realizada em linguagem *ladder* por uma questão cultural ou por falta de conhecimento dos desenvolvedores, que preferem a linguagem à qual estão acostumados, mesmo que o *hardware* não imponha limite.

Essa norma definiu a interface de programação, com características que permitem que pessoas com diferentes habilidades e formações criem elementos diferentes de um programa. A seguir, a Figura 2.1 apresenta a interface de programação.

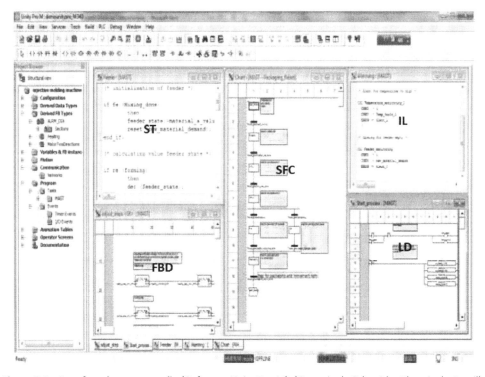

Figura 2.1 Interface de programação (*Software Unity Pro M*). (Cortesia da Schneider Electric do Brasil).

Os principais aspectos que o ambiente de programação deve apresentar são: cinco linguagens de programação, para adequar a necessidade da aplicação e dos diversos usuários; bibliotecas reutilizáveis (POUs); monitoração e diagnósticos online do sistema; documentação completa da aplicação; e interface amigável.

2.2.2 ESTRUTURA DO MODELO DO *SOFTWARE* IEC

Os elementos definidos pela norma IEC 61131-3 apresentam o *software* (Figura 2.2) proposto e sua interação, a organização do programa e a comunicação com o ambiente externo. Seguindo uma hierarquia entre os elementos, as linguagens são definidas na norma. A configuração contém um ou mais recursos e esses recursos têm uma ou mais tarefas, que possuem um ou mais programas. Esses programas, por sua vez, apresentam funções, blocos funcionais e podem ser reutilizados no desenvolvimento de uma aplicação.

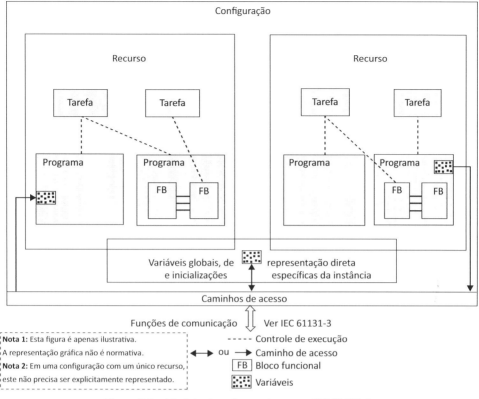

Figura 2.2 Modelo de *software* da norma IEC 61131-3.
Fonte: INTERNATIONAL ELECTROTECHNICAL COMMISSION, 2002.

2.2.3 CONFIGURAÇÕES (*CONFIGURATIONS*)

A configuração é o elemento que está no nível mais alto do *software*, pois corresponde a um sistema do Controlador Programável. Na IEC 61131-3, há uma configuração correspondente ao *software* necessário para um único CLP. Em sistemas mais complexos de manufatura, podem existir diversas configurações ou uma configuração com diversos controladores, que interagem entre si por meio das interfaces de comunicação padronizadas pela norma. Todos os elementos do *software* são definidos na configuração, e são esses elementos que praticamente interagem entre si para desempenhar as funções de controle. Tais elementos podem ser CLPs, IHMs e dispositivos de comunicação, desde que possuam interfaces compatíveis com a norma.

2.2.4 RECURSOS (*RESOURCES*)

Um recurso dentro da IEC 61131-3 é, basicamente, qualquer elemento com capacidade de processamento responsável pela execução dos programas. Dentro de cada configuração, pode haver um ou mais recursos, que podem existir fisicamente ou ser apenas uma máquina virtual. Neste último caso, mais de um recurso pode compartilhar de forma independente a capacidade de processamento de um computador, ou seja, é possível existir uma IHM e um PLC baseado em um *Personal Computer* (PC), sendo, portanto, dois recursos distintos. Cada recurso deve ser independente, não podendo ser influenciado por outros. Uma das principais características de um recurso é uma interface entre o programa e as entradas e saídas físicas do CLP. Os exemplos de recursos mais comuns são a CPU do CLP, as IHMs e os *gateways* de comunicação (INTERNATIONAL ELECTROTECHNICAL COMMISSION, 2002).

2.2.5 TAREFAS (*TASKS*)

No contexto da IEC 61131-3 para o modelo de *software* do CLP, uma tarefa pode ser configurada para controlar a execução de programas ou de blocos funcionais, de forma periódica ou disparada por eventos. Uma simples execução de um programa ou de um bloco funcional implica que todos os elementos do *software* serão processados de uma só vez, a cada ciclo de processamento de tarefa. A norma não define nenhum mecanismo implícito para a execução de programas, ou seja, um programa ou bloco funcional fica aguardando sua execução até que seja associado a determinada tarefa, que vai ser ativada por uma execução periódica ou por determinado evento.

2.2.6 UNIDADE DE ORGANIZAÇÃO DE PROGRAMA (POU)

A norma IEC 61131-3 descreve programas, blocos funcionais e funções como unidades de organização de programas (POU). A principal característica desses elementos de *software* é sua possível reutilização no desenvolvimento de uma aplicação. A reutilização por meio de cópias ou réplicas de programas e blocos funcionais é feita criando-se instâncias, as quais são declaradas por tipo e possuem uma área de dados separada na memória do CLP. As funções não são instanciadas, pois só existem em tempo de execução. A norma estimula a reutilização desde o nível mais alto, com programas, até o nível mais baixo, com blocos funcionais e funções.

2.2.6.1 Programas (*programs*)

Um programa é composto de outros elementos de *software* que podem ser escritos em qualquer uma das cinco linguagens da norma IEC 61131-3. Geralmente, o programa é constituído de funções e blocos funcionais com interconexão entre si, que podem ler e escrever em variáveis de E/S e comunicar-se com outros programas. O Controlador Programável multitarefa possui capacidade de executar vários programas principais simultaneamente. Portanto, o programa tem características especiais em relação a blocos de função.

2.2.6.2 Blocos funcionais (*function blocks*)

O conceito de bloco funcional é um dos mais importantes da norma IEC 61131-3. Para fins de linguagens de programação do Controlador Programável, um bloco funcional é um elemento na POU que, quando executado, produz um ou mais valores. A principal característica do bloco funcional é possuir um conjunto de dados, os quais podem ser alterados por um algoritmo interno, e ser utilizado para a criação de elementos de *software* reutilizáveis, até mesmo de um programa complexo. O bloco funcional permite o projeto de *software* de forma hierárquica e estruturada.

2.2.6.3 Funções (*functions*)

As funções são elementos de *software* similares aos blocos funcionais, mas com duas diferenças. A primeira é que a função não guarda valores internos e, dessa maneira, sempre retorna o mesmo resultado para o mesmo conjunto de entradas. A outra diferença é que a função possui somente uma entrada e não tem instâncias, existindo apenas em tempo de execução. São exemplos de funções as trigonométricas e aquelas para processamento de texto.

2.2.7 VARIÁVEIS

A declaração de variáveis na POU é realizada dentro de diferentes elementos de *software* como: programas, funções e blocos funcionais. Para serem acessadas, as variáveis podem utilizar nomes simbólicos e ser de diferentes tipos de dados. Podem também ter alocação dinâmica ou associada a posições físicas de memória. O escopo das variáveis é local aos elementos de *software* que as declaram, permitindo acesso dentro do próprio elemento, que pode ser configuração, recurso, programa, bloco funcional ou função. Variáveis também podem ser de escopo global, sendo acessadas por todos os elementos de *software* e podendo ser declaradas dentro de uma configuração ou recurso.

A seguir, são descritas as características das variáveis de escopo locais e globais e das variáveis de representação direta, segundo a IEC.

2.2.7.1 Escopo local e global

As variáveis locais são acessíveis dentro do elemento de *software* (configuração, recurso, programa, bloco funcional ou função) no qual foram criadas. Esse é o tipo padrão de variáveis. As variáveis globais, por sua vez, são definidas assim porque são acessíveis a todos os elementos de *software* pertencentes ao qual ela foi criada. Por exemplo, uma variável global definida em um programa é acessível a todos os elementos pertencentes a esse programa.

2.2.7.2 Representação direta

Variáveis de representação direta estão associadas a posições físicas da memória do Controlador Programável. Elas são usadas, geralmente, para endereçar pontos de E/S (Figura 2.3). As variáveis de representação direta têm seu uso restrito aos programas, não permitindo que nem blocos funcionais nem funções façam acesso direto, mas garantindo a reutilização dos blocos. A notação utilizada para o endereçamento é padronizada para permitir a portabilidade.

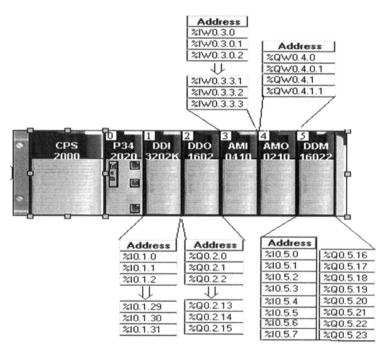

Figura 2.3 Endereçamento do CLP M340.
(Cortesia da Schneider Electric do Brasil).

2.2.8 CAMINHOS DE ACESSO (*ACCESS PATHS*)

A norma assume que estarão disponíveis mecanismos de comunicação para a troca de informação, não abordando a maneira a ser adotada. A parte 5 da norma (IEC 61131-5) define os blocos funcionais que proverão serviços para leitura e escrita de variáveis em configurações remotas. Os caminhos de acesso podem ser definidos para os seguintes tipos de variáveis:

- Variáveis de entradas e saídas.
- Variáveis globais.
- Variáveis de representação direta.

Por padrão, os caminhos de acesso permitem apenas acesso de leitura ou leitura--escrita. Ao especificar ler-escrever, essa permissão deve ser apontada imediatamente após o tipo da variável de acesso a dados. Esse tipo de variável deve ser igual ao da variável associada. O caminho de acesso permite, então, a transferência de dados entre diferentes configurações. E é na configuração que se pode definir o número de variáveis para acesso por configurações remotas.

CAPÍTULO 3
Elementos comuns

3.1 INTRODUÇÃO

A norma IEC 61131-3 especifica a sintaxe e a semântica de um conjunto unificado de linguagens de programação para o Controlador Programável. As linguagens em conformidade com a norma são: lista de instruções (*Instruction List*, IL); texto estruturado (*Structured Text*, ST); diagrama de blocos funcionais (*Function Block Diagram*, FBD); diagrama *ladder* (*Ladder Diagram*, LD); sequencial gráfico de função (*Sequential Function Chart*, SFC).

Dessas linguagens, duas são textuais, *instruction list* e *structured text*, e duas são gráficas, *ladder diagram* e *function block diagram*. A linguagem *sequential function chart* tem elementos que estruturam a organização interna dos programas de Controlador Programável e blocos funcionais. Esses elementos de configuração são definidos na programação do controlador, e os recursos estabelecidos facilitam a comunicação entre Controladores Programáveis e outros componentes de sistemas automatizados.

Todas essas linguagens de programação podem ser aplicadas no mesmo projeto. E o uso de uma única linguagem padronizada pela norma não tem benefícios na estruturação do projeto final.

3.2 IDENTIFICADORES (*IDENTIFIERS*)

O identificador facilita o entendimento da lógica do programa e melhora sua estrutura de visualização. Um identificador é uma sequência de letras, números e caracteres. Pode começar com uma letra ou um sublinhado (*underline*) e serve para dar nome a elementos, como variáveis, tipos de dados, POUs e tarefas. As letras não são significativas em identificadores, e as palavras-chave da linguagem são sensíveis ao caso (*case sensitive*). *Underlines* devem ser significativos em identificadores já que, dependendo da posição que ocupa, será interpretado como um identificador diferente. As sequências A_BCD e ab_CD são diferentes; já __LIM_SW5 ou LIM__SW5 não são permitidas.

São elementos:

- Caracteres: as letras maiúsculas são consideradas (nomes não são sensíveis ao tamanho da letra).

- Palavras-chave (*keywords*): são combinações únicas de caracteres utilizados como elementos individuais.

- Espaço em branco: o usuário deve ter permissão para inserir um ou mais elementos de "espaço em branco" em qualquer lugar da área de programação, exceto no caso de palavras-chave, literais, valores enumerados, identificadores.

- Rede (*network*): utilizada na linguagem gráfica que interliga o conjunto de blocos da lógica e caracterizada por rótulo, comentário, conjunto de elementos gráficos (blocos) interligados.

- Comentários (*comments*): comentários do usuário são delimitados no início e no final pela combinação destes caracteres especiais: "(*" e "*)". Aparecem em qualquer parte do programa onde os espaços são permitidos, exceto dentro de literais cadeias de caracteres, onde não podem ser aninhados. O número máximo de caracteres permitidos em um comentário dependente da implementação do parâmetro. O comentário é importante para facilitar o entendimento por parte do pessoal da manutenção do projeto.

```
(*Liga todos os estados*)
IF ((State_Ctrl AND 16#0F) = 16#08)
THEN ATV_Error := 1;        (*Falha*)
ELSE
  CASE State_Ctrl OF
16 # 20: ATV_NoVoltage: = 1; (*Ainda não está pronto para ligar*)
16 # 60: ATV_Locked: = 1; (*Desativar*)
16 # 21: ATV_Wait: = 1; (*Pronto para ligar*)
16 # 23: ATV_Ready: = 1; (*Ligado*)
16 # 27: ATV_Run: = 1; (*Operação habilitado*)
16 # 07: ATV_Estop: = 1; (*Quick stop ativo*)
16 # 0F: ATV_Error: = 1; (*Falha*)
  END_CASE;
END_IF;
```

3.3 TIPOS DE DADOS (*DATA TYPES*)

O Controlador Programável utiliza diversos tipos de dados, como dados elementares, genéricos e derivados, que são reconhecidos pela norma. O mecanismo para o usuário ou o fabricante especificar tipos de dados adicionais são também definidos.

3.3.1 TIPOS DE DADOS ELEMENTARES

A norma define o número de bits, a faixa de valores, os tamanhos e a forma de representação, para que o compilador aloque espaço de memória para a variável a ser declarada, conforme Tabela 3.1.

Tabela 3.1

Tipo IEC	Descrição	Bits	Faixa
Bool	*Boolean*	1	0 ou 1
Sint	*Short integer*	8	−128 a +127
Int	*Integer*	16	−32768 a 32767
Dint	*Double integer*	32	-2^{31} a $(2^{31}-1)$
Lint	*Long integer*	64	-2^{63} a $(2^{63}-1)$
Usint	*Unsigned short integer*	8	0 a 255
Uint	*Unsigned integer*	16	0 a 65535
Udint	*Unsigned double integer*	32	0 a $(2^{32}-1)$
Ulint	*Unsigned long integer*	64	0 a $(2^{64}-1)$
Real	*Real numbers*	32	$\pm 10^{\pm 38}$
Lreal	*Long real*	64	$\pm 10^{\pm 308}$
Time	Duração de tempo	Depende de implementação	Armazenar tempo
Date	Data absoluta	Depende de implementação	Armazenar datas de calendário
Time_Of_Day_	Hora do dia	Depende de implementação	Armazenar real-time clock
Date_and_time	Data e hora	Depende de implementação	Armazenar data e hora
String	*String* de caracteres de 1 byte cada	Depende de implementação	Armazenar texto
Byte	Bit *string* de 8 bits	8	Informação binária
Word	Bit *string* de 16 bits	16	Informação binária
Dword	Bit *string* de 32 bits	32	Informação binária
Lword	Bit *string* de 64 bits	64	Informação binária

3.3.2 DADOS BOOLEANOS

Estes dados são representados por literais inteiros com o valor zero (0) ou um (1), ou pelas palavras-chave "FALSE" ou "TRUE". O tipo de dados em valor booleano ou numérico literal pode ser especificado pela adição de um prefixo de tipo para o literal, que consiste no nome de um tipo de dado elementar e o sinal "#".

Uso de literal e booleano:
True	0
False	1

Uso de literal:
16#2D	Hexadecimal
2#1010	Binária

3.3.3 TIPOS DE DADOS GENÉRICOS

São identificados pelo prefixo "ANY". A utilização de dados genéricos está sujeita a algumas regras. Eles podem ser utilizados em funções ou blocos funcionais, desde que suportem sobrecarga (*overload*) de parâmetros de entrada e saída.

3.3.4 TIPOS DE DADOS DERIVADOS (*DERIVED DATA TYPES*)

Podem ser declarados usando TYPE e END_TYPE e definidos a partir dos tipos elementares. Têm como objetivo organizar os dados do Controlador Programável. São parâmetros dependentes de atribuição: o número máximo de elementos da estrutura, a quantidade máxima de dados que podem estar contidos em uma estrutura, o número máximo de níveis aninhados da estrutura e os elementos de endereçamento.

Pode-se ter os seguintes dados derivados:

- Estruturas (*structure*).

- Enumerações (*enumeration*).

- Subfaixas (*sub-ranges*).

- Vetores e matrizes (*arrays*).

Para enumerações e subfaixas, o valor padrão inicial é o primeiro identificador ou o valor da faixa, caso o valor inicial não seja subscrito ao criar o tipo de dado.

Elementos comuns

3.4 VARIÁVEIS

As variáveis fornecem um meio de identificação para objetos de dados cujo conteúdo pode mudar, como dados associados com entradas, saídas ou na memória do Controlador Programável. As variáveis podem ser representadas como na Tabela 3.2.

Tabela 3.2

Sinal inicial	Identificação de memória	Tamanho do dado		Descrição
%	**M** (Acesso à memória)	X	(1 bit)	Acesso às variáveis booleanas.
	I (Entrada física)	W	(16 bits)	Acesso às variáveis com 16 bits de tamanho: INT, UINT e WORD.
	Q (Saída física)	D	(32 bits)	Acesso às variáveis com 32 bits de tamanho: DINT, UDINT, DWORD.
		T	(32 bits)	TIME, DATE, TOD e DATE_AND_TIME.
		R	(32 bits)	Acesso às variáveis com 32 bits de tamanho: REAL.
		A	----------	O conteúdo dessa região é definido pelo usuário conforme a necessidade do projeto.

A norma exige a declaração de variáveis dentro dos programas (*programs*) e blocos de função (*function blocks*). As variáveis podem utilizar nomes com significados abrangentes e ser de diferentes tipos de dados. O escopo das variáveis é o local do elemento que declara, permitindo acesso a ele; pode ser de alocação dinâmica e associado a posições de memória (representação direta). Uma variável pode ser declarada por meio de dados elementares, ou tipos derivados, e no início das POUs: programas, blocos funcionais e funções.

É importante declarar as variáveis que serão utilizadas no programa para evitar erros, ou por não declarar a variável ou por não associar devidamente com o tipo de dado pertinente.

3.4.1 TIPOS DE VARIÁVEIS

3.4.1.1 Variáveis de entrada

Nas POUs, as variáveis de entrada aparecem do lado esquerdo de um bloco funcional, função ou programa.

3.4.1.2 Variáveis de saída

Nas POUs, as variáveis de saída aparecem do lado direito de um bloco funcional, função ou programa.

3.4.1.3 Variáveis internas ou locais

Nas POUs, existem as variáveis de uso interno, declaradas dentro de uma POU.

3.4.1.4 Variáveis de entradas/saídas

Variáveis que podem ser modificadas pela POU, agindo como entrada ou saída. Na declaração de uma variável do tipo entrada/saída, a representação é feita com uma linha entre o pino de entrada e a saída do bloco.

3.4.1.5 Variáveis globais

Variáveis declaradas que podem ser acessadas pelas POUs por meio de uma variável externa. São declaradas no âmbito de configuração, recurso ou programa.

3.4.1.6 Variáveis temporárias

Existem durante a execução da POU e são apagadas no final dela. Podem ser declaradas em blocos funcionais e programas.

3.4.1.7 Variáveis externas

Podem acessar as variáveis globais definidas no âmbito de configuração, recurso ou programa. São declaradas dentro da POU.

3.4.1.8 Variáveis de representação direta

As posições de memória do Controlador Programável podem ser acessadas por meio de variáveis de representação direta. A representação direta permite a leitura e a escrita de dados em posições conhecidas de memória, como entradas, saídas e endereços internos. As variáveis de representação direta começam com o caractere "%", seguido de uma ou duas letras.

3.4.1.9 Variáveis de acesso (*access paths*)

As variáveis de acesso fornecem um meio de especificar nomes de variáveis que podem ser usados para acesso remoto de alguns dos serviços de comunicação. As referências podem ser: variáveis de entrada e saída; variáveis internas de um programa ou bloco funcional; variáveis globais; variáveis de representação direta; e elementos dentro de uma *array*.

3.5 UNIDADES DE ORGANIZAÇÃO DE PROGRAMA (POUS)

A norma IEC 61131-3 descreve programas (*programs*), funções (*functions*) e blocos de função (*function blocks*) como formas de escrever um projeto de CP. Esse conjunto de elementos recebe o nome de unidade de organização de programa (POU). Essa unidade pode ser entregue pelo fabricante ou programada pelo usuário por meio da associação de variáveis e instruções. A POU não deve ser recursiva, isto é, invocar outra unidade do mesmo tipo para garantir a estabilidade da aplicação. As informações necessárias para determinar os tempos de execução de uma POU podem consistir em um ou mais parâmetros dependentes de implementação.

A hierarquia do projeto, dividido em níveis de complexidade de cima para baixo e estruturado de baixo para cima em função das necessidades de controle da planta, é uma importante característica da norma. Para que aconteça os objetivos traçados, deve-se utilizar, no desenvolvimento do projeto, funções (*functions*), blocos de função (*function blocks*) e padrões encontrados em bibliotecas fornecidas pelo *software* do fabricante do CP ou blocos e funções especificamente criados e definidos pelo usuário para atender a determinado projeto, visando manter a linha de padrões e maximizar a reutilização de alguns blocos de certo processo industrial.

Os três tipos de POU definidos pela norma são: funções, blocos funcionais e programas.

3.5.1 FUNÇÕES (*FUNCTIONS*)

Nas linguagens de programação do Controlador Programável, uma função é definida como uma unidade de organização de programa, que, quando executada, gera exatamente um elemento de dados. As funções podem ter apenas uma saída, sem considerar a saída "ENO" para controles de execução. Os blocos de função (*function blocks*), ao contrário, podem ter várias saídas. O resultado é um tipo de dado simples de múltiplos elementos (vetores e estruturas).

As funções não são instanciáveis; elas só existem em tempo de execução, não sendo necessário um identificador para alocação de memória para dados. A principal vantagem da função é sua reutilização.

São características das funções:

- Um parâmetro declarado de entrada do tipo VAR_IN_OUT é variável ou nome de instância de um bloco funcional.

- Um parâmetro declarado de entrada do tipo VAR_INPUT pode ser uma constante, uma variável ou uma chamada de função.

- A direção do tratamento pelo bloco deve ser da esquerda para a direita (variáveis de entrada à esquerda e variáveis de saída à direita).

- A declaração de variáveis de representação direta não é permitida.

- A programação do corpo da função pode ser feita com as linguagens LD, IL, ST e FBD.

- Não é permitida recursividade.

- A chamada de uma função com as mesmas entradas deve sempre apresentar o mesmo resultado.

- As funções podem ser usadas dentro de outras funções (funções derivadas), blocos funcionais e programas.

- É possível chamar a função em linguagens textuais (pelo nome) e em linguagens gráficas (pelo bloco).

Há vários tipos de funções, que são apresentados nas tabelas a seguir. A Tabela 3.3 apresenta as funções numéricas. Na Tabela 3.4, são expostos os operadores aritméticos. As funções de comparações são mostradas na Tabela 3.5.

Tabela 3.3 Funções numéricas.

Nome da função	Tipo de dado	Significado
ABS	ANY_NUM	Valor absoluto
SQRT	ANY_REAL	Raiz quadrada
LN	ANY_REAL	Logaritmo natural
LOG	ANY_REAL	Logaritmo base 10
EXP	ANY_REAL	Exponencial
SIN	ANY_REAL	Seno (radianos)
COS	ANY_REAL	Cosseno (radianos)

(continua)

Elementos comuns 45

Tabela 3.3 Funções numéricas (*continuação*).

Nome da função	Tipo de dado	Significado
TAN	ANY_REAL	Tangente (radianos)
ASIN	ANY_REAL	Arco seno (radianos)
ACOS	ANY_REAL	Arco cosseno (radianos)
ATAN	ANY_REAL	Arco tangente (radianos)

Tabela 3.4 Funções extensíveis.

Nome da função	Tipo de dado	Símbolo	Significado
ADD	ANY_NUM	+	Adição
MUL	ANY_NUM	*	Multiplicação
Funções não extensíveis			
SUB	ANY_NUM	–	Subtração
DIV	ANY_NUM	/	Divisão
MOD	ANY_INT	MOD	Módulo da divisão
EXPT	ANY_REAL	**	Exponencial
MOVE	ANY	:=	Atribuição

Tabela 3.5 Funções de comparações.

Nome da função	Símbolo	Significado
GT	>	Maior que, Resultado:= IN1 > IN2
GE	>=	Maior ou igual a, Resultado:= IN1 > IN2
EQ	=	Igualdade, Resultado:= IN1 = IN2
LE	<=	Menor ou igual a, Resultado:= IN1 <= IN2
LT	<	Menor ou igual a, Resultado:= IN1 < IN2
NE	<>	Diferente de Resultado:= IN1 < > IN2

3.5.2 BLOCOS FUNCIONAIS (*FUNCTION BLOCKS*)

Trata-se de um conceito muito importante da norma IEC 61131-3, pois permite a programação hierárquica e estruturada do projeto do *software*. Para efeitos de linguagens de programação do Controlador Programável, um bloco funcional é uma unidade de organização de programa que, quando executada, gera um ou mais valores. Os blocos de função podem ser utilizados para a criação de elementos de *software* totalmente reutilizáveis, desde a criação de outros blocos de função mais simples, até programas complexos. Esses blocos possuem um conjunto de dados, os quais podem ser alterados por um algoritmo interno. Somente o conjunto de dados é mantido na memória para determinada instância do bloco de função. Os estados internos dos dados são mantidos entre uma execução e outra. Os blocos também podem ser utilizados para a criação de outros blocos funcionais, aumentando a capacidade de reutilização do *software*. São elementos dos blocos funcionais: variáveis de entrada, variáveis de saída e variáveis internas.

3.5.2.1 Projeto de blocos funcionais

O objetivo de criar um bloco funcional é sua reutilização. É possível até exportar blocos criando uma pasta com os mais utilizados nos processos industriais, como as chaves de partida de um motor de indução. A reutilização dos blocos que geralmente são empregados em diversas aplicações facilita o trabalho dos programadores de Controlador Programável, já que não vão precisar fazer novamente a programação da lógica do processo, devendo só buscar a pasta com o bloco funcional na biblioteca.

Exemplos

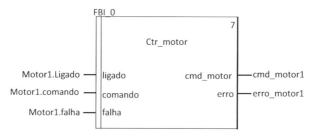

Figura 3.1 Chave de partida direta.

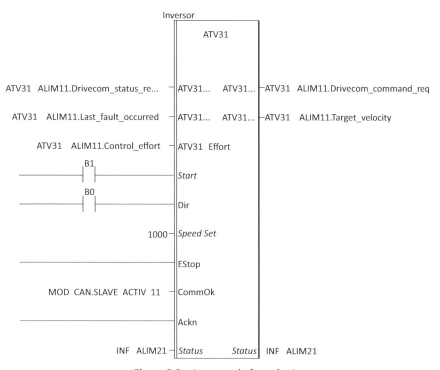

Figura 3.2 Inversor de frequência.

3.5.3 PROGRAMAS (*PROGRAMS*)

Um programa pode ser construído a partir de diferentes elementos, funções e blocos funcionais, agrupados para desenvolver o controle de um processo. Tipicamente, um programa consiste em um número de blocos de função interconectados, capazes de trocar dados por meio das conexões de *software*. Um programa pode acessar as variáveis do CP e comunicar-se com outro programa. A execução de diferentes partes de um programa, como blocos de função, por exemplo, pode ser controlada usando tarefas.

Existem diferenças de programas em relação aos blocos de função:

- Programas podem conter declarações de variáveis de endereçamento direto, ou seja, endereçamento direto de pontos de entrada e saída.

- Por meio de variáveis externas, os blocos funcionais podem acessar as variáveis globais declaradas no programa.

- Programas podem conter variáveis de acesso ("VAR_ACCESS"), as quais permitem acesso remoto pelos serviços de comunicação.

- Programas podem conter instâncias de blocos funcionais, mas não de outros programas, pois não podem ser aninhados.

- Instâncias de blocos de função de um programa podem ser executadas por diferentes tarefas de controle.

- Programas podem ser instanciados apenas dentro de recursos, enquanto blocos funcionais podem ser instanciados dentro de programas ou de outros blocos.

3.5.4 RECURSOS (*RESOURCES*)

Recurso é uma unidade de processamento capaz de executar programas de IEC. Dentro de um recurso, uma ou mais tarefas podem ser definidas. As tarefas controlam a execução de um conjunto de programas e ou blocos de função e podem ser executadas periodicamente ou quando ocorre determinado gatilho, como a mudança de uma variável.

3.5.5 TAREFAS (*TASKS*)

É um mecanismo de escalonamento muito útil para sistemas de tempo real. Executa programas ou blocos de função periodicamente ou em resposta a um evento (mudança de estado de alguma variável booleana). Isso permite a execução de programas em diferentes taxas, que tem por objetivo atender a exigências de tempo de resposta do processo sob controle e aperfeiçoar o uso da capacidade de processamento do CP.

CAPÍTULO 4
Linguagens textuais

As linguagens textuais definidas na norma são lista de instruções (*Instruction List*, IL) e texto estruturado (*Structured Text*, ST). A linguagem sequencial gráfico de função (*Sequential Function Chart*, SFC) pode ser usada em conjunto com qualquer uma das outras. Os elementos textuais devem ser comuns às linguagens textuais (IL e ST). A Tabela 4.1 mostra todas as linguagens da norma IEC 61131-3.

Tabela 4.1 Linguagens da norma IEC 61131-3.

Textual			Gráfica	
ST	IL	LD	FBD	SFC

4.1 TEXTO ESTRUTURADO (*STRUCTURED TEXT,* ST)

A linguagem de programação texto estruturado (ST) está de acordo com a norma IEC 61131-3. É uma linguagem de alto nível semelhante à linguagem Pascal da norma ISO 7185. Com essa linguagem, é possível chamar blocos funcionais, funções e atribuições e executar condicionalmente instruções e tarefas de repetição. Sua flexibilidade é de fácil entendimento, proporcionando a programadores e desenvolvedores de *softwares* a interpretação do programa do processo industrial. Desenvolvida para controle industrial, a linguagem de programação ST trabalha com "expressões" constituídas de operadores e operandos que retornam um valor quando executados.

A linguagem oferece recurso para o desenvolvimento de: declarações; configurações (*configuration*); recurso (*resourse*); unidade de organização de programa (*Program Organization Unit*, POU); tarefa (*task*); tomada de decisões (IF...THEN... ELSE, FOR...DO etc.); cálculos diversos; implementação de algoritmos; e utilização de literais.

A linguagem texto estruturado é muito utilizada para programação de funções e blocos funcionais, objetivando ocultar os detalhes de sua implementação interna aos usuários do programa. Os usuários entendem quais operações do objeto podem ser solicitadas, mas não conhecem os detalhes de como a operação é executada.

4.1.1 ELEMENTOS CARACTERÍSTICOS DA *STRUCTURED TEXT* (ST)

4.1.1.1 Atribuição

Usando o operador ":= ", atribui-se o valor de uma variável a outra variável ou retorno de uma função.

Atribuindo valor de uma variável a outra variável

A instrução **X:=Y** é usada para substituir o valor da variável **X** pelo valor atual da variável **Y**. Se X e Y são os tipos de dados elementares, o valor de Y é passado aos tipos de dados de X. Se X e Y são derivados, os valores de todos os elementos de Y são passados para X.

Atribuindo valor literal para uma variável

A instrução **X:=25** é usada para atribuir um valor literal a uma variável. No exemplo, o valor 25 é atribuído à variável X.

Atribuindo valor de uma operação para uma variável

A instrução **Y:=(X-K*V)/Z** é usada para atribuir o resultado da operação **(X-K*V)/Z** para a variável Y.

Atribuindo valor de uma função para uma variável

A instrução **Z:=MOD(X,Y)** é usada para atribuir um valor de uma função ou bloco funcional para uma variável Z.

4.1.1.2 Expressões

A linguagem ST trabalha com expressão, constituída de operadores e operandos que retornam a um valor ao serem executados. Quando uma expressão é executada, o valor atual do elemento (variável) é substituído pelo resultado da avaliação da expressão. Uma expressão consiste em uma especificação da variável no lado esquerdo, seguida pelo operador de atribuição (:=) e pela expressão a ser avaliada. Ambas as variáveis devem ter o mesmo tipo de dados, conforme o exemplo abaixo.

```
(*Expressão*)
D:=B*B-4.0*A*C;
IF (D<0.0) THEN NROOTS:=0;
ELSIF D=0.0 THEN
NROOTS := 1;
X1:=(-B/(2.0*A));
ELSE
NROOTS:=2;
X1:=-B+SQRT(D)/(2.0*A);
X2:= ((-B)-SQRT(D))/(2.0*A);
END_IF;
```

4.1.1.3 Operandos

Um operando pode ser um endereço, um valor literal, uma variável ou uma chamada de função ou bloco funcional. Os tipos de dados que estão em uma instrução de operandos de processamento devem ser idênticos.

4.1.1.4 Operadores

É um símbolo para uma operação aritmética, uma operação lógica ou uma função de edição (chamada) a ser executada. Os operadores são genéricos, ou seja, adaptam-se automaticamente ao tipo de dados dos operandos. São executados em sequência de acordo com a prioridade da execução.

A Tabela 4.2 apresenta os operadores padrões para operações aritméticas e booleanas.

Tabela 4.2

Operador	Aplicação	Descrição	Classificação
(...)	Expressão com parênteses.	Parênteses são usados para alterar a sequência de execução da operação.	Maior.
Função(...)	Expressão, literal, variável, endereço.	Função de processamento é usada para executar funções.	
–	Negação.	A negação é uma inversão de sinal do valor do operando.	
Not	Complemento booleano.	Inversão de bits dos operandos.	
**	Exponenciação.	Na exponenciação o valor do primeiro operando é elevado à potência do segundo.	
*	Multiplicação.		
/	Divisão.		
Mod	Operador de módulo da divisão.		
+	Soma.		
–	Subtração.		
<,>,<=,>=	Comparação.		
=	Igual.		
<>	Desigualdade.		
And, &	E booleano.		
Xor	Ou exclusivo booleano.		
Or	Ou booleano.		

4.1.2 INSTRUÇÕES

A seguir, instruções para a linguagem de programação texto estruturado.

4.1.2.1 Instrução IF...THEN...END_IF

A instrução IF determina que uma instrução ou um grupo de instruções seja executado se a expressão booleana tiver valor 1 (verdadeiro). Se a condição for 0 (falso), a instrução ou o grupo de instrução não é executada. A instrução então identifica o fim da condição e o início da instrução. A instrução END_IF marca o final da instrução.

Exercício

A Figura 4.1 mostra a esteira da chave de partida direta para um motor de indução. Neste caso, o motor parte com valores de conjugado (torque) e corrente de partida plena, pois suas bobinas recebem tensão nominal. De acordo com a permissão da carga, o tipo de acionamento deve ser partida direta. O motor foi projetado para as condições de corrente e tensões nominais.

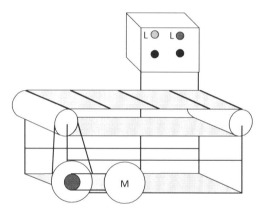

Figura 4.1 Esteira da chave de partida direta para um motor de indução.

A corrente elevada na partida do motor proporciona as seguintes consequências:

- Queda de tensão no sistema de alimentação da rede, proporcionando interferências em equipamentos instalados.

- Exigência das concessionárias de energia elétrica, que limitam a queda de tensão na rede.

- Superdimensionamento de condutores e componentes, evitando a redução drástica de sua vida útil.

Descrição das variáveis:

- RT1: relé de sobrecarga.
- B0: botoeira para desligar motor.
- B1: botoeira para ligar motor.
- C1: liga motor M1.
- M1: motor de indução.
- L1: sinalização que indica motor parado.
- L2: sinalização que indica motor ligado.

A esteira é acionada pelo botão B1 e desligada pelo botão B0. O contato RT1 é a proteção térmica. A Figura 4.2 mostra uma chave de partida direta.

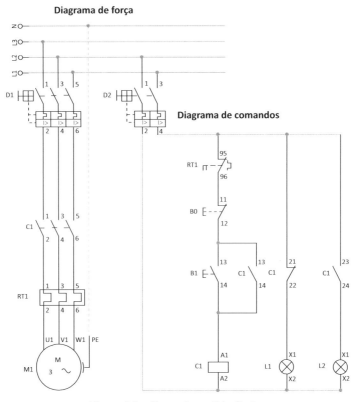

Figura 4.2 Chave de partida direta.

A seguir, o exercício acima realizado com controlador programável em linguagem texto estruturado (ST).

```
(*Chave de partida direta*)
(*Comando para desligar*)
IF (B0=true or RT1=true) and (B1=false or C1=true)
THEN
C1:=false;
END_IF;
(*Comando para ligar*)
IF (B0=false and RT1=false) and (B1=true or C1=true)
THEN
C1:=true;
END_IF;
(*Sinalização L1*)
IF (C1=false) THEN L1:=true;
END_IF;
IF (C1=true) THEN L1:=false;
END_IF;
(*Sinalização L2*)
IF (C1=false)
THEN L2:=false;
END_IF;
IF (C1=true) THEN L2:=true;
END_IF;
```

- Texto estruturado para desligar o motor de indução:

  Linhas 01 e 02: Têm o comentário.

  Linha 03: O comando se **(IF) B0 (botoeira para desligar motor)** é igual a verdadeiro ou (*or*) **RT1 (relé de sobrecarga)** é igual a verdadeiro e (*and*) **B1 (botoeira para ligar motor)** é igual a falso ou (*or*) **C1 (liga motor M1)** é igual a verdadeiro.

  Linha 04: Então **(THEN)**.

  Linha 05: **C1** é igual a falso.

  Linha 06: Final **(END_IF)** do comando.

- Texto estruturado para ligar o motor de indução:

  Linha 07: Comentário.

  Linha 08: O comando se **(IF) b0** é igual a falso e **RT1 (relé de sobrecarga)** é igual a falso e **B1** é igual a verdadeiro ou **C1 (liga motor M1)** é igual a verdadeiro.

  Linha 09: Então **(THEN)**.

  Linha 10: **C1** é igual a verdadeiro.

  Linha 11: Final **(END_IF)** do comando.

- Texto estruturado para sinalização motor parado:

Linha 12: Comentário.

Linha 13: Comandos para lâmpada L1 ligada.

Linha 14: Comando final.

Linha 15: Comandos para lâmpada L1 desligada.

Linha 16: Comando final.

Linha 17: Comentário.

Linha 18: Comandos para lâmpada L2 desligada.

Linha 19: Comando final.

Linha 20: Comando para lâmpada L2 ligada.

Linha 21: Comando final.

Exercício

A Figura 4.3 mostra a esteira da chave de partida direta com reversão. É um dispositivo que fornece condições ao motor de partida com a tensão nominal de serviço.

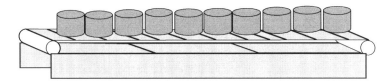

Figura 4.3 Esteira da chave de partida direta com reversão.

Consiste em um sistema simples e seguro, recomendado para motores de gaiola. A partida direta dos motores geralmente é realizada por meio de contatores, sendo os motores supervisionados por dispositivos de proteção. Há, no entanto, algumas limitações quanto a suas aplicações. A Figura 4.4 mostra uma chave de partida direta com reversão.

A chave de partida direta com reversão ocasiona queda de tensão da rede em razão da alta corrente de partida (Ip). No caso dos grandes motores, a corrente de partida é limitada por imposição das concessionárias de energia elétrica.

Isso pode ocasionar interferência em equipamentos instalados no sistema por conta da elevada queda de tensão. Adiante, são mostrados tipos de partida para grandes motores, que têm a finalidade de minimizar a corrente de partida e seus efeitos. Em alguns casos, é preciso colocar um freio para parar em um sentido e depois realizar a reversão.

Linguagens textuais 57

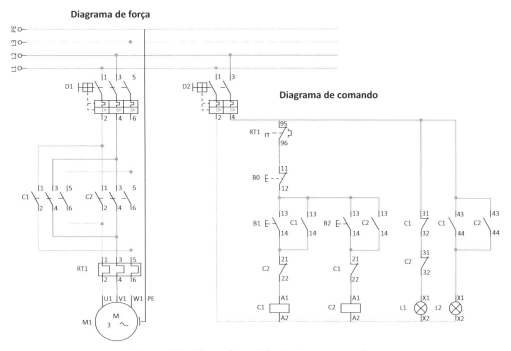

Figura 4.4 Chave de partida direta com reversão.

A esteira da Figura 4.3 funciona nos dois sentidos. O contato RT1 é o contato de proteção térmica, e existe o intertravamento por contator. No sentido horário, a esteira é acionada pelo botão (B1) e desligada pelo botão (B0). No sentido anti-horário, ela é acionada pelo botão (B2) e desligada pelo botão (B0). A sinalização L1 indica motor M1 desligado; a sinalização L2 indica motor M1 ligado; a sinalização L2 indica motor M1 ligado no sentido horário; L3 indica motor M1 ligado no sentido anti-horário.

Descrição das variáveis:

- RT1: relé de sobrecarga.
- B0: botoeira para desligar motor.
- B1: botoeira para ligar motor sentido horário.
- B2: botoeira para ligar motor sentido anti-horário.
- C1: contator liga motor horário.
- C2: contator liga motor anti-horário.
- M1: motor de indução.
- L1: sinalização que indica motor parado.
- L2: sinalização que indica motor ligado.

A seguir, o exercício anteriormente realizado com controlador programável em linguagem texto estruturado (ST).

```
(*Chave de partida direta com reversão*)
(*Motor no sentido horário*)
IF (B0=true or RT1=true) and (B1=false or C1=true) and C2=false
THEN C1:=false;
END_IF;
IF (B0=false and RT1=false) and (B1=true or C1=true) and C2=false;
THEN C1:=true;
END_IF;
(*Motor no sentido anti-horário*)
IF (B0=true or RT1=true) and (B2=false or C2=true) and C1=false
THEN C2:=false;
END_IF;
IF (B0=false and RT1=false) and (B2=true or C2=true) and C1=false
THEN C2:=true;
END_IF;
(*Sinalização L1*)
IF (C1=false or C2=false)
THEN L1:=true;
END_IF;
IF (C1=true or C2=true)
THEN L1:=false;
END_IF;
(*Sinalização L2*)
IF (C1=false or C2=false)
THEN L2:=false;
END_IF;
IF (C1=true or C2=true)
THEN L2:=true;
```

- Texto estruturado para desligar o motor de indução com sentido horário:

    Linhas 01 e 02: Comentário.

    Linha 03: O comando se **(IF) B0 (botoeira para desligar motor)** é igual a verdadeiro ou (*or*) **RT1 (relé de sobrecarga)** é igual a verdadeiro e (*and*) **B1 (botoeira para ligar motor sentido horário)** é igual a falso ou (*or*) **C1 (contator liga motor horário)** é igual a verdadeiro e (*and*) **C2 (contator liga motor anti-horário)** é igual a falso.

    Linha 04: Então **(THEN) C1** é igual a falso **(desliga motor)**.

    Linha 05: Final **(END_IF)** do comando.

- Texto estruturado para ligar o motor de indução com sentido horário:

  Linha 06: O comando se **(IF) B0 (botoeira para desligar motor)** é igual a falso e (*and*) **RT1 (relé de sobrecarga)** é igual a falso e (*and*) **B1 (botoeira para ligar motor sentido horário)** é igual a verdadeiro ou (*or*) **C1 (contator liga motor horário)** é igual a verdadeiro e (*and*) **C2 (contator liga motor anti-horário)** é igual a falso.

  Linha 07: Continuação da linha anterior.

  Linha 08: Então **(THEN) C1** é igual a verdadeiro **(liga motor)**.

  Linha 09: Final **(END_IF)** do comando.

- Texto estruturado para desligar o motor de indução com sentido anti-horário:

  Linha 10: Comentário.

  Linha 11: O comando se **(IF) B0 (botoeira para desligar motor)** é igual a verdadeiro ou (*or*) **RT1 (relé de sobrecarga)** é igual a verdadeiro e (*and*) **B2 (botoeira para ligar motor horário)** é igual a falso ou (*or*) **C2 (contator liga motor anti-horário)** é igual a verdadeiro e (*and*) **C1 (contator liga motor horário)** é igual a falso.

  Linha 12: Então **(THEN) C2** é igual a falso **(desliga motor)**.

  Linha 13: Final **(END_IF)** do comando.

- Texto estruturado para ligar o motor de indução com sentido anti-horário:

  Linha 14: O comando se **(IF) B0 (botoeira para desligar motor)** é igual a falso e (*and*) **RT1 (relé de sobrecarga)** é igual a falso e (*and*) **B2 (botoeira para ligar motor horário)** é igual a verdadeiro ou (*or*) **C2 (contator liga motor anti-horário)** é igual a verdadeiro e (*and*) **C1 (contator liga motor horário)** é igual a falso.

  Linha 15: Continuação da linha anterior.

  Linha 16: Então **(THEN) C2** é igual a verdadeiro **(liga motor)**.

  Linha 17: Final **(END_IF)** do comando.

- Texto estruturado para sinalizar motor parado:

  Linha 18: Comentário.

  Linha 19: O comando se **(IF) C1 (contator liga motor horário)** é igual a falso ou (*or*) **C2 (contator liga motor anti-horário)** é igual a falso.

  Linha 20: Então **(THEN) L1** é igual a verdadeiro.

  Linha 21: Final **(END_IF)** do comando.

Linha 22: O comando se **(IF)** **C1 (contator liga motor horário)** é igual a verdadeiro ou (*or*) **C2 (contator liga motor anti-horário)** é igual a verdadeiro.

Linha 23: Então **(THEN)** **L1** é igual a falso.

Linha 24: Final **(END_IF)** do comando.

- Texto estruturado para sinalizar motor ligado:

  Linha 25: Comentário.

  Linha 26: O comando se **(IF)** **C1 (contator liga motor horário)** é igual a falso ou (*or*) **C2 (contator liga motor anti-horário)** é igual a falso.

  Linha 27: Então **(THEN)** **L2** é igual a falso.

  Linha 28: Final **(END_IF)** do comando.

  Linha 29: O comando se **(IF)** **C1 (contator liga motor horário)** é igual a verdadeiro ou (*or*) **C2 (contator liga motor anti-horário)** é igual a verdadeiro.

  Linha 30: Então **(THEN)** **L2** é igual a verdadeiro.

  Linha 31: Final **(END_IF)** do comando.

4.1.2.2 Instrução IF...THEN...ELSE...END_IF

A instrução ELSE sempre vem depois de uma instrução IF...THEN, ELSIF...THEN ou CASE. Nessa condição, a instrução IF ou ELSIF é executada se as expressões booleanas associadas às instruções anteriores forem igual a 1 (verdadeira). Se a condição do IF ou ELSIF for igual a 0 (falsa), a instrução ou grupo de instruções não é executada. Veja o exemplo abaixo.

(IF) se (comando para ligar e desligar motor) for verdade;

(THEN) então atribua o comando ligar ao motor;

ELSE se for falso, atribua o comando desligar ao motor;

END_IF; final.

Exercício

Chave de partida direta com a instrução ELSE.

```
(*Chave de partida direta*)
(*comando com ELSE*)
IF (B0=false or RT1=true) and (B1=true or C1=true)
then    C1 := true;
ELSE
C1 := false;
END_IF;
```

Exercício

Na Figura 4.5, a esteira é acionada por dois botões localizados em pontos diferentes, (B1) e (B2), e desligada pelos botões (B01) e (B02). Acionada a esteira por (B1) ou (B2), o motor M1 liga. A esteira é desligada por (B01) ou (B02). A sinalização L1 indica motor M1 desligado e a sinalização L2 indica motor M1 ligado.

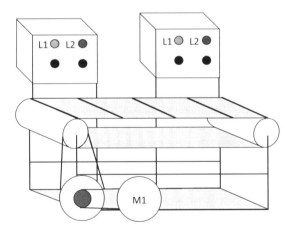

Figura 4.5 Esteira comandada de dois pontos.

A Figura 4.6 mostra a chave de partida consecutiva de motores.

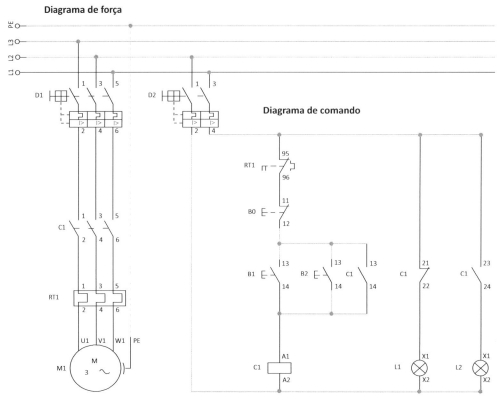

Figura 4.6 Partida direta comandada de dois pontos.

Agora, o mesmo exercício em linguagem texto estruturado.

(*Chave de partida direta comandada de dois pontos diferentes*)
(*Motor comandado de dois pontos diferentes*)
IF (B01=true or B02=true or RT1=true)
and (B1=false or B2=false or C1=true)
and C2=false
THEN C1:=false;
END_IF;

IF (B01=false or B02=false or RT1=false)
and (B1=true or B2=true or C1=true) and C2=false
THEN C1:=true;
END_IF;

Continuação do exercício anterior.

```
(*Sinalização L1*)
IF (C1=false)
THEN L1:=true;
END_IF;
IF (C1=true)
THEN L1:=false;
END_IF;

(*Sinalização L2*)
IF (C1=false)
THEN
L2:=false;
END_IF;
IF (C1=true)
THEN
L2:=true;
END_IF;
```

Exercício

A Figura 4.7 apresenta uma esteira acionada por um botão (B1) e desligada pelo botão (B0). Acionando-se a esteira, o motor M1 é ligado e, depois de 10 segundos, é acionado o motor M2. Depois de 10 segundos do motor M2 ligado, é acionado o motor M3. Após 10 segundos do motor M3 ligado, é acionado o motor M4. Se ocorrer uma falha no motor M1, todos os motores devem ser desligados pela proteção. Se ocorrer uma falha no motor M2, os motores M2, M3 e M4, devem ser desligados e o motor M1 continua ligado. Se ocorrer uma falha no motor M3, os motores M3 e M4 devem ser desligados e os motores M2 e M1 continuam ligados. Se ocorrer uma falha no motor M4, o motor M4 deve ser desligado e os motores M3, M2 e M1 continuam ligados.

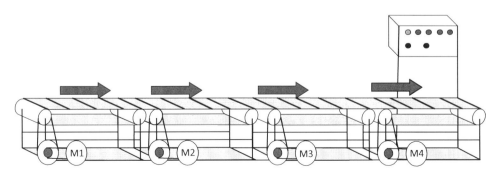

Figura 4.7 Partida consecutiva para quatro motores.

A Figura 4.8 mostra a chave de partida consecutiva de motores.

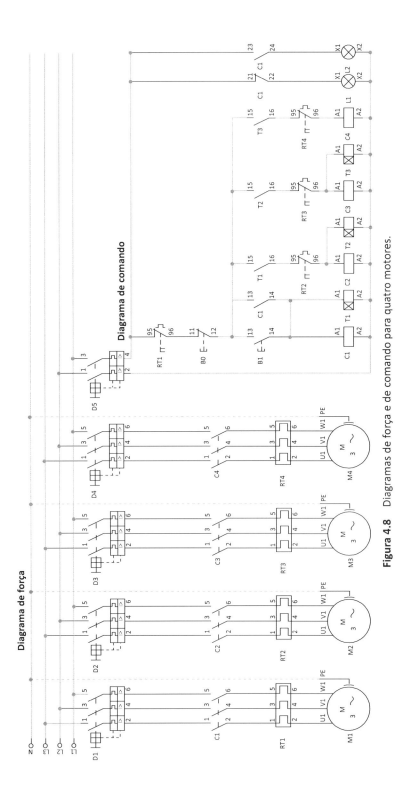

Figura 4.8 Diagramas de força e de comando para quatro motores.

Linguagens textuais

A seguir, partida consecutiva para quatro motores.

```
(*Chave de partida direta comandada de dois pontos diferentes*)
(*Motor 1*)
IF (B0=true or RT1=true) and  (B1=false or C1=true)
THEN  C1:=false;
END_IF;
IF (B0=false or RT1=false) and (B1=true or C1=true)
THEN C1:=true;
END_IF;
(*temporizador T1*)
T1 (IN :=C1 (*BOOL*),
PT :=pres1 (*TIME*),
Q =>temp1 (*BOOL*),
ET =>efe1 (*TIME*));
(*Motor 2*)
IF (temp1=false)
THEN C2:=false;
END_IF;
IF (temp1=true)
THEN C2:=true;
END_IF;
(*temporizador T2*)
T2 (IN :=C2 (*BOOL*),
PT :=pres2 (*TIME*),
Q =>temp2 (*BOOL*),
ET =>efe2 (*TIME*));
(*Motor 3*)
IF (temp2=false)
THEN C3:=false;
END_IF;
IF (temp2=true)
THEN C3:=true;
END_IF;
(*temporizador T3*)
T3 (IN :=C3 (*BOOL*),
PT :=pres3 (*TIME*),
Q =>temp3 (*BOOL*),
ET =>efe3 (*TIME*));
```

Continuação do exercício anterior.

```
(*Motor 4*)
IF (temp3=false)
THEN
C4:=false;
END_IF;
IF (temp3=true)
THEN
C4:=true;
END_IF;

(*Sinalização L1*)
IF (C1=false)
THEN
L1:=true;
END_IF;
IF (C1=true)
THEN
L1:=false;
END_IF;

(*Sinalização L2*)
IF (C1=false)
THEN
L2:=false;
END_IF;
IF (C1=true)
THEN
L2:=true;
END_IF;
```

Exercício

O sistema da Figura 4.9 compreende três subsistemas: de refrigeração, de água do condensador e de circulação de água gelada. O sistema de refrigeração contém o compressor que pressuriza o gás que é enviado ao condensador. O gás é então condensado pela água ao passar para o secador e a válvula de expansão. No congelador, entra como uma mistura muito fria de gás e líquido. Por meio da troca de calor, no congelador, a mistura resfria a água a ser enviada aos ambientes que serão refrigerados. O gás volta ao compressor e o ciclo recomeça. A seguir, representa-se somente a partida do compressor com a chave estrela triângulo com dispositivo de segurança para o motor partir vazio.

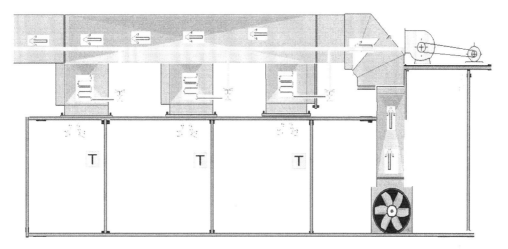

Figura 4.9 Central de ar-condicionado.

A Figura 4.10 consiste em um sistema de refrigeração com partida estrela triângulo. Durante a partida, há na alimentação do motor redução de tensão nas bobinas. Na partida executa-se ligação estrela no motor, mas alimentada com tensão de triângulo, ou seja, tensão da rede. Assim, as bobinas do motor recebem aproximadamente 58% da tensão que deveriam receber. Após a partida, o motor deve ser ligado em triângulo e, assim, as bobinas passam a receber a tensão nominal. Esse tipo de chave proporciona redução da corrente de partida para aproximadamente 33% de seu valor em comparação com a partida direta.

A seguir, uma chave estrela triângulo para acionamento de um compressor.

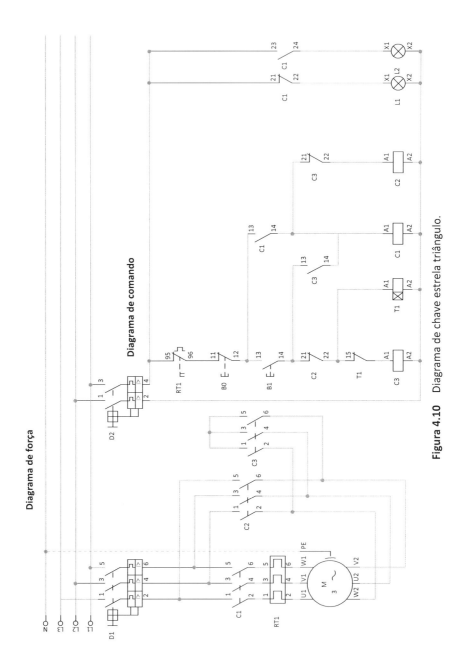

Figura 4.10 Diagrama de chave estrela triângulo.

Linguagens textuais

A seguir, exercício da chave estrela triângulo resolvido em linguagem de programação texto estruturado.

```
(*Chave de partida estrela triângulo*)
(*contator direto*)
IF (B1=false or C1=true) and (B0=true or RT1=true)
THEN C1:=false;
ELSIF (B1=true or C1=true) and (B0=false or RT1=false)
THEN C1:=true;
END_IF;
(*contator estrela*)
IF C1=true and temp1=false THEN
C3:=true; ELSE C3:=false;
END_IF;
temporizador_estrela (IN :=C1 (*BOOL*),
PT :=pres1 (*TIME*),
Q =>temp1 (*BOOL*),
ET =>efe1 (*TIME*));
temporizador_triângulo (IN :=temp1 (*BOOL*),
PT :=pres2 (*TIME*),
Q =>temp2 (*BOOL*),
ET =>efe2 (*TIME*));
(*contator triangulo*)
IF temp2=true and C3=false THEN
C2:=true; ELSE C2:=false;
END_IF;
(*Sinalização L1*)
IF C1=false
THEN L1:=true;
END_IF;
IF C1=true
THEN L1:=false;

END_IF;
(*Sinalização L2*)
IF C1=false
THEN L2:=false;
END_IF;
IF C1=true
THEN L2:=true;
END_IF;
```

Exercício

As ligações de motores por meio de chaves estrela triângulo são utilizadas em casos em que o motor admite ligações em dois níveis de tensão, conforme Figura 4.11. Elas têm a finalidade de reduzir a corrente de partida para motores de alta potência que requerem, naturalmente, alta corrente durante a partida. O motor parte com ligação estrela, sendo energizado com tensão nominal sobre raiz quadrada de três, até que sua velocidade se aproxime da nominal, quando um operador ou um relé temporizado pode mudar a ligação de estrela para triângulo e, desse modo, o motor passa a ser alimentado com sua tensão nominal. Para realizar conexões que permitam as ligações estrela triângulo, é necessário que os terminais da bobina sejam acessíveis.

Na Figura 4.11, podem ser visualizadas as ligações das bobinas para as ligações estrela e triângulo. Uma comutação prematura (velocidade do motor ainda baixa) ou uma longa duração do processo de comutação, que causa diminuição excessiva da velocidade, leva a um pico de corrente elevado na comutação. Uma duração muito curta no processo de comutação pode fazer surgir uma corrente de curto-circuito, pois o arco voltaico decorrente da abertura da ligação pode ainda não estar totalmente extinto.

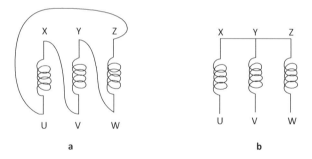

Figura 4.11 Ligação triângulo (a), estrela (b).

O circuito de força e comando para acionamento de um motor com utilização da chave de partida estrela triângulo com reversão pode ser visto no diagrama da Figura 4.12, porém não se coloca o circuito de freio para fazer a reversão. A figura a seguir representa a chave de partida estrela triângulo com reversão para acionamento de motor trifásico de indução. É um sistema de comando elétrico que possibilita a comutação das ligações estrela para triângulo, o que permite ainda a inversão dos sentidos de rotação do motor. É preciso ter um freio para parar em um sentido para que a reversão seja executada. Destina-se a máquinas que partem em vazio ou com conjugado resistente baixo, praticamente constante.

Linguagens textuais 71

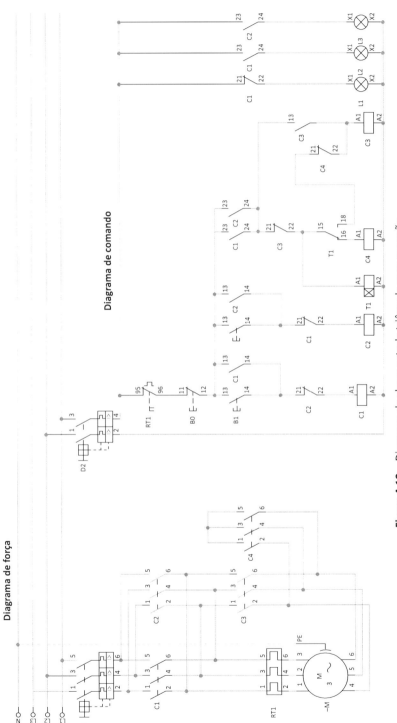

Figura 4.12 Diagrama de chave estrela triângulo com reversão.

A seguir, exercício resolvido com chave estrela triângulo com reversão em linguagem de programação texto estruturado.

```
(*Chave de partida estrela triângulo*)
(*sentido horário*)
IF (B1=false or C1=true) and (B0=true or RT1=true)
THEN C1:=false;
END_IF;
IF (B1=true or C1=true) and (B0=false or RT1=false)
and C2=false
THEN C1:=true;
END_IF;
(*sentido anti-horário*)
IF (B2=false or C2=true) and (B0=true or RT1=true)
THEN C2:=false;
END_IF;
IF (B2=true or C2=true) and (B0=false or RT1=false or C1=true) and C1=false
THEN C2:=true;
END_IF;
(*contator estrela*)
IF (C1=true or C2=true) and temp1=false THEN
C4:=true;
ELSE
C4:=false;
END_IF;
temporizador_estrela (IN :=(C1 or C2) (*BOOL*),
PT :=pres1 (*TIME*),
Q =>temp1 (*BOOL*),
ET =>efe1 (*TIME*));
temporizador_triangulo (IN :=temp1 (*BOOL*),
PT :=pres2 (*TIME*),
Q =>temp2 (*BOOL*),
ET =>efe2 (*TIME*));
(*contator triangulo*)
IF temp2=true and C4=false THEN
C3:=true;
ELSE
C3:=false;
END_IF;
```

Continuação do programa ST da chave estrela triângulo com reversão.

```
(*Sinalização L1 motor parado*)
IF (C1=false or C2=false)
THEN L1:=true;
END_IF;
IF (C1=true or C2=true)
THEN L1:=false;
END_IF;
(*Sinalização L2 motor no sentido horário*)
IF C1=false
THEN L2:=false;
END_IF;
IF C1=true
THEN L2:=true;
END_IF;
(*Sinalização L3 motor no sentido anti-horário*)
IF C2=false
THEN L3:=false;
END_IF;
IF C2=true
THEN L3:=true;
END_IF;
```

A chave de partida compensadora alimenta o motor com tensão reduzida em suas bobinas na partida. Essa redução é feita por meio da ligação de um autotransformador em série com as bobinas. Após o motor ter acelerado, elas voltam a receber tensão nominal.

A redução da corrente de partida depende do TAP em que estiver ligado o autotransformador:

- TAP 65%: Redução para 42% de seu valor de partida direta.

- TAP 80%: Redução para 64% de seu valor de partida direta.

A chave de partida compensadora é utilizada em motores que partem com carga no eixo. O conjugado resistente de partida da carga deve ser inferior à metade do conjugado de partida do motor.

Exercício

A Figura 4.13 mostra um exemplo de máquina que utiliza chave compensadora. São exemplos dessas máquinas: compressores, grandes ventiladores, laminadores, moinhos, bombas helicoidais e axiais, britadores, calandras etc. A chave compensadora é utilizada para partidas sob carga de motores de indução trifásicos com rotor em curto-circuito, em que a chave estrela triângulo é inadequada. A chave da Figura 4.14 reduz a corrente de partida, evitando sobrecarregar a linha de alimentação. No entanto, o motor aciona com conjugado suficiente para partir a carga em seu eixo.

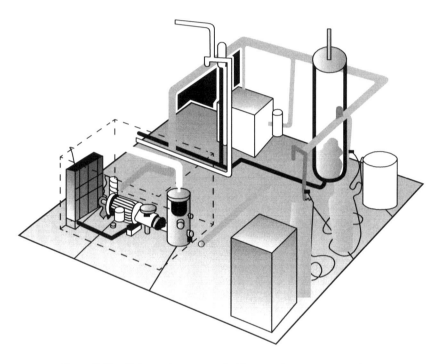

Figura 4.13 Sistema de ar-comprimido com chave compensadora.

A seguir, diagrama de chave de partida compensada para acionamento de motor trifásico de indução.

Linguagens textuais 75

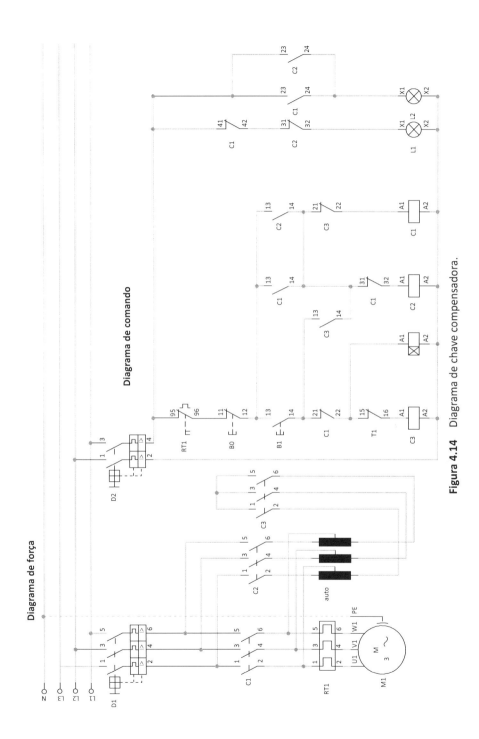

Figura 4.14 Diagrama de chave compensadora.

Exercício resolvido em linguagem de programação texto estruturado.

```
(*Chave de partida compensadora*)
(*contator para alimentação do autotrafo*)
IF (B1=false or C2=true) and (B0=true or RT1=true or C1=true)
THEN C2:=false;
END_IF;
IF (B1=true or C2=true) and (B0=false or RT1=false) and C1=false
THEN C2:=true;
END_IF;
(*contator para fechamento do autotrafo*)
IF (C2=false or C3=true) and (B0=true or RT1=true or temp1=true)
THEN C3:=false;
END_IF;
IF (C2=true or C3=true) and (B0=false or RT1=false) and C1=false
THEN C3:=true;
END_IF;
temporizador_estrela (IN :=C2 (*BOOL*),
PT :=pres1 (*TIME*),
Q =>temp1 (*BOOL*),
ET =>efe1 (*TIME*));
(*contator para fechamento com tensão nominal*)
IF (temp1=false or C1=true) and (B0=true or RT1=true)
THEN C1:=false;
END_IF;
IF (temp1=true or C1=true) and (B0=false or RT1=false)
THEN C1:=true;
END_IF;
(*Sinalização L1*)
IF (C1=false or C2=false)
THEN L1:=true;
END_IF;
IF (C1=true or C2=true)
THEN L1:=false;
END_IF;
(*Sinalização L2*)
IF (C1=false or C2=false)
THEN L2:=false; END_IF;
IF (C1=true or C2=true)
THEN L2:=true; END_IF;
```

Exercício

Na Figura 4.15, representa-se a chave de partida compensada com reversão para acionamento de motor trifásico de indução. Em certos trabalhos, é necessário inverter o sentido de rotação do motor, como é o caso de talhas, máquinas industriais acionadas por correias etc. Isso é obtido pela troca entre duas fases na alimentação do motor.

Figura 4.15 Talhas com chave compensadora.

Nesses sistemas é previsto um botão de emergência. Caso ele seja acionado com o sistema em funcionamento, o motor para imediatamente, inibindo todo o funcionamento da chave que só vai ter condições de partir novamente quando o botão for desligado. No diagrama da Figura 4.16, não foi previsto o botão de emergência.

Na Figura 4.17, que apresenta uma chave de partida compensada com reversão, o sistema vai operar de tal maneira que, acionando o botão B1, o motor vai partir a 65% da tensão nominal e, após um intervalo de tempo estipulado, ficará conectado diretamente à rede elétrica, ou seja, 100% da tensão nominal. O sentido de giro do motor será selecionado por meio de um botão. A lógica da programação garante que, sempre que solicitada a reversão, o motor vai parar e partir no sentido reverso a 65% da tensão nominal, posteriormente comutando para 100%. A mesma análise pode ser feita com a aplicação do TAP 80%.

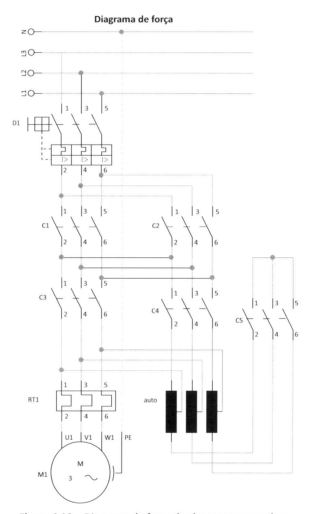

Figura 4.16 Diagrama de força da chave compensadora.

Linguagens textuais

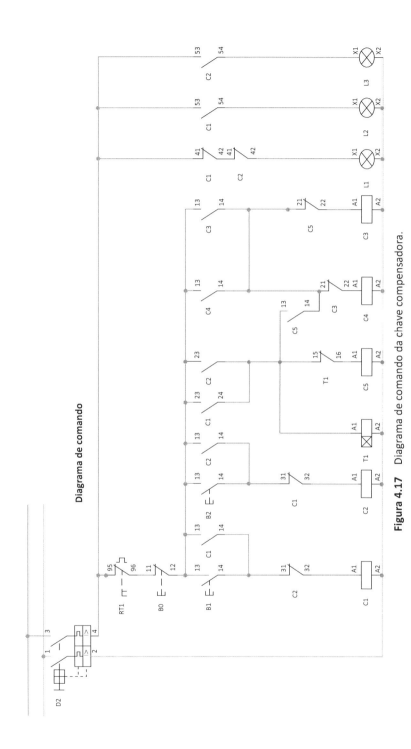

Figura 4.17 Diagrama de comando da chave compensadora.

A seguir, o exercício resolvido em linguagem de programação texto estruturado.

```
(*Chave de partida compensadora com reversão*)
(*contator sentido horário*)
IF (B1=false or C1=true) and (B0=true or RT1=true or C2=true)
THEN C1:=false;
END_IF;
IF (B1=true or C1=true) and (B0=false or RT1=false) and C2=false
THEN C1:=true;
END_IF;
(*contator sentido anti-horário*)
IF (B2=false or C2=true) and (B0=true or RT1=true or C1=true)
THEN C2:=false;
END_IF;
IF (B2=true or C2=true) and (B0=false or RT1=false) and C1=false
THEN C2:=true;
END_IF;
(*contator para alimentação do autotrafo*)
IF (C1=false or C2=false) and C3=true
THEN C4:=false;
END_IF;
IF (C1=true or C2=true) and C3=false
THEN C4:=true;
END_IF;
(*contator para fechamento do autotrafo*)
IF C4=false and temp1=true
THEN C5:=false;
END_IF;
IF C4=true and temp1=false
THEN C5:=true;
END_IF;
temporizador_estrela (IN :=(C1 or C2) (*BOOL*),
PT :=pres1 (*TIME*),
Q =>temp1 (*BOOL*),
ET =>efe1 (*TIME*));
```

Continuação do exercício anterior.

```
(*contator para fechamento com tensão nominal*)
IF (temp1=false or C3=true) and (B0=true or RT1=true)
THEN C3:=false;
END_IF;
IF (temp1=true or C3=true) and (B0=false or RT1=false)
THEN C3:=true;
END_IF;
(*Sinalização L1 motor parado*)
IF (C1=false or C2=false)
THEN
L1:=true;
END_IF;
IF (C1=true or C2=true)
THEN
L1:=false;
END_IF;
(*Sinalização L2 motor horário*)
IF C1=false
THEN
L2:=false;
END_IF;
IF C1=true
THEN
L2:=true;
END_IF;
(*Sinalização L3 motor anti-horário*)
IF C2=false
THEN
L3:=false;
END_IF;
IF C2=true
THEN
L3:=true;
END_IF;
```

Exercício

A Figura 4.19 mostra um sistema de controle de enchimento de tanque e a Figura 4.20 apresenta uma chave de partida direta para motobomba trifásica com texto estruturado com seus diagramas de força e de comando e o programa de controle de CP para um sistema de reservatório composto de uma chave três (03) posições (posição (0) desliga, posição (1) manual, posição (2) automático) e de uma boia superior (Bs) e (Bi) para o comando automático (Figura 4.18).

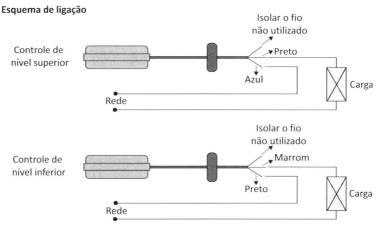

Figura 4.18 Boia superior e inferior.

Para o comando manual de uma botoeira, usa-se (B1) para ligar (B1) e (B0) para desligar.

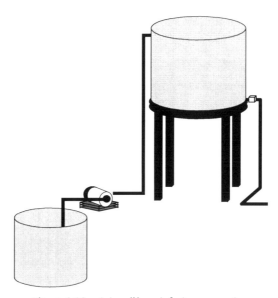

Figura 4.19 Caixa-d'água inferior e superior.

Linguagens textuais

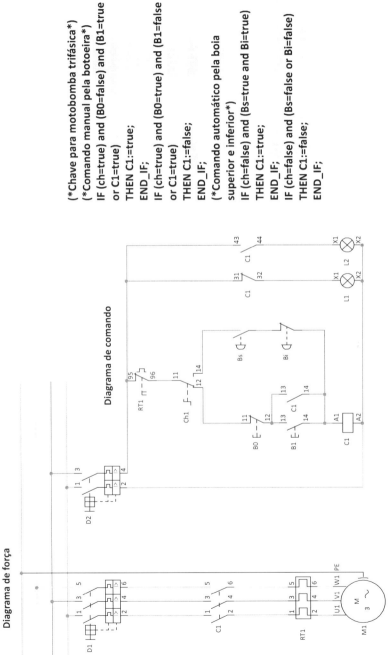

```
(*Chave para motobomba trifásica*)
(*Comando manual pela botoeira*)
IF (ch=true) and (B0=false) and (B1=true
   or C1=true)
THEN C1:=true;
END_IF;
IF (ch=true) and (B0=true) and (B1=false
   or C1=true)
THEN C1:=false;
END_IF;
(*Comando automático pela boia
superior e inferior*)
IF (ch=false) and (Bs=true and Bi=true)
THEN C1:=true;
END_IF;
IF (ch=false) and (Bs=false or Bi=false)
THEN C1:=false;
END_IF;
```

Figura 4.20 Diagramas de força e de comando da caixa-d'água.

Exercício

A Figura 4.22 apresenta uma chave de partida direta para duas motobombas trifásicas com seus diagramas de força e de comando. Na sequência, está o programa de controle com CLP em linguagem texto estruturado para um sistema de reservatório com duas motobombas (Figura 4.21) composto de uma chave três (03) posições (posição (0) desliga, posição (1) manual, posição (2) automático); uma posição manual composta de botoeira para desligar (B0) e botoeira para ligar (B1); e uma boia superior (Bs) e (Bi) para o comando automático. O funcionamento é intercalado entre M1 e M2 tanto para o comando manual como para o comando automático.

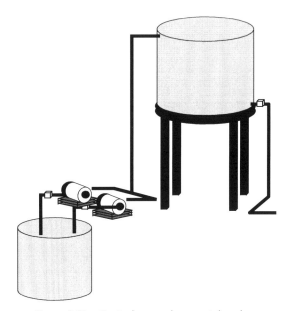

Figura 4.21   Controle para duas motobombas.

Linguagens textuais

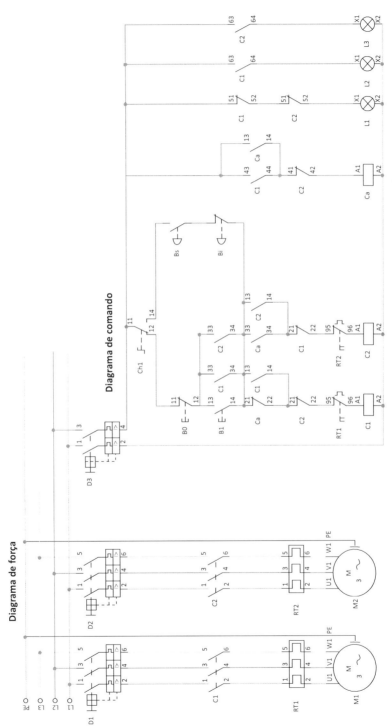

Figura 4.22 Diagramas de força e de comando para controle de duas motobombas.

A seguir, o exercício desenvolvido em linguagem de programação texto estruturado.

```
(*Chave para motobomba trifásica*)
(*Comando manual pela botoeira*)
IF (ch=true) and (B0=false) and (B1=true or Cx=true)
THEN Cx:=true;
END_IF;
IF (ch=true) and (B0=true) and (B1=false or Cx=true)
THEN Cx:=false;
END_IF;
(*Comando automático pela boia superior e inferior*)
IF (ch=false) and (Bs=true and Bi=true)
THEN Ck:=true;
END_IF;
IF (ch=false) and (Bs=false or Bi=false)
THEN Ck:=false;
END_IF;
(*Comando motobomba 1*)
IF (Cx=true or Ck=true) and (Ca=false or C1=true) and C2=false
THEN C1:=true;
END_IF;
IF (Cx=false or Ck=false) and (Ca=true or C1=true) and C2=false
THEN C1:=false;
END_IF;
(*Comando motobomba 2*)
IF (Cx=true or Ck=true) and (Ca=true or C2=true) and C1=false
THEN C2:=true;
END_IF;
IF (Cx=false or Ck=false) and (Ca=false or C2=true) and C1=false
THEN C2:=false;
END_IF;
(*Comando para selecionar motobomba*)
IF (C1=true or Ca=true) and (C2=false)
THEN Ca:=true;
END_IF;
IF (C1=false or Ca=false) and (C2=true)
THEN Ca:=false;
END_IF;
```

Exercício

A Figura 4.23 apresenta o diagrama de força. A Figura 4.24 mostra o diagrama de comando elétrico para acionamento de cilindro eletropneumático de dupla ação, bem como um programa em linguagem texto estruturado do CP para um processo industrial com um cilindro de dupla ação acionado por um botão (B1) e desligado por um botão (B0). Quando acionado, o cilindro de dupla ação sensibiliza o sensor indutivo (S1) e depois de 5 segundos o cilindro avança. Sensibilizando o sensor indutivo (S2), depois de 5 segundos, o cilindro retorna. O sistema fica funcionando com 5 segundos no início e 5 segundos no final.

Dados:

- B0: botoeira para desligar.
- B1: botoeira para ligar.
- C1: cilindro de dupla ação.
- Y1: válvula para avanço.
- Y2: válvula para retorno.
- S1: sensor indutivo para avanço.
- S2: sensor indutivo para retorno.
- L1: sistema desligado.
- L2: sistema ligado.

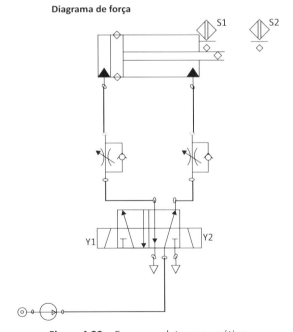

Figura 4.23 Esquema eletropneumático.

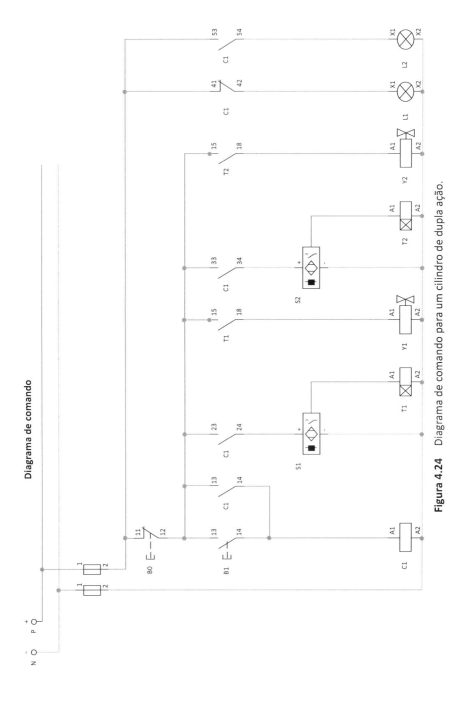

Figura 4.24 Diagrama de comando para um cilindro de dupla ação.

Linguagens textuais

A seguir, o exercício desenvolvido em linguagem de programação texto estruturado.

```
(*Acionamento de um (1) cilindro de dupla ação*)
(*Sistema ligado*)
IF (B0=true) and  (B1=false or C1=true)
THEN
C1:=false;
END_IF;
IF (B0=false) and (B1=true or C1=true)
THEN
C1:=true;
END_IF;
(*Temporizador T1 tempo de início do avanço do cilindro*)
T1 (IN :=(C1 and S1) (*BOOL*),
PT :=pres1 (*TIME*),
Q =>temp1 (*BOOL*),
ET =>efe1 (*TIME*));
(*Válvula Y1 para avanço do cilindro*)
IF temp1=true
THEN
Y1:=true;
END_IF;
IF temp1=false
THEN Y1:=false;
END_IF;
(*Temporizador T2 tempo de início do retorno do cilindro*)
T2 (IN :=(C1 and S2) (*BOOL*),
PT :=pres2 (*TIME*),
Q =>temp2 (*BOOL*),
ET =>efe2 (*TIME*));
(*Válvula Y2 para retorno do cilindro*)
IF temp2=true
THEN Y2:=true;
END_IF;
IF temp2=false
THEN
Y2:=false;
END_IF;
```

Continuação do exercício anterior.

```
(*Sinalização L1 sistema desligado*)
IF C1=false
THEN
L1:=true;
END_IF;

IF C1=true
THEN
L1:=false;
END_IF;
(*Sinalização L2 sistema ligado*)
IF C1=false
THEN
L2:=false;
END_IF;

IF C1=true
THEN
L2:=true;
END_IF;
```

Exercício

A Figura 4.25 apresenta o diagrama de força. A Figura 4.26 mostra o diagrama elétrico de comando para acionamento de dois cilindros eletropneumáticos de dupla ação, bem como um programa em linguagem texto estruturado do CP para um processo industrial com dois cilindros de dupla ação acionados por um botão (B1) e desligados por um botão (B0). Quando a caixa sensibiliza o sensor óptico (S1), o sensor aciona o cilindro C1 de dupla ação; o cilindro avança e levanta a caixa. A caixa no movimento 1 sensibiliza o sensor óptico (S2); o sensor S2 aciona para o avanço do cilindro (C2) e aciona o cilindro (C1) para retorno. No movimento 2 o cilindro C2 empurra a caixa; no final do movimento 2 a caixa sensibiliza o sensor óptico (S3), que aciona o cilindro 2 para retornar finalizando o ciclo. Em seguida, aciona a solenoide Ym liberando a caixa para o início do processo.

Dados:

- B0: botoeira para desligar.
- B1: botoeira para ligar.
- Cil1 e Cil2: cilindros de dupla ação.
- Y1 e Y2: válvulas para acionamento do cilindro C1.
- Y3 e Y4: válvulas para acionamento do cilindro C2.
- S1: sensor óptico.
- S2: sensor óptico.
- S3: sensor óptico.
- S4: sensor óptico.
- L1: sistema desligado.
- L2: sistema ligado.
- Ym: solenoide para liberação de produtos.

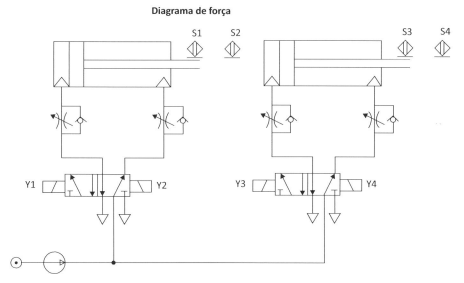

Figura 4.25 Esquema para dois cilindros dupla ação.

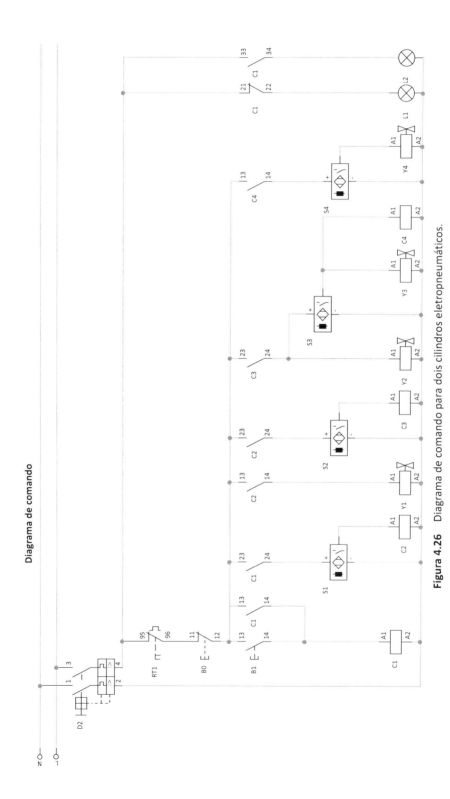

Figura 4.26 Diagrama de comando para dois cilindros eletropneumáticos.

Linguagens textuais

A seguir, o exercício em linguagem de programação texto estruturado.

```
(*Acionamento de dois (2) cilindro de dupla ação*)
(*Sistema ligado*)
IF (B0=true) and  (B1=false or C1=true)
THEN C1:=false;
END_IF;
IF (B0=false) and (B1=true or C1=true)
THEN C1:=true;
END_IF;
(*Acionamento do solenoide C2*)
IF C1=true and S1=true
THEN C2:=true;
END_IF;
IF C1=false and S1=false
THEN C2:=false;
END_IF;
(*Acionamento da válvula solenoide de avanço do cilindro Cil1*)
IF C2=true
THEN Y1:=true;
END_IF;
IF C2=false
THEN Y1:=false;
END_IF;
(*Acionamento do solenoide C3*)
IF C1=true and S2=true
THEN C3:=true;
END_IF;
IF C1=false and S2=false
THEN C3:=false;
END_IF;
(*Acionamento da válvula solenoide de avanço do cilindro Cil2*)
IF C3=true
THEN Y3:=true;
END_IF;
IF C3=false
THEN Y3:=false;
END_IF;
```

Continuação do exercício anterior.

```
(*Acionamento das válvula solenoides de retorno dos cilindros Cil1 e Cil2*)
IF C1=true and S3=true
THEN Y2:=true and Y4=true;
END_IF;
IF C1=false and S1=false
THEN Y2:=false and Y4=false;
END_IF;
(*Acionamento do solenoide de liberação de caixas*)
IF C1=true and F1=true
THEN Ym:=true;
END_IF;
IF C1=false and F1=false
THEN Ym:=false;
END_IF;
(*Sinalização L1 sistema desligado*)
IF C1=false
THEN L1:=true;
END_IF;
IF C1=true
THEN L1:=false;
END_IF;
(*Sinalização L2 sistema ligado*)
IF C1=false
THEN L2:=false;
END_IF;
IF C1=true
THEN L2:=true;
END_IF;
```

Exercício

No processo industrial da Figura 4.27, uma correia transportadora, acionada pelo motor M1, conduz o produto A despejado pela válvula Va no reservatório misturador. O produto B é despejado acionando a válvula Vb. As duas substâncias são misturadas por meio do agitador acionado pelo motor M2. O esvaziamento do reservatório com os produtos é realizado pelo acionamento da bomba A e da válvula Vc. Um sensor de nível mínimo interrompe o esvaziamento. O sensor Máx. mostra emergência para a entrada de produtos, interrompendo Va e Vb.

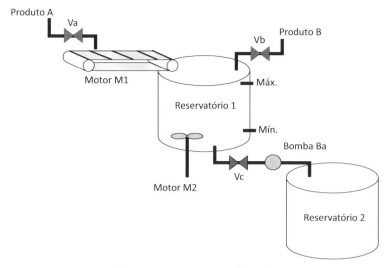

Figura 4.27   Processo industrial.

A Figura 4.28 apresenta um relé de nível. Nela, vê-se outro meio de fazer o controle de líquidos por meio do relé de nível de um circuito eletrônico, que compara a corrente que circula entre dois eletrodos conectados ao aparelho com um valor selecionado no frontal por um potenciômetro. Quando o líquido condutor cobrir ou descobrir os dois eletrodos condutores, com relação ao eletrodo de referência (**Er**), o relé de saída será energizado ou desenergizado. Usando o eletrodo de referência (**Er**) e o eletrodo superior (**ES**), o relé de saída estará desenergizado quando o líquido cobrir os dois eletrodos e energizado na situação contrária. Ao se utilizar também o eletrodo inferior (**Ei**), o relé permanecerá desenergizado quando o líquido estiver cobrindo o eletrodo superior (**Ei**) e assim ficará até que o líquido descubra o eletrodo inferior (**Ei**). Esses aparelhos são utilizados para controle de nível em caixas-d'água.

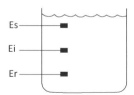

Figura 4.28   Relé de nível.

A Figura 4.29 apresenta os diagramas de força e de comando do processo industrial.

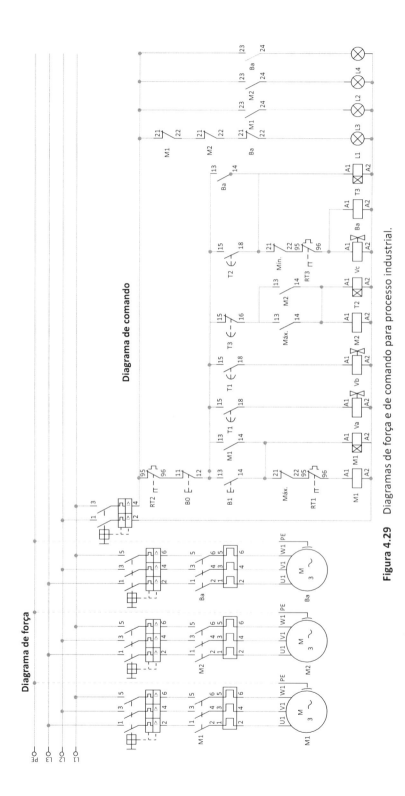

Figura 4.29 Diagramas de força e de comando para processo industrial.

A seguir, o exercício anterior em linguagem de programação texto estruturado.

```
(*Controle de processo*)
(*Acionamento da esteira do produto A motor M1*)
IF (RT2=true or RT3=true or B0=true or RT1=true or Max=true)
and  (B1=false or M1=true) THEN M1:=false;
END_IF;
IF (RT2=false or RT3=false or B0=false or RT1=false or Max=false)
and (B1=true or M1=true) THEN M1:=true;
END_IF;
(*temporizador T1*)
T1 (IN :=M1 (*BOOL*),
   PT :=pres1 (*TIME*),
   Q =>temp1 (*BOOL*),
   ET =>efe1 (*TIME*));
(*Acionamento da válvula solenoide Va*)
IF temp1=true
THEN Va:=true;
END_IF;
IF temp1=false THEN Va:=false;
END_IF;
(*Acionamento da válvula solenoide Vb*)
IF temp1=true
THEN Vb:=true;
END_IF;
IF temp1=false THEN Vb:=false;
END_IF;
(*Acionamento do agitador motor M2*)
IF Ba=false and (Max=true or M2=true)
THEN M2:=true;
END_IF;
IF Ba=true and (Max=false or M2=false)
THEN M2:=false;
END_IF;
(*temporizador T2*)
T2 (IN :=M2 (*BOOL*),
   PT :=pres2 (*TIME*),
   Q =>temp2 (*BOOL*),
   ET =>efe2 (*TIME*));
```

Continuação do exercício anterior.

```
(*Acionamento da bomba Ba*)
IF Min=false and (temp2=true or Ba=true)
THEN Ba:=true;
END_IF;
IF Min=true and (temp2=false or Ba=false)
THEN Ba:=false;
END_IF;
(*Acionamento da válvula Vc*)
IF Ba=true THEN Vc:=true;
END_IF;
IF Ba=false THEN Vc:=false;
END_IF;
(*Sinalização L1 sistema desligado*)
IF (M1=false or M2=false or Ba=false)
THEN L1:=true;
END_IF;
IF (M1=true or M2=true or Ba=true)
THEN L1:=false;
END_IF;
(*Sinalização L2, M1 ligado*)
IF M1=false THEN L2:=false;
END_IF;
IF M1=true THEN L2:=true;
END_IF;
(*Sinalização L3, M2 ligado*)
IF M2=false THEN L3:=false;
END_IF;
IF M2=true THEN L3:=true;
END_IF;
(*Sinalização L4, Ba ligado*)
IF Ba=false THEN L4:=false;
END_IF;
IF Ba=true THEN L4:=true;
END_IF;
```

Exercício

A Figura 4.30 apresenta o diagrama de força e a Figura 4.31 mostra o diagrama de comando e o programa de controle em linguagem texto estruturado do CP. Esse programa é capaz de efetuar o controle de uma prensa, que é avançada quando dois botões forem acionados simultaneamente. No entanto, se o operador apertar qualquer um dos dois botões e demorar mais do que 5 segundos para apertar o outro botão, a prensa não atua. Para uma nova tentativa, o operador deve soltar os dois botões. O retorno da prensa acontece assim que qualquer botão seja desacionado.

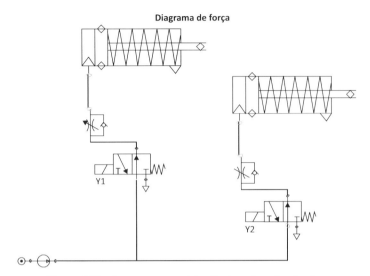

Figura 4.30   Esquema para dois cilindros de ação simples.

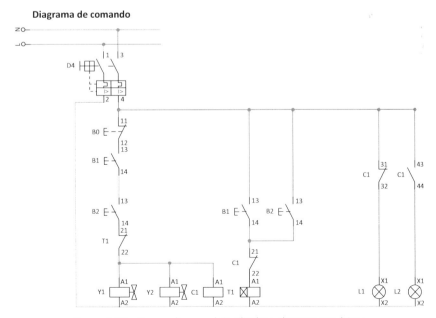

Figura 4.31   Comando para dois cilindros eletropneumáticos.

A seguir, o exercício anterior resolvido em linguagem de programação texto estruturado.

```
(*Comando de prensa*)
IF (B0=false or temp2=false) and (B1=true and B2=true)
THEN Y1:=true;
END_IF;
IF (B1=false or B2=false) or (B0=true or temp2=true)
THEN Y1:=false;
END_IF;
(*Acionamento do solenoide Y2*)
IF Y1=true THEN Y2:=true;
END_IF;
IF Y1=false THEN Y2:=false;
END_IF;
(*Acionamento do C1*)
IF Y1=true THEN C1:=true;
END_IF;
IF Y1=false THEN C1:=false;
END_IF;
(*Tempo de intertravamento*)
 IF (B1=true or B2=true) and Y1=false
THEN temp1:=true;
else temp1:=false;
END_IF;
(*temporizador T1*)
T1 (IN :=temp1 (*BOOL*),
   PT :=pres1 (*TIME*),
   Q =>temp2 (*BOOL*),
   ET =>efe1 (*TIME*));
(*Sinalização L1 sistema desligado*)
IF (C1=false) THEN L1:=true;
END_IF;
IF (C1=true) THEN L1:=false;
END_IF;
(*Sinalização L2, prensa ligado*)
IF C1=true THEN L2:=true;
END_IF;
IF C1=false THEN L2:=false;
END_IF;
```

Exercício

A Figura 4.32 apresenta o processo industrial e a Figura 4.33 mostra o diagrama de comando para processo industrial para seleção de produtos e o programa em linguagem texto estruturado do CP para processo industrial em que uma esteira acionada pelo motor M1 transporta caixas de três tamanhos (pequena, média e grande), que sensibilizam três sensores ópticos (Sp, Sm, Sg) (Figura 4.32). O processo tem início quando a botoeira B1 é acionada e interrompido pela botoeira B0. A seleção do tipo de caixa é feita a partir de uma chave seletora de três posições (P, M e G). Caso sejam selecionadas caixas grandes, a esteira deve parar e a sirene soa. Caso uma caixa pequena ou média seja detectada e expulsa pelo cilindro (cil), o operador deve religar o sistema em B1.

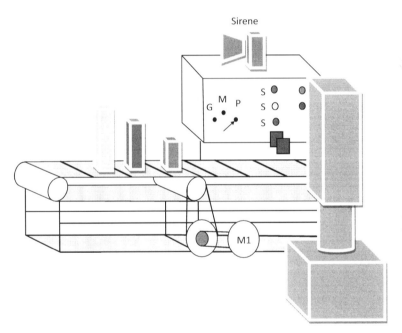

Figura 4.32 Processo industrial para seleção de produtos.

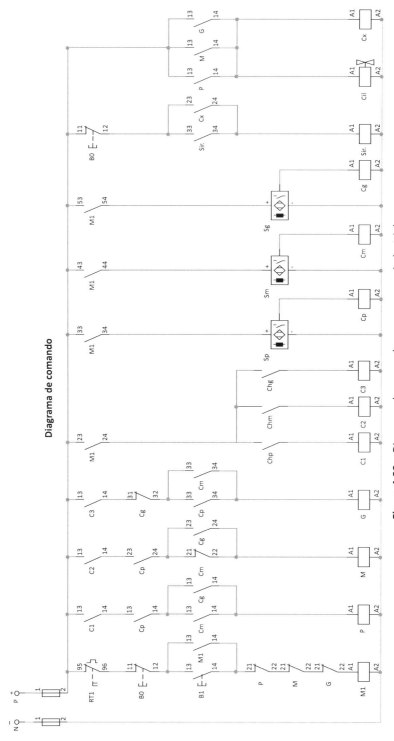

Figura 4.33 Diagrama de comando para processo industrial.

Linguagens textuais

A seguir, o exercício resolvido em linguagem de programação texto estruturado.

```
(*Processo de seleção de produtos*)
IF (RT1=false or B0=false or P=false or M=false or G=false)
and (B1=true or M1=true) THEN M1:=true;
END_IF;
IF (RT1=true or B0=true or P=true or M=true or G=true)
and (B1=false or M1=false) THEN M1:=false;
END_IF;
(*seleção de pequena (P)*)
IF (C1=true)
and (Cp=true and Cm=true and Cg=false)
or (Cp=true and Cm=true and Cg=true) THEN P:=true;
END_IF;
IF (C1=false) and (Cp=true and Cm=false and Cg=false)
or (Cp=false and Cm=false and Cg=false) THEN P:=false;
END_IF;
(*seleção de média (M)*)
IF (C2=true) and (Cp=true and Cm=false and Cg=false)
or (Cp=true and Cm=true and Cg=true) THEN M:=true;
END_IF;
IF (C2=false) and (Cp=true and Cm=true and Cg=false)
or (Cp=false and Cm=false and Cg=false) THEN M:=false;
END_IF;
(*seleção de grande (G)*)
IF (C3=true) and (Cp=true and Cm=false and Cg=false)
or (Cp=true and Cm=true and Cg=false)
THEN G:=true; ELSE G:=false;
END_IF;
(*Prioridade do tamanho do produto (P)*)
IF (M1=true and Chp=true) THEN C1:=true;
END_IF;
IF (M1=false and Chp=false) THEN C1:=false;
END_IF;
(*Prioridade do tamanho do produto (M)*)
IF M1=true and Chm=true THEN C2:=true;
END_IF; IF M1=false and Chm=false
THEN C2:=false;
END_IF;
```

Continuação do exercício anterior em linguagem texto estruturado.

```
(*Prioridade do tamanho do produto (G)*)
IF M1=true
and Chg=true
THEN C3:=true;
END_IF;
IF M1=false
and Chg=false
THEN C3:=false;
END_IF;
(*Sensor de seleção do tamanho do produto (P)*)
IF M1=true
and Sp=true
THEN Cp:=true; ELSE Cp:=false;
END_IF;
(*Sensor de seleção do tamanho do produto (M)*)
IF M1=true
and Sm=true
THEN Cm:=true; ELSE Cm:=false;
END_IF;
(*Sensor de seleção do tamanho do produto (G)*)
IF M1=true
and Sg=true
THEN Cg:=true; ELSE Cg:=false;
END_IF;
(*Acionamento da sirene*)
IF B0=false
and (Cx=true or Sr=true)
THEN Sr:=true; ELSE Sr:=false;
END_IF;
(*Acionamento do cilindro de expulsão do produto*)
IF (P=true or M=true or G=true)
THEN Cil:=true; ELSE Cil:=false;
END_IF;
(*Acionamento da bobina e retenção*)
IF Cil=true
THEN Cx:=true; ELSE Cx:=false;
END_IF;
```

4.1.3 COMANDO CONDICIONAL CASE

A instrução CASE consiste em uma expressão do tipo INT dados (o "seletor") e uma lista de grupos de instruções. Cada grupo está equipado com uma marca que se baseia em um ou vários números inteiros (INT, DINT UINT, UDINT) ou em intervalos de valores de números inteiros. O primeiro grupo é executado por instruções, cuja etiqueta contém o valor calculado do seletor. Caso contrário, nenhuma das instruções será executada. O comando OF indica o início do tag. Uma instrução ELSE pode ser realizada dentro da instrução CASE, cuja instrução é executada se não houver etiqueta com o valor do seletor. A instrução END_CASE marca o final da instrução(ões).

Exemplo 1:

```
CASE <expressão > OF
        <valor 1 do seletor_inteiro> : <comandos>
        <valor 2 do seletor_inteiro> : <comandos>
ELSE
        <comandos>
END_CASE;
```

Exemplo 2:

```
CASE seleção OF
1,4 :  C := Cos(A) * Sen(B);
2 :  B  := C – A;
5,6 :  C := C * A;
ELSE
B :=  C * A;
C :=  A / B
END_CASE;
```

4.1.4 COMANDOS DE REPETIÇÃO

4.1.4.1 O comando FOR...DO

É utilizado quando o número de ocorrências pode ser determinado. Caso contrário, usa-se o comando WHILE ou REPEAT. O comando para de repetir uma sequência de instruções até que o comando do valor final END_FOR seja executado. O número de ocorrências é determinado por valor inicial, valor final e variável de controle. A variável de controle, o valor inicial e o valor final devem ser do mesmo tipo de dados (DINT ou INT). A variável de controle, o valor inicial e o valor final podem ser alterados por uma instrução repetida. Este é um suplemento da norma IEC 61131-3.

Há instrução para incrementos do valor da variável de controle de um valor inicial para um valor final. O valor do incremento é o valor padrão 1. Se um valor diferente é utilizado, é possível especificar um valor de incremento explícito (variável ou constante). O valor da variável de controle é verificado antes de cada novo *loop*. Se estiver fora do valor inicial e da variação de valor final, o *loop* será deixado. Antes de correr o circuito pela primeira vez, é feita uma verificação para determinar se o incremento das variáveis de controle, a partir do valor inicial, move-se em direção ao valor final. Se esse não for o caso (por exemplo, <valor inicial := valor final e o incremento negativo), o *loop* não será processado. O valor da variável de controle não é definido fora do *loop*. A instrução DO identifica o final da definição da repetição e do início da instrução(ões). A ocorrência pode ser antecipada com EXIT. A instrução END_FOR marca o final da instrução(ões).

Exemplo:

```
FOR i:= 1 TO 50 DO
     C:= C * 3
END_FOR;
```

Se um incremento diferente de 1 deve ser usado, pode ser definido por BY. O incremento, o valor inicial, o valor final e a variável de controle devem ser do mesmo tipo de dados (DINT ou INT). O critério para a direção de processamento (para a frente, para trás) é o sinal da expressão BY. Se esta expressão for positiva, o *loop* será executado em frente; se ele for negativo, o *loop* será executado para trás.

Exemplo de contagem para frente:

```
FOR i:= 1 TO 10  BY  2  DO
     K:= K * 3
END_FOR;
```

Exemplo de contagem para trás:

```
FOR i:= 10 TO 1  BY -1  DO
     K:= K * 3
END_FOR;
```

O laço é executado exatamente uma vez, como o valor inicial = valor final. Nesse contexto, não importa se o incremento for positivo ou negativo.

Exemplo:

```
FOR i:= 10 TO 10 DO
    K:= K * 3
END_FOR;
Ou
FOR i:= 10 TO 10  DO
    K:= K * 3
END_FOR;
```

Se o incremento é j > 0, a instrução é executada. Se j < 0, as instruções não são executadas porque a situação de valor inicial <, só permite que o valor final seja incrementado por > = 0. Se j = 0, as instruções são executadas e um *loop* infinito é criado já que o valor final não será alcançado com um incremento de 0.

Exemplo:

```
FOR i:=1 TO 10 BY j DO
K:=K*3
END_FOR;
```

4.1.4.2   O comando WHILE...DO...END_WHILE

Comando que tem o efeito de uma sequência de instruções executada repetidamente até que sua expressão relacionada seja 0 (falso). Se a expressão for falsa desde o início, o grupo de instruções não será executado. A instrução DO identifica o final da definição da repetição e o início da instrução(ões). A ocorrência pode ser antecipada com EXIT. A instrução END_WHILE marca o final da instrução(ões). No exemplo a seguir, o comando não pode ser utilizado, cria-se, assim, um *loop* infinito que faz com que o programa trave: WHILE não pode ser usado para sincronização entre processos, como "*waiting loop*", com uma condição final definida externamente.

Exemplo:

```
X := 1;
WHILE  x <= 100 DO
X := X + 4;
END_WHILE;
```

4.1.4.3   O comando REPEAT...UNTIL...END_REPEAT

Esse comando tem o efeito de uma sequência de instruções executada repetidamente até sua condição relacionada seja 1 (verdadeiro). A instrução UNTIL marca a condição final. A ocorrência pode ser antecipada com o EXIT. A instrução END_REPEAT marca o final da instrução(ões). Nos casos em que REPEAT não pode ser usado, pode criar um *loop* infinito que faz com que o programa trave. Ele não pode ser usado para sincronização entre processos, como "*waiting loop*", com uma condição final definida externamente. Também não pode ser utilizado em um algoritmo, como a conclusão da condição final do *loop* ou a execução de uma instrução EXIT não pode ser garantida.

Exemplo:

```
X := -1;
REPEAT
        X := x + 2
UNTIL  X >= 201
END_REPEAT;
```

4.1.4.4   O comando EXIT e RETURN

É usado para terminar as instruções de repetição (FOR, WHILE, REPEAT) antes que a condição final seja cumprida. Se a instrução de saída está dentro de uma repetição aninhada, o comando EXIT aborta apenas a interação no nível em que ele se encontra. Em seguida, a primeira instrução após o fim do laço (END_FOR ou END_REPEAT) é executada.

O comando RETURN é usado dentro do corpo de uma POU para abortar sua sequência de execução, desviando-a. Ao se permitir melhoria no uso do controlador programável, o uso da instrução RETURN em um diagrama de bloco funcional força o retorno ao programa que chamou o bloco funcional. O restante do programa que contém o bloco funcional não é executado e a parte do programa que chamou o bloco funcional vai ser executada após o retorno do bloco funcional.

Em uma sub-rotina, a instrução RETURN força a voltar ao programa que chamou a sub-rotina e o restante da sub-rotina contendo a instrução RETURN não é executada.

Exemplo:

```
SUM : = 0 ;
FOR I := 1 TO 3 DO
   FOR J := 1 TO 2 DO
     IF FLAG=1 THEN EXIT;
     END_IF ;
     SUM := SUM + J ;
   END_FOR ;
   SUM := SUM + I ;
END_FOR
```

A chamada de sub-rotina consiste no nome da seção de sub-rotina seguida de uma lista de parâmetros. A sub-rotina a ser chamada deve estar localizada na mesma tarefa, como a seção chamada ST. Sub-rotinas também podem ser chamadas de dentro de sub-rotinas. Elas são um complemento à norma IEC 61131-3 e devem ser ativadas explicitamente.

No editor de ST, os comentários sempre começam com a sequência de caracteres "(*" e terminam na cadeia "*)". Quaisquer comentários podem ser inseridos entre essas sequências de caracteres e em qualquer posição no editor de ST, exceto em palavras-chave, literais, identificadores e variáveis. Comentários de assentamento não são permitidos de acordo com a norma IEC 61131-3. Se são aninhados, no entanto, devem ser explicitamente habilitados.

Funções elementares são fornecidas sob a forma de bibliotecas. A lógica das funções é criada na linguagem de programação C e não pode ser modificada no editor de ST. As funções não têm estados internos. Se os valores de entrada são os mesmos, o valor de saída é também o mesmo para todas as execuções da função. Por exemplo, a adição de dois valores dá o mesmo resultado em cada execução. Algumas funções elementares podem ser estendidas para mais de duas entradas. As funções elementares têm apenas um valor de retorno (saída).

4.1.5 ELEMENTOS DOS BLOCOS FUNCIONAIS

Os blocos funcionais elementares têm estados internos. Se as entradas têm os mesmos valores, o valor de saída pode ter outro valor durante as operações individuais. Por exemplo, com um contador, o valor de saída é incrementado. Os blocos de função podem ter valores de saída diversos (saídas).

4.1.5.1 Bloco de função derivada

Os blocos de função derivada (DFB) têm as mesmas características dos blocos de função fundamental. O usuário pode criá-los nas linguagens de programação FBD, LD, IL e/ou ST.

4.1.5.2 Parâmetro

As entradas e saídas são obrigadas a transferir valores para ou a partir de blocos de função. São os chamados parâmetros formais. Os estados do processo atual são transferidos para os parâmetros formais e passam a chamar parâmetros reais. Variável, endereço e literal podem ser usados como parâmetros reais para as entradas do bloco de função. Variável e endereço podem ser usados como parâmetros reais para saídas de bloco de funções.

Os tipos de dados dos parâmetros reais devem corresponder ao tipo de dados dos parâmetros formais. As únicas exceções são genéricos parâmetros formais, cujo tipo de dados é determinado pelo parâmetro real. Quando se tratar de genérico ANY_BIT parâmetro formal, os parâmetros reais INT ou DINT (não UINT e UDINT) são os tipos de dados que podem ser usados. É um suplemento com a norma IEC 61131-3 e deve ser ativado explicitamente.

4.1.6 VARIÁVEL PÚBLICA

Além de entradas e saídas, alguns blocos de função também fornecem variáveis públicas. São variáveis de transferência de valores estatísticos (valores que não são influenciados pelo processo) para o bloco de função. Esses valores são usados para definir parâmetros para o bloco de função. A variáveis pública é um complemento a norma IEC 61131-3.

4.1.7 VARIÁVEL PRIVADA

Além de entradas, saídas e variáveis públicas, alguns blocos de função também fornecem variáveis privadas. Elas são usadas para transferir valores estatísticos (valores que não são influenciados pelo processo) para o bloco de função. As variáveis privadas não podem ser acessadas pelo programa do usuário e só podem ser acessadas pelo quadro de animação.

4.1.8 INSERÇÃO DE BLOCOS FUNCIONAIS

Os blocos funcionais representam as funções de automação básicas que são executadas por aplicações do programa principal. Cada bloco funcional processa parâmetros

Linguagens textuais

de entrada e saída, de acordo com um programa específico. Um conjunto interno de parâmetros do bloco funcional pode ser escrito em qualquer linguagem de programação na norma IEC 61131-3. As entradas produzem parâmetros de saída, que estão disponíveis para uso dentro da mesma aplicação de bloco funcional ou em outras aplicações de bloco funcional. Um bloco funcional pode ser inserido no programa em qualquer espaço livre. Se um bloco funcional é colocado em um espaço que já está ocupado por um objeto, uma mensagem de erro é retornada.

A seguir, alguns exemplos de blocos funcionais:

```
Tempo_Rotação_Direita    (IN:= Robo.5_Rotação_Direita,
                          PT:= t#1s,
                          Q=> hb_Rotação_Direita;


Tempo_Material_Para_Baixo (IN:= Robo.material_Para_Baixo,
                          PT:= t#1s,
                          Q=> Robo.cv_material_Para_Baixo);


Tempo_Braço (IN:= Robo.Braço,
             PT:= t#1s,
             Q=> Robo.cv_Braço);


Rotação_Braço (IN:= Robo.Rotação_Esquerda,
               PT:= t#1s,
               Q=> Robo.cv_Robo);
```

4.1.9 CRIAÇÃO DE BLOCOS FUNCIONAIS

Um bloco funcional é um bloco de programa escrito para satisfazer os requisitos específicos da aplicação. Inclui uma ou mais seções escritas em *ladder* (LD), lista de instruções (IL), texto estruturado (ST) ou diagrama de blocos funcionais (FBD), com parâmetros de entrada e saída pública ou privada e variáveis internas. Os blocos funcionais podem ser usados para estruturar e melhorar a aplicação. Podem ser usados sempre que uma sequência do programa é repetida várias vezes na aplicação ou para definir uma programação padrão (por exemplo, um algoritmo que controla um motor, incorporando os requisitos de segurança local). Ao exportar esses blocos funcionais, podem ser importados e usados por um grupo de programadores que trabalham em uma única aplicação ou em diferentes aplicações.

4.1.10 BENEFÍCIOS DA UTILIZAÇÃO DE UM BLOCO FUNCIONAL

O uso de um bloco funcional em um aplicativo é possível para simplificar o projeto e a entrada do programa. Também aumenta a legibilidade do programa, facilita a depuração do aplicativo (todas as variáveis manipuladas pelo bloco de função são identificadas em sua interface) e reduz o volume de código gerado (o código que corresponde ao bloco criado é carregado apenas uma vez, no entanto, muitas chamadas são feitas para o bloco no programa e apenas os dados correspondentes às instâncias são gerados).

4.1.11 CRIAÇÃO DE TIPO DE BLOCO FUNCIONAL

Esta operação consiste em desenhar um modelo de bloco funcional que se pode utilizar na aplicação. Para fazer isso, deve-se usar o editor para a criação do bloco para definir e codificar todos os elementos que compõem o bloco. Esses elementos são: nome, entradas, saídas e variáveis.

4.2 LISTA DE INSTRUÇÕES (*INSTRUCTION LIST,* IL)

A linguagem de programação lista de instruções (*Instruction List*, IL) é definida como parte da norma IEC 61131. É uma linguagem pouco estruturada e de difícil compreensão, pois usa instruções semelhantes às linguagens de programação mnemônicas desenvolvidas para CPs, ou seja, é uma linguagem próxima da forma de processamento feita pela CPU do CP e, por isso, é muito eficiente. Existe semelhança com programação em linguagem *assembly*.

A maioria dos programadores não usa programação IL em uma base diária. É uma linguagem textual de baixo nível e composta de uma sequência de instruções. Cada instrução deve começar em uma nova linha e conter um operador com modificadores opcionais. Se necessários para a operação, um ou mais operandos separados por vírgulas são usados para descrever o comportamento de funções, blocos de funções e programas.

Em SFC a linguagem é empregada para descrever o comportamento de ações e transições.

Usando a linguagem IL, é possível chamar blocos de função e funções de forma condicional ou incondicional, executar tarefas e fazer saltos de modo condicional ou incondicional dentro de uma seção. Cada instrução começa em uma nova linha e é composta de um operador, que é necessário com um modificador e um ou mais operandos. São necessários vários operandos, que são separados por vírgulas. É possível que uma etiqueta esteja na frente da instrução. Esse rótulo é seguido por dois pontos. Um comentário pode seguir as instruções.

Exemplo:

```
Start:  LD     A    (*botoeira liga 1*)
        ANDN   B    (*botoeira desliga*)
        ST     C    (*saída*)
```

4.2.1 INSTRUÇÕES

Operandos podem ser qualquer uma das representações de dados. A instrução pode ser precedida por um rótulo de identificação seguido de dois pontos (:). Linhas em branco podem ser inseridas entre as instruções.

Tabela 4.3

Etiqueta	Operador	Operando	Comentário
	LD	B1	(*Liga*)
Liga	ANDN	B0	(*Desliga*)
	ST	C1	(*Motor1*)

4.2.1.1 Instrução *load* (LD)

LD   Acumulador := Operando

4.2.1.2 Instrução *store* (ST)

ST   Operando := Acumulador

4.2.2 ESTRUTURA DA LINGUAGEM DE PROGRAMAÇÃO IL

Trata-se de um acumulador chamado linguagem orientada, ou seja, cada instrução usa ou altera o conteúdo atual do acumulador (uma forma de cache interno). A norma IEC 61131-3 refere-se a esse acumulador como "resultado". Por essa razão, uma lista de instruções deve sempre começar com o operando LD ("*Load* no comando acumulador").

4.2.3 SEMÂNTICA DOS OPERADORES

Deve ser: Resultado:= Resultado   Operador   Operando.

4.2.4 CHAMADA DE FUNÇÕES E BLOCOS DE FUNÇÃO

Funções devem ser chamadas colocando o nome da função no domínio do operador. Essa chamada pode tomar três formas: operador (CAL) do bloco de função com lista de parâmetros do bloco, carregamento das entradas antes da chamada e uso de operadores de entrada.

Exemplo:

```
(*Comentários*)
CAL T1 (IN :=C1 (*BOOL*),
    PT :=pres1 (*TIME*),
    Q =>temp1 (*BOOL*),
    ET =>efe1 (*TIME*))
```

4.2.5 OPERADORES

Tabela 4.4

Operador	Modificador	Significado
LD	N	Carrega operando no acumulador
ST	N	Guarda o resultado no operando
S		Seta operando para 1
R		Reseta operando para 0
AND	N,(	Lógica E
&	N,(	Lógica E
OR	N,(	Lógica OU
XOR	N,(	Lógica exclusiva OU

(*continua*)

Tabela 4.4 (*continuação*).

Operador	Modificador	Significado
NOT		Lógica negativa
ADD	(	Adição
SUB	(	Subtração
MUL	(	Multiplicação
DIV	(	Divisão
MOD	(	Módulo da divisão
GT	(	Maior que: >
GE	(	Maior que ou igual: >=
EQ	(	Igual: =
NE	(	Diferente: ≠
LE	(	Menor que ou igual: <=
LT	(	Menor que: <
JMP	C,N	Salta para *label* (Operando)
CAL	C,N	Chamada de bloco funcional
RET	C,N	Retorno de função ou bloco funcional
)		Executa o último operador adiado

4.2.6 MODIFICADORES

Os modificadores influenciam a execução dos operadores, podem utilizar letra como modificador após o mnemônico e alteram a semântica da instrução. O modificador N é usado para inverter o valor do operando e negar um valor.

Exemplo:

> **Exemplo: No exemplo C é 1, se A é 1 e B é 0.**
>
> | Start: | LD | A | (*botoeira liga 1*) |
> |---|---|---|---|
> | | ANDN | B | (*botoeira desliga*) |
> | | ST | C | (*saída*) |

O C modificador dá uma condição.

Exemplo:

> **Exemplo: O salto é somente após START executada quando A é 1 (TRUE) e B é 1 (TRUE).**
>
> | LD | A |
> |---|---|
> | AND | B |
> | JMPC | START |

Se C modificador e N são combinados (CN), a instrução é executada somente se o valor do acumulador for um booleano 0 (falso).

Exemplo:

> **O salto é somente após START executada quando A é 0 (FALSO) e B é 0 (FALSO).**
>
> | LD | A |
> |---|---|
> | AND | B |
> | JMPCN | START |

O modificador parêntese, "(", esquerdo é usado para mover a avaliação do operando até o parêntese à direita do operador, ")". O número de parênteses direitos da operação deve ser igual ao número de parênteses esquerdos. Os parênteses podem ser aninhados.

4.2.7 COMENTÁRIOS (*COMMENTS*)

Na linguagem lista de instruções (IL), os comentários sempre começam com a sequência de caracteres "(*" e terminam na cadeia "*)". Quaisquer comentários podem ser inseridos entre essas sequências de caracteres. Os comentários aninhados não são permitidos de acordo com a norma IEC 61131-3. Se são aninhados, no entanto, devem ser explicitamente habilitados.

Exercício

A Figura 4.34 apresenta os diagramas da esteira quando acionada por um botão (B1) e desligada pelo botão (B0). O contato RT1 é a proteção. A sinalização L1 indica motor M1 desligado; e a sinalização L2 indica motor M1 ligado.

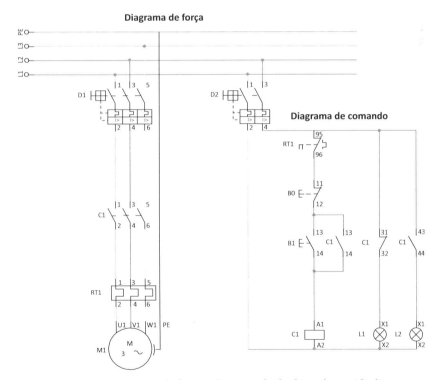

Figura. 4.34 Diagramas de força e de comando da chave de partida direta.

A seguir, o mesmo exercício em linguagem de programação lista de instruções.

(*Chave de partida direta*)
LD   B1   (*Botoeira para ligar C1*)
OR   C1   (*Contator de C1 para reter ligação*)
ANDN B0   (*Botoeira para desligar C1*)
ST   C1   (*Contator para ligar motor M1*)
STN   L1   (*Lâmpada para indicar motor parado*)
ST   L2   (*Lâmpada para indicar motor ligado*)

Exercício

A Figura 4.35 apresenta os diagramas do motor trifásico acionado por um botão (B1) em sentido horário e (B2) em sentido anti-horário, que é desligado pelo botão (B0). O contato RT1 é a proteção térmica. A sinalização L1 indica motor M1 desligado, a sinalização L2 indica motor horário e L3 indica motor anti-horário.

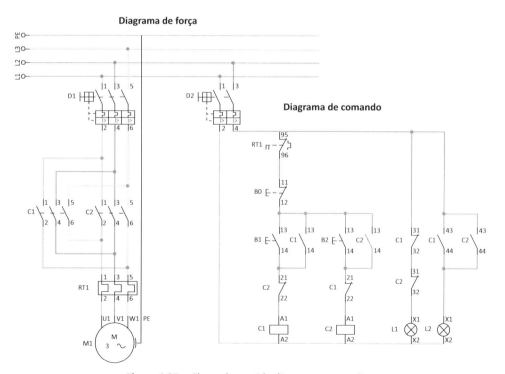

Figura 4.35   Chave de partida direta com reversão.

A seguir, o mesmo exercício em linguagem de programação lista de instruções.

(*Chave de partida direta com reversão*)

LD	B1	(*Botoeira para ligar C1*)
OR	C1	(*Contator de C1 para reter ligação*)
ANDN	C2	(*Intertravamento pelo Contator C2*)
ANDN	B0	(*Botoeira para desligar Motor*)
ANDN	RT1	(*Relé térmico de proteção*)
ST	C1	(*Contator para ligar motor sentido horário*)
ST	L2	(*Lâmpada para indicar motor ligado horário*)
LD	B2	(*Botoeira para ligar C2*)
OR	C2	(*Contator de C2 para reter ligação*)
ANDN	C1	(*Intertravamento pelo Contator C1*)
ANDN	B0	(*Botoeira para desligar C2*)
ANDN	RT1	(*Relé térmico de proteção*)
ST	C2	(*Contator para ligar motor sentido anti-horário*)
ST	L3	(*Lâmpada para motor ligado anti-horário*)
LD	C1	(*C1 desliga L1*)
OR	C2	(*C2 desliga L1*)
STN	L1	(*Lâmpada para indicar motor desligado*)

Exercício

A Figura 4.36 apresenta uma chave de partida direta comandada por dois pontos diferentes. Vê-se os diagramas da esteira acionada por dois botões localizados em pontos diferentes, (B1) e (B2). Ela é desligada pelos botões (B01) e (B02). Acionada a esteira com (B1) ou (B2), o motor M1 liga. A esteira é desligada com (B01) ou (B02). A sinalização L1 indica motor M1 desligado e a sinalização L2 indica motor M1 ligado.

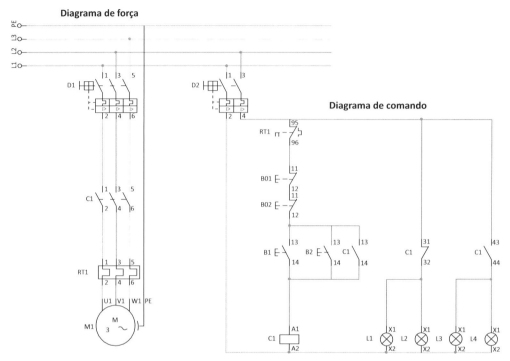

Figura 4.36 Chave de partida direta acionada de dois pontos diferentes.

Agora, o mesmo exercício desenvolvido em linguagem de programação lista de instruções.

(*Chave de partida direta com dois pontos diferentes*)

LD	B1	(*Botoeira para ligar C1 do pont A*)
OR	B2	(*Botoeira para ligar C1 do pont B*)
OR	C1	(*Contator de C1 para reter ligação*)
ANDN	B01	(*Botoeira para desligar Motor do ponto A*)
ANDN	B02	(*Botoeira para desligar Motor do ponto B*)
ANDN	RT1	(*Relé térmico de proteção*)
ST	C1	(*Contator para ligar motor*)
STN	L1	(*Lâmpada para indicar motor desligado do A*)
STN	L2	(*Lâmpada para indicar motor desligado do B*)
ST	L3	(*Lâmpada para indicar motor ligado do A*)
ST	L4	(*Lâmpada para indicar motor ligado do B*)

A seguir, a chamada de temporizador.

```
CAL T1 (IN :=C1 (*BOOL*),        (*Entrada do temporizador*)
        PT :=pres1 (*TIME*),     (*Preset do temporizador*)
        Q =>temp1 (*BOOL*),      (*Saída do temporizador*)
        ET =>efe1 (*TIME*))      (*Efetivo do temporizador*)
```

A entrada **IN** é a entrada do temporizador. E **(PRE)** é valor predefinido. O valor predefinido é o ponto pré-programado fornecido à instrução temporizador ou contador. Quando o valor acumulado é igual ao valor predefinido ou maior que ele, o bit de *status* pronto é ativado. É possível usar esse bit para controlar um dispositivo de saída. O efetivo **(EF)** é valor acumulado. Para um temporizador, esse é o número de intervalos da base de tempo que a instrução conta. A saída **Q** é a saída do temporizador.

Exercício

Na Figura 4.37, a esteira é acionada por um botão (B1) e desligada pelo botão (B0). Acionando-se a esteira, o motor M1 é ligado e, após 10 segundos, é acionado o motor M2. Depois de 10 segundos do motor M2, é acionado o motor M3. Após 10 segundos do motor M3, é acionado o motor M4. Se ocorrer uma falha no motor M1, todos os motores são desligados pela proteção. Se ocorrer uma falha no motor M2, os motores M2, M3 e M4, são desligados e o motor M1 continua ligado. Se ocorrer uma falha no motor M3, os motores M3 e M4, são desligados e os motores M1 e M2 continuam ligados. Se ocorrer uma falha no motor M4, o motor é desligado e os motores M1, M2 e M3 continuam ligados.

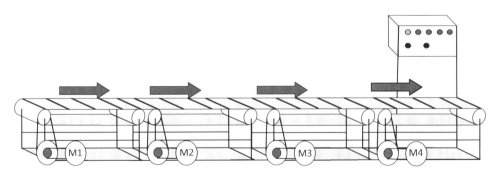

Figura 4.37 Esteira com quatro motores.

A Figura 4.38 mostra uma chave de partida consecutiva de motores de indução.

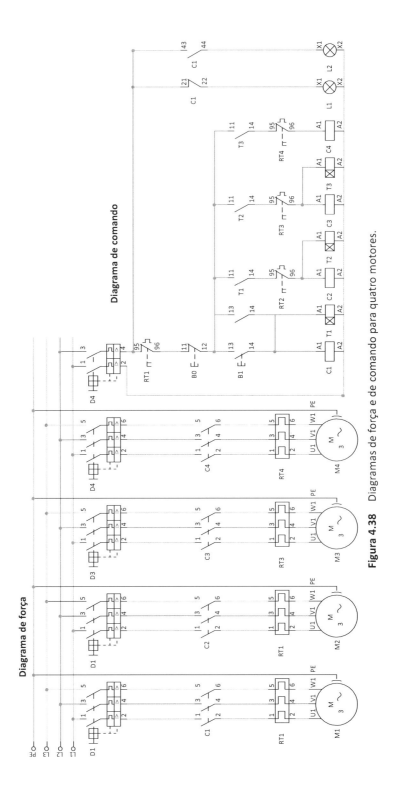

Figura 4.38 Diagramas de força e de comando para quatro motores.

Linguagens textuais

A seguir, o mesmo exercício em linguagem de programação lista de instruções.

```
(*Chave de partida direta consecutiva com 4 motores*)

LD              B1       (*Botoeira para dar início ao processo*)
OR              C1       (*Contator de C1 para reter ligação*)
ANDN            RT1      (*Relé térmico 1 para proteção do motor 1*)
ANDN            B0       (*Botoeira para desligar processo*)
ST              C1       (*Contator para ligar motor1*)
STN             L1       (*Lâmpada para indicar processo desligado*)
ST              L2       (*Lâmpada para indicar processo ligado*)
(*Chamada do Temporizador 1 para ligar motor 2*)
CAL T1 (IN :=C1 (*BOOL*),
     PT :=pres1 (*TIME*),
     Q =>temp1 (*BOOL*),
     ET =>efe1 (*TIME*))
(*Contator para ligar motor 2*)
LD              temp1
ANDN    RT2      (*Relé térmico 2 para proteção do motor 2*)
ST              C2
(*Chamada do Temporizador 2 para ligar motor 3*)
CAL T2 (IN :=C2 (*BOOL*),
     PT :=pres2 (*TIME*),
     Q =>temp2 (*BOOL*),
     ET =>efe2 (*TIME*))
(*Contator para ligar motor 3*)
LD              temp2
ANDN    RT3      (*Relé térmico 3 para proteção do motor 3*)
ST              C3
(*Chamada do Temporizador 3 para ligar motor 4*)
CAL T3 (IN :=C3 (*BOOL*),
     PT :=pres3 (*TIME*),
     Q =>temp3 (*BOOL*),
     ET =>efe3 (*TIME*))
(*Contator para ligar motor 4*)
LD              temp3
ANDN    RT4      (*Relé térmico 4 para proteção do motor 4*)
```

Exercício

Na Figura 4.39, a motobomba é acionada automaticamente por meio de chave-boia superior (Bs) e chave-boia inferior (Bi) liga apenas quando diminuir o nível de água na caixa superior e tiver água na caixa inferior. O sistema deve ter proteção térmica.

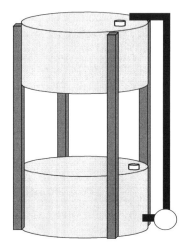

Figura 4.39 Caixa-d'água.

Exercício

Na Figura 4.40, a motobomba funciona no modo automático, já na Figura 4.41, opera no automático e no manual. Quando em automático, as chaves-boias, superior e inferior fazem o acionamento. Quando em manual, uma chave liga/desliga faz o comando. No automático, o motor é ligado somente quando houver água na caixa inferior e estiver faltando na superior. No modo manual, o motor é acionado em qualquer condição. O sistema deve ter proteção térmica.

A seguir, diagramas para os dois exercícios anteriores.

Linguagens textuais

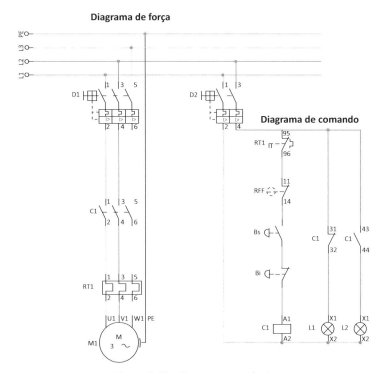

Figura 4.40   Força e comando 1.

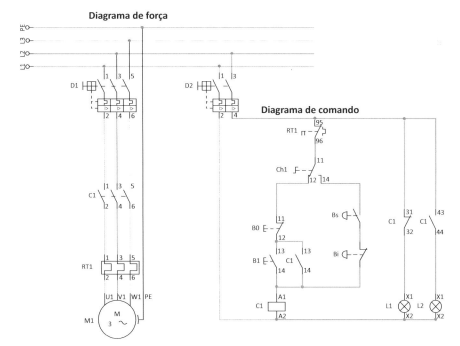

Figura 4.41   Força e comando 2.

O exercício correspondente à Figura 4.40 é desenvolvido com controlador programável em linguagem lista de instruções.

(*Chave automática para motobomba trifásica*)

LD	Bs	(*Chave-boia superior*)
AND	Bi	(*Chave-boia inferior*)
ANDN	RFF	(*Relé falta de fase*)
ANDN	RT1	(*Relé térmico*)
ST	C1	(*Contator que liga motobomba*)
STN	L1	(*Sinalização motobomba desligada*)
ST	L2	(*Sinalização motobomba ligada*)

O exercício da Figura 4.41 também é desenvolvido com controlador programável em linguagem lista de instruções.

(*Chave manual e automática para motobomba trifásica*)
(*Manual*)

LD	Chm	(*Chave 2 na posição manual*)
AND	B1	(*Botoeira para ligar manual*)
OR	Cm	(*Contator virtual para ligar manual*)
ANDN	B0	(*Botoeira para desligar manual*)
ANDN	RFF	(*Relé falta de fase*)
ANDN	RT1	(*Relé térmico*)
ST	Cm	(*Contator virtual que liga motobomba manual*)

(*Automático*)

LD	Cha	(*Chave 1 na posição automática*)
AND	Bs	(*Chave-boia superior*)
AND	Bi	(*Chave-boia inferior*)
ANDN	RFF	(*Relé falta de fase*)
ANDN	RT1	(*Relé térmico*)
ST	Ca	(*Contator virtual que liga motobomba automático*)
LD	Cm	(*Contator virtual que liga motobomba manual*)
OR	Ca	(*Contator virtual que liga motobomba automático*)
ST	C1	(*Contator que liga motobomba*)
STN	L1	(*Sinalização motobomba desligada*)
ST	L2	(*Sinalização motobomba ligada*)

A chave de partida estrela triângulo da Figura 4.43 alimenta o motor com redução de tensão nas bobinas, conforme a Figura 4.42, no momento da partida. No primeiro momento, executa-se a ligação estrela no motor (as bobinas estão configuradas a receber tensão menor) e as bobinas do motor recebem aproximadamente 58% da tensão que deveriam receber em regime de partida direta. No entanto, a rede alimenta a chave com tensão como se fosse para configuração triângulo.

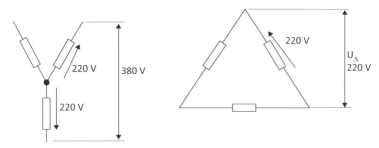

Figura 4.42 Ligação estrela triângulo para rede 220Vac.

Após a partida, o motor deve ser ligado em triângulo com tensão nominal da rede. A redução de corrente de partida é de aproximadamente em 33% de seu valor, comparado com a chave de partida direta. Portanto, é indicada para máquinas que partem em vazio ou com pouca carga. O motor deve dispor de ligação em dupla tensão (220 V/380 V, 380 V/660 V, 440 V/760 V) e os requisitos para ligar a chave ao motor são:

- A tensão em triângulo do motor tem de coincidir com a tensão de linha da rede.
- O motor deve possuir no mínimo seis bornes de ligação.
- Melhor para máquinas que partem em vazio.

Na Figura 4.43, chave de partida estrela triângulo para acionamento de um compressor.

128 *Introdução às linguagens de programação para CLP*

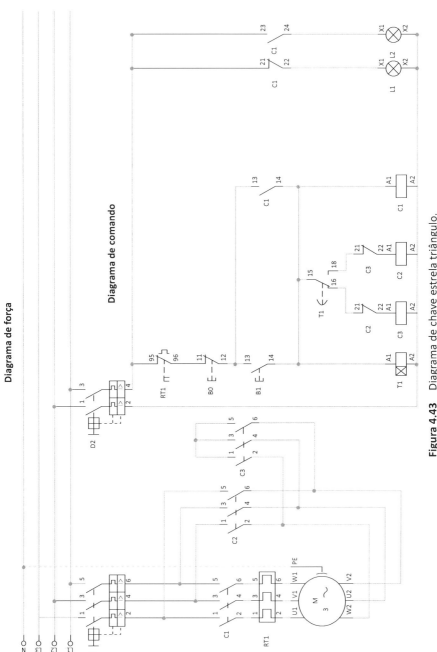

Figura 4.43 Diagrama de chave estrela triângulo.

Linguagens textuais

A seguir, exercício da Figura 4.43 com chave estrela triângulo e linguagem de programação lista de instruções.

```
(*Chave estrela triângulo*)
(*Contator direto*)
LD              B1              (*Botoeira para ligar*)
OR              C1
ANDN            RT1             (*Relé térmico 1 para proteger o motor*)
ANDN            B0              (*Botoeira para desligar*)
ST              C1              (*Contator que liga direto a chave*)
(*Temporizador 1*)
CAL temporizador1 (IN :=C1(*BOOL*),
     PT :=pres1 (*TIME*),
     Q =>temp1 (*BOOL*),
     ET =>efe1 (*TIME*))

(*Partida estrela*)

LD              C1
ANDN    temp1
ST              C3              (*Contator que liga em estrela*)

(*Partida triângulo*)
(*Temporizador 2*)
CAL temporizador2 (IN :=temp1 (*BOOL*),
     PT :=pres2 (*TIME*),
     Q =>C2 (*BOOL*), (*Contator que liga em triângulo*)
     ET =>efe2 (*TIME*))

(*Sinalização*)

LD      C1
STN     L1              (*Sinalização sistema desligado*)
ST      L2              (*Sinalização sistema ligado*)
```

Exercício

Na Figura 4.44, uma chave de partida estrela triângulo com reversão.

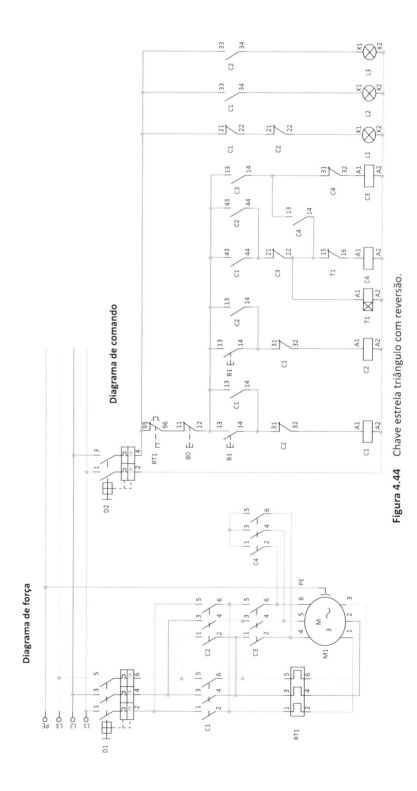

Figura 4.44 Chave estrela triângulo com reversão.

Linguagens textuais

Exercício com chave estrela triângulo com reversão resolvido em linguagem lista de instruções.

```
(*Chave estrela triângulo com reversão*)
LD              B1              (*Botoeira para ligar horário*)
OR              C1
ANDN            C2
ANDN            RT1             (*Relé térmico 1 para proteger o motor*)
ANDN            B0              (*Botoeira para desligar*)
ST              C1              (*Contator que liga direto a chave*)
(*Sentido horário*)
LD              B2              (*Botoeira para ligar anti-horário*)
OR              C2
ANDN            C1
ANDN            RT1             (*Relé térmico 1 para proteger o motor*)
ANDN            B0              (*Botoeira para desligar*)
ST              C2              (*Contator que liga direto a chave*)
(*Temporizador 1*)
CAL temporizador1 (IN:=C1 (*BOOL*),
    PT :=pres1 (*TIME*),
    Q =>temp1 (*BOOL*),
(*Temporizador 2*)
CAL temporizador2 (IN:=C2 (*BOOL*),
     PT :=pres2 (*TIME*),
     Q =>temp2 (*BOOL*),
     ET =>efe2 (*TIME*))
(*Partida Estrela*)
LD      C1
OR      C2
ANDN temp1 (*Desligar o contator estrela*)
ANDN temp2 (*Desligar o contator estrela*)
ST              C4              (*Contator que liga em estrela*)
(*Temporizador 3*)
CAL temporizador3 (IN :=temp1 (*BOOL*),
    PT :=pres3 (*TIME*),
    Q =>C31 (*BOOL*),        (*Contator que liga em triângulo*)
    ET =>efe3 (*TIME*))
(*Temporizador 4*)
CAL temporizador4 (IN :=temp2 (*BOOL*),
    PT :=pres4 (*TIME*),
    Q =>C32 (*BOOL*),        (*Contator que liga em triângulo*)
    ET =>efe4 (*TIME*))
```

Continuação do exercício anterior.

```
(*Partida triângulo*)
LD    C31
OR    C32
ST    C3
(*Continuação do exercício anterior*)

(*Sinalização*)
LD    C1
STN   L1                    (*Sinalização sistema desligado*)
ST    L2                    (*Sinalização sistema ligado horário*)
(*Sinalização*)
LD    C2
STN   L1                    (*Sinalização sistema desligado*)
ST    L3                    (*Sinalização sistema ligado horário*)
```

Na chave compensadora, a tensão de partida é reduzida por meio de TAPS de entrada de um autotransformador trifásico que geralmente possui TAPS de 50%, 65% e 80% de tensão nominal. Durante a partida, alimenta-se com a tensão nominal o primário do autotransformador trifásico conectado em estrela e do secundário é retirada a alimentação para o circuito do estator do motor. Nas instalações, utiliza-se para partidas sob cargas de motores de indução trifásicos com rotor em curto-circuito. O conjugado do motor acionado e a corrente que circula no enrolamento do motor ficam reduzidos conforme o TAP escolhido para a operação. A corrente ao longo de todo o processo do regime de partida do motor fica reduzida em função da aplicação de uma tensão menor que a nominal nos terminais do motor em processo de partida.

A norma prevê a utilização da chave compensadora para motores de indução, cuja potência seja maior ou igual a 15 CV. No motor, a corrente de partida é reduzida e o conjugado é suficiente para a partida da carga, evitando sobrecarregar a linha de alimentação. A passagem para o regime permanente faz-se desligando o autotransformador do circuito e conectando diretamente a rede de alimentação no motor trifásico.

Na Figura 4.45, chave de partida compensada para acionamento de motor trifásico de indução.

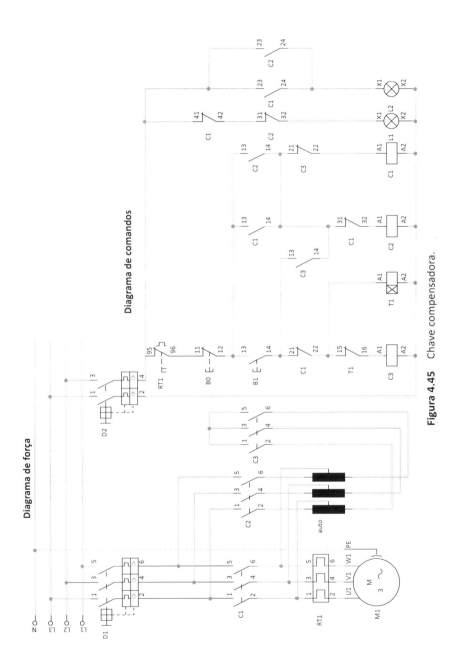

Figura 4.45 Chave compensadora.

A seguir, exercício com chave compensadora em linguagem de programação lista de instruções.

```
(*Chave compensadora*)
(*Contator direto*)
LD       B1                        (*Botoeira para ligar*)
OR       C2
ANDN     RT1                       (*Relé térmico 1 para proteger o motor*)
ANDN     B0                        (*Botoeira para desligar*)
ANDN     C1                        (*C1 desliga partida compensada*)
ST       C2                        (*Contator que liga direto a chave*)
(*Temporizador para desligar o autotrafo*)
CAL temporizador1 (IN:=C2 (*BOOL*),
     PT :=pres1 (*TIME*),
     Q =>temp1 (*BOOL*),
     ET =>efe1 (*TIME*))

(*Partida compensada*)
LD       C2
ANDN     temp1                     (*Desliga a partida*)
ST       C3                        (*Contator que liga em estrela o
autotrafo*)

(*Temporizador para ligar a ligação direta*)
CAL temporizador2 (IN :=temp1 (*BOOL*),
     PT :=pres3 (*TIME*),
     Q =>temp2 (*BOOL*),
     ET =>efe2 (*TIME*))

(*Ligação direta*)
LD       temp2
OR       C1
ANDN     RT1         (*Relé térmico 1 para proteger o motor*)
ANDN     B0          (*Botoeira para desligar*)
ST       C1                        (*Contator que liga direto a chave*)

(*Sinalização*)
LD       C1
OR       C2
STN      L1                        (*Sinalização sistema desligado*)
ST       L2                        (*Sinalização sistema ligado horário*)
```

A Figura 4.46 apresenta a chave compensadora com reversão.

Linguagens textuais

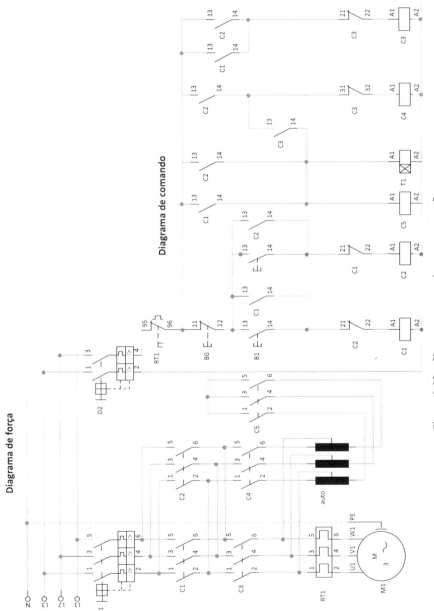

Figura 4.46 Chave compensadora com reversão.

Exercício resolvido em linguagem de programação lista de instruções.

```
(*Chave compensadora com reversão*)
(*Sentido horário*)
LD      B1              (*Botoeira para ligar*)
OR      C1
ANDN    C2
ANDN    RT1             (*Relé térmico 1 para proteger o motor*)
ANDN    B0              (*Botoeira para desligar*)
ST              C1      (*Liga partida compensada horário*)
(*Sentido horário*)
LD      B2              (*Botoeira para ligar*)
OR      C2
ANDN    C1
ANDN    RT1             (*Relé térmico 1 para proteger o motor*)
ANDN    B0              (*Botoeira para desligar*)
ST              C2      (*Liga partida compensada anti-horário*)
(*Temporizador 1 para desligar motor horário na partida*)
CAL temporizador1 (IN:=C1 (*BOOL*),
    PT :=pres1 (*TIME*),
    Q =>temp1 (*BOOL*),
    ET =>efe1 (*TIME*))
(*Temporizador 2 para desligar motor anti-horário na partida*)
CAL temporizador2 (IN:=C2 (*BOOL*),
    PT :=pres2 (*TIME*),
    Q =>temp2 (*BOOL*),
    ET =>efe2 (*TIME*))
(*Fechamento do autotrafo*)
LD      C1
OR      C2
ANDN    temp1
ANDN    temp2
ST      C5              (*Contator que liga em estrela o autotrafo*)
(*Fechamento do autotrafo*)
LD      C1
OR      C2
ANDN    temp3
ANDN    temp4
ST      C4              (*Contator que liga o autotrafo*)
```

Continuação do exercício anterior.

```
(*Temporizador 3 para ligar o contator direto*)
CAL temporizador3 (IN :=temp1 (*BOOL*),
     PT :=pres3 (*TIME*),
     Q =>temp3 (*BOOL*),        (*Contator que liga em triângulo*)
     ET =>efe3 (*TIME*))

(*Temporizador 4 para ligar o contator direto*)
CAL temporizador4 (IN :=temp2 (*BOOL*),
     PT :=pres4 (*TIME*),
     Q =>temp4 (*BOOL*),        (*Contator que liga em triângulo*)
     ET =>efe4 (*TIME*))
(*Contator direto*)
LD      temp3
OR      temp4
ST      C3
(*Sinalização horário*)
LD      C1
STN     L1                      (*Sinalização sistema desligado*)
ST      L2                      (*Sinalização sistema ligado horário*)
(*Sinalização anti-horário*)
LD      C2
STN     L1                      (*Sinalização sistema desligado*)
ST      L3                      (*Sinalização sistema ligado horário*)
```

Exercício

A Figura 4.47 mostra o sistema de reservatório do exercício de motobomba. A Figura 4.48 apresenta os diagramas em linguagem de programação lista de instruções compostos de uma chave de três (03) posições (posição (0) desliga, posição (1) manual, posição (2) automático), uma boia superior (Bs) e (Bi) para o comando automático e uma botoeira (B1) para ligar e (B0) para desligar para o comando manual.

A seguir, figuras representando a chave de partida para motobomba trifásica.

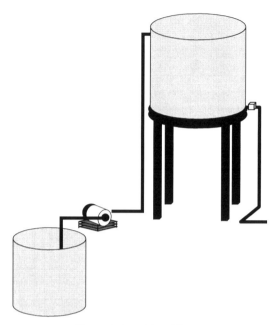

Figura 4.47 Caixa-d'água.

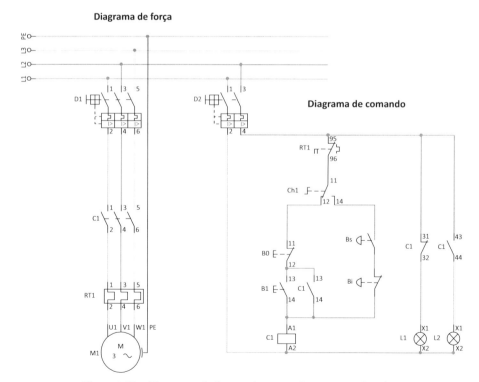

Figura 4.48 Diagramas de força e de comando para motobomba.

A seguir, o exercício resolvido em linguagem de programação lista de instruções.

```
(*Chave para motobomba automática e manual*)
(*Manual*)
LD       B1                          (*Botoeira para ligar*)
AND      Ch1                         (*Chave de seleção*)
OR       C11
ANDN     RT1                         (*Relé térmico 1 para proteger o motor*)
ANDN     B0                          (*Botoeira para desligar*)
ST              C11                  (*Liga motobomba*)
(*Automático*)
LD       Ch1                         (*Chave de seleção*)
ANDN     RT1
AND             Bs                   (*Boia superior*)
ANDN     Bi                          (*Boia inferior*)
ST              C12                  (*Liga motobomba*)
(*Acionamento da motobomba*)
LD       C11
OR       C12
ST       C1                          (*Motobomba*)
(*Sinalização*)
LD       C1
STN      L1                          (*Sinalização sistema desligado*)
ST       L2                          (*Sinalização sistema ligado horário*)
```

Exercício

Na Figura 4.49, há o sistema de reservatório com duas motobombas do exercício. A Figura 4.50 apresenta diagramas em linguagem de programação lista de instruções compostos de uma chave três (03) posições (posição (0) desliga, posição (1) manual, posição (2) automático), posição manual composta de botoeira para desligar (B0) e botoeira para ligar (B1), uma boia superior (Bs) e (Bi) para o comando automático. O funcionamento é intercalado entre M1 e M2, tanto para o comando manual como para o comando automático.

A seguir, chave de partida para duas motobombas trifásicas.

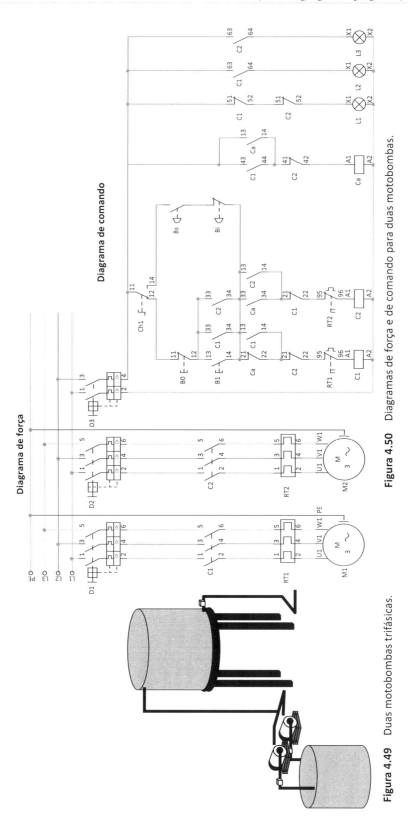

Figura 4.49 Duas motobombas trifásicas.

Figura 4.50 Diagramas de força e de comando para duas motobombas.

Linguagens textuais 141

Agora, o exercício em linguagem de programação lista de instruções.

```
(*Chave manual e automática para motobomba trifásica*)
LD     Chm              (*Chave posição manual*)
AND    B1               (*Botoeira para ligar manual*)
OR     Cm1
ANDN   RT1              (*Relé térmico*)
ANDN   Cm2
ANDN   B0               (*Botoeira para desligar manual*)
ST     Cm1              (*Seleciona bomba 1*)
(*Seleciona Motobomba 1*)
LD     Chm              (*Chave posição manual*)
AND    B1               (*Botoeira para ligar manual*)
OR     Cm2
ANDN   RT1              (*Relé térmico*)
ANDN   Cm1              (*Seleciona bomba 1*)
ANDN   B0               (*Botoeira para desligar manual*)
ST     Cm2              (*Seleciona bomba 2*)
(*Seleciona Motor 1*)
LD     Chm              (*Chave posição manual*)
OR     Cha              (*Chave posição automática*)
AND(   Ca1              (*Contator para posição automática*)
OR     Cm1              (*Seleciona bomba 1*)
)
AND(   M1               (*Motor 1*)
ORN    Cx               (*Seleciona bomba 1 ou 2*)
)
ANDN   M2               (*Motor 2*)
ST     M1               (*Motor 1*)
(*Seleciona Motor 2*)
LD     Chm              (*Chave posição manual*)
OR     Cha              (*Chave posição automática*)
AND(   Ca1              (*Contator para posição automática*)
OR     Cm1              (*Seleciona bomba 1*)
)
AND(   M2               (*Motor 2*)
OR     Cx               (*Seleciona bomba 1 ou 2*)
)
ANDN   M1               (*Motor 1*)
ST     M2               (*Motor 2*)
```

Continuação do exercício anterior.

```
(*tempo de intervalo entre motor 1 e 2*)
CAL temporizador1 (IN :=Cm1 (*BOOL*),
             PT :=pres1 (*TIME*),
             Q =>Cm3 (*BOOL*),
             ET =>efe1 (*TIME*))
(*Seleciona motor 1 ou 2*)
LD      Ca1
OR      Cm3
OR      Cx
ANDN    M2
ST      Cx
(*Posição automática*)
LD      Cha          (*Chave 2 na posição manual*)
AND     Bi           (*Boia inferior*)
AND     Bs           (*Boia superior*)
ANDN    RT1          (*Relé térmico*)
ST      Ca1
```

Exercício

A Figura 4.51 mostra o comando elétrico para acionamento de cilindro de dupla ação eletropneumático. Na sequência, há o programa do CP para um processo industrial com um cilindro de dupla ação acionado por um botão (B1) e desligado por um botão (B0). Quando acionado, o cilindro de dupla ação sensibiliza o sensor indutivo (S1) e, depois de 5 segundos, o cilindro avança. Sensibilizando o sensor indutivo (S2), depois de 5 segundos, o cilindro retorna. O sistema fica funcionando com 5 segundos no início e 5 segundos no final.

Linguagens textuais 143

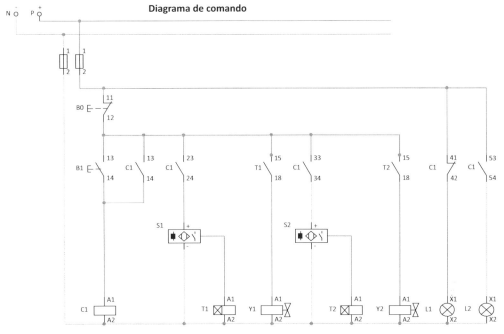

Figura 4.51   Diagrama de comando para cilindro de dupla ação.

A seguir, o exercício em linguagem de programação lista de instruções.

```
(*Acionamento de cilindro de dupla ação eletropneumático*)
(*Aciona comando automático*)
LD    B1              (*Botoeira para ligar manual*)
OR    C1
ANDN  B0              (*Botoeira para desligar manual*)
ST    C1              (*Seleciona bomba 1*)
(*Sentido horário*)
LD    C1
AND   S1
ANDN  Ca2
ST    Ca1
CAL temporizador1 (IN :=Ca1 (*BOOL*),
          PT :=pres1 (*TIME*),
          Q =>Cm1 (*BOOL*),
          ET =>efe1 (*TIME*))
```

Continuação do exercício anterior.

```
(*Liga válvula sentido horário*)
LD      Cm1
ST      Y1
(*Sentido anti-horário*)
LD      C1
AND     S2
ANDN    Ca1
ST      Ca2
CAL temporizador2 (IN :=Ca2 (*BOOL*),
            PT :=pres2 (*TIME*),
            Q =>Cm2 (*BOOL*),
            ET =>efe2 (*TIME*))
(*Liga válvula sentido anti-horário*)
LD      Cm2
ST      Y2
```

Exercício

A Figura 4.52 apresenta o comando elétrico para acionamento de dois cilindros de dupla ação eletropneumáticos. Na sequência, há o programa do CP para um processo industrial com dois cilindros de dupla ação acionados por um botão (B1) e desligados por um botão (B0). Quando a caixa sensibiliza o sensor óptico (S1), o sensor aciona o cilindro (1) de dupla ação, o cilindro avança e levanta a caixa. A caixa no movimento (1) sensibiliza o sensor óptico (S2), o sensor S2 aciona o avanço do cilindro (2) e o retorno do cilindro (1). O cilindro (2) no movimento (2), empurra a caixa que, no final do movimento, sensibiliza o sensor óptico (S3) que faz o cilindro (2) retornar, finalizando o ciclo e acionando a solenoide Ym, que libera a caixa para o início do processo.

Dados:

- B0: botoeira para desligar.
- B1: botoeira para ligar.
- Cil1 e Cil2: cilindros de dupla ação.
- Y1 e Y2: válvulas para acionamento do cilindro 1.
- Y3 e Y4: válvulas para acionamento do cilindro 2.
- S1, S2 e S3: sensores ópticos.
- L1: sistema desligado.
- L2: sistema ligado.
- Ym: solenoide para liberação de produtos.

Linguagens textuais

Diagrama de comando

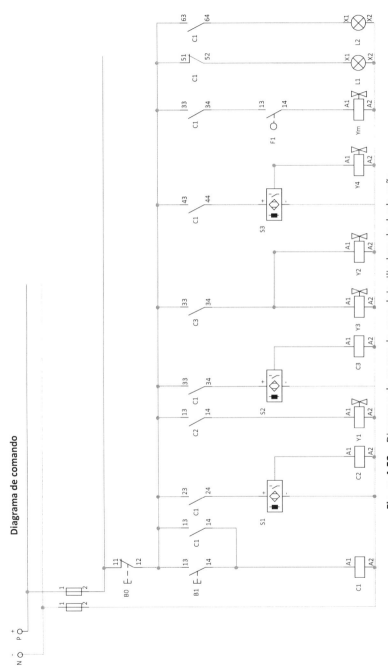

Figura 4.52 Diagrama de comando para dois cilindros de dupla ação.

A seguir, o exercício em linguagem de programação lista de instruções.

```
(*Acionamento de cilindro duplo ação eletropneumático*)
(*Aciona comando automático*)
LD      B1              (*Botoeira para ligar*)
OR      C1
ANDN    B0              (*Botoeira para desligar*)
ST      C1
(*Movimento 1*)
LD      C1
AND     S1
ST      C2
(*Acionamento do cilindro 1*)
LD      C2
ST      Y1
(*Acionamento do comando do movimento 2*)
LD      C1
AND     S2
ST      C3
(*Avanço do cilindro 1 e retorno do cilindro 2*)
LD      C3
ST      Y2
ST      C3
ST      Y2
(*Retorno do cilindro 1*)
LD      C1
AND     S3
ST      Y3
(*Liberação de produto*)
LD      C1
AND     F1
ST      Ym
(*Sinalização*)
LD      C1
STN     L1
ST      L2
```

Exercício

Agora, o mesmo exercício realizado com uma abordagem diferente. A Figura 4.53 mostra comando para acionamento eletropneumático de dois cilindros de dupla ação acionados por um botão (B1) e desligados por um botão (B0). Na entrada de produto, o sensor óptico (S1) aciona o temporizador (1) e, depois de 3 segundos, o temporizador (1) aciona o cilindro (1) de dupla ação e retorna o cilindro (2), movimentando a peneira de produto. O movimento (1) sensibiliza o sensor óptico (S2), o sensor (S2) aciona o temporizador (2) e, depois de 3 segundos, o temporizador (2) aciona o avanço do cilindro (2) e o retorno do cilindro (1). O cilindro C2 no avanço movimento (2) sensibiliza o sensor (F1), que aciona a solenoide Ym, liberando a entrada de produto para o início do processo novamente.

Dados:

- B0: botoeira para desligar.
- B1: botoeira para ligar.
- Cil1 e Cil2: cilindros de dupla ação.
- Y1 e Y2: válvulas para acionamento do cilindro C1.
- Y3 e Y4: válvulas para acionamento do cilindro C2.
- S1: sensor óptico.
- S2: sensor óptico.
- L1: sistema desligado.
- L2: sistema ligado.
- Ym: solenoide para liberação de produtos.

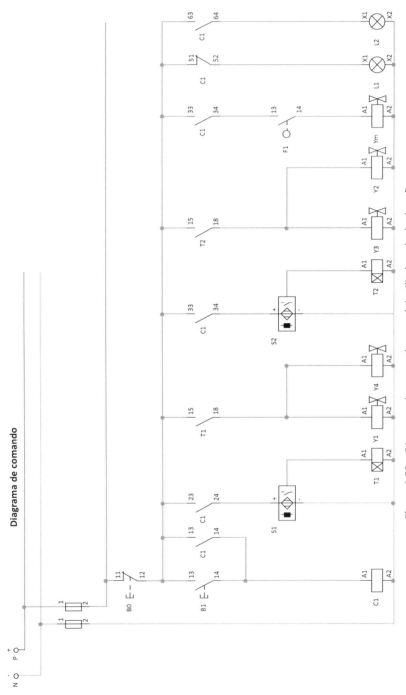

Figura 4.53 Diagrama de comando para dois cilindros de dupla ação.

Linguagens textuais

A seguir, solução do exercício em linguagem de programação lista de instruções.

```
(*Comando eletropneumático com temporizador*)
(*Aciona comando automático*)
LD      B1                  (*Botoeira para ligar*)
OR      C1
ANDN    B0                  (*Botoeira para desligar*)
ST      C1
(*Sensor 1*)
LD      C1
AND     S1                  (*Sensor 1*)
ST      Ca
(*Tempo do momento 1*)
CAL temporizador1 (IN :=Ca (*BOOL*),
          PT :=pres1 (*TIME*),
          Q =>Ca1 (*BOOL*),
          ET =>efe1 (*TIME*))
(*Avanço do cilindro 1 e retorno do cilindro 2*)
LD      Ca1
ST      Y1
ST      Y4
(*Sensor 2*)
LD      C1
AND     S2                  (*Sensor 2*)
ST      Ca2
CAL temporizador2 (IN :=Ca2 (*BOOL*),
          PT :=pres2 (*TIME*),
          Q =>Ca3 (*BOOL*),
          ET =>efe2 (*TIME*))
(*Retorno do cilindro 1 e avanço do cilindro 2*)
LD      Ca3
ST      Y2
ST      Y3
(*Liberação de produto*)
LD      C1
AND     F1
ST      Ym
(*Sinalização*)
LD      C1
STN     L1
ST      L2
```

Exercício

A Figura 4.54 apresenta um ar-condicionado central composto de uma máquina para refrigerar um ambiente. A máquina tem um evaporador (ventilador), um condensador e um compressor. O sistema de partida do evaporador e do condensador é uma partida direta. O sistema de partida do compressor é uma estrela triângulo. A transformação de calor em frio é baseada na lei dos gases perfeitos, que determina que um gás mantido sob alta pressão, ao se expandir e aumentar seu volume, tem sua temperatura diminuída. Os equipamentos elétricos que fazem com que esse processo possa ocorrer são: um compressor para comprimir o gás, um condensador que transforma o gás em líquido e um ventilador para difundir o frio no ambiente. O sistema de controle pode ser dividido em três controles: do ventilador, do condensador e do compressor.

A chave geral do sistema é pelo comando auxiliar Ca, ligado por B1 e desligado por B0. O comando auxiliar liga o contator do ventilador que deve fechar-se imediatamente para que o ar comece a circular pelo ambiente. Se o ambiente estiver quente, o contator do termostato fecha. Na sequência, deve haver a energização do condensador e do compressor (quando o condensador funciona, o compressor também funciona), o que faz com que a totalidade do circuito de resfriamento funcione. O sistema deve prever uma maneira (um temporizador) de evitar que, em qualquer situação, o compressor dê partida ao mesmo tempo que o condensador (o compressor deve ligar após o condensador).

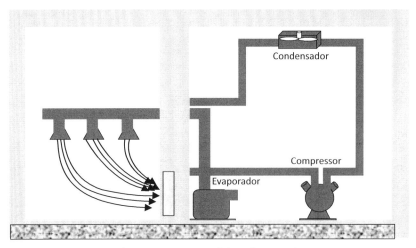

Figura 4.54 Ar-condicionado central.

Diagrama de força

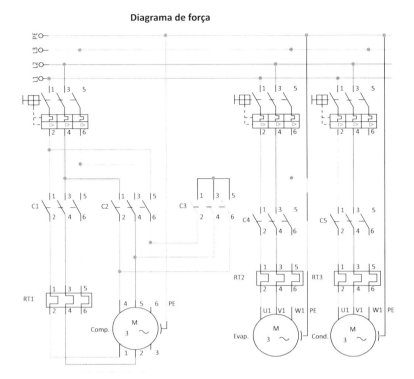

Figura 4.55 Diagrama de força da chave estrela triângulo.

Diagrama de comando

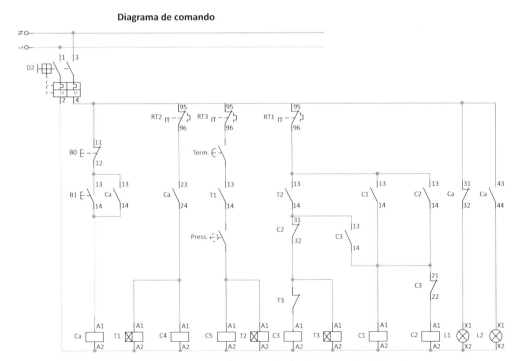

Figura 4.56 Diagrama de comando da chave estrela triângulo.

A solução do exercício com a linguagem lista de instruções é como segue.

```
(*Central de ar-condicionado simples*)
LD              B1        (*Botoeira b1*)
OR              Ca
ANDN            B0        (*Botoeira para desligar*)
ST              Ca        (*Contator virtual que liga sistema*)
(*Acionamento do evaporador*)
LD              Ca        (*Contator virtual que liga sistema*)
ANDN            RT2       (*Relé térmico 2 que protege o evaporador*)
ST              C4        (*Contator para ligar evaporador*)
(*Temporizador T1*)
CAL T1 (IN :=C4 (*BOOL*),
    PT :=pres1 (*TIME*),
    Q =>temp1 (*BOOL*),
    ET =>efe1 (*TIME*))

(*Acionamento do condensador*)
LD              temp1     (*Saída do temporizador que liga o condensador*)
ANDN            RT3       (*Relé térmico 3 que protege o condensador*)
AND             Term      (*Termostato*)
AND             Press     (*Pressostato*)
ST              C5        (*Contator para ligar condensador*)

(*Temporizador T2 para acionar o compressor*)
CAL T2 (IN :=C5 (*BOOL*),
    PT :=pres2 (*TIME*),
    Q =>temp2 (*BOOL*),
    ET =>efe2 (*TIME*))
(*Acionamento do compressor*)
LD              temp2     (*Saída do temporizador T2*)
ANDN            RT1       (*Relé térmico 1 para proteger o compressor*)
ANDN            B0        (*Botoeira para desligar*)
ST              C1        (*Contator que liga direto a chave*)
```

Continuação do exercício anterior.

```
(*Temporizador T3*)
CAL T3 (IN :=C1(*BOOL*),
      PT :=pres3 (*TIME*),
      Q =>temp3 (*BOOL*),
      ET =>efe3 (*TIME*))
(*Partida estrela*)
LD              C1
ANDN    temp3
ST      C3                    (*Contator que liga em estrela*)
(*Temporizador T4*)
CAL T4 (IN :=temp3 (*BOOL*),
      PT :=pres4 (*TIME*),
      Q =>C2 (*BOOL*),        (*Contator que liga em triângulo*)
      ET =>efe4 (*TIME*))

(*Sinalização*)
LD      C1
STN     L1                    (*Sinalização sistema desligado*)
```

Exercício

Na Figura 4.57, uma correia transportadora, acionada pelo motor M1, conduz o produto A, que é despejado pela válvula Va no reservatório misturador. O produto B é despejado acionando-se a válvula Vb. As duas substâncias são misturadas pelo agitador acionado pelo motor M2. O esvaziamento do reservatório com os produtos é realizado pelo acionamento da bomba Ba e da válvula Vc. Um sensor de nível mínimo interrompe o esvaziamento e o sensor Máx. é uma emergência para a entrada de produtos interrompendo Va e Vb.

A sequência do processo é esta:

- O processo é iniciado com o botão de partida B1 e desligado com o botão B0.
- A válvula Vb se abre, dando início ao processo que admite o solvente no reservatório 1.
- O volume de solvente é proporcional ao tempo de abertura da válvula e deve ser inferior ao nível Máx. e superior ao nível Mín.
- Ao atingir o nível Máx., o motor M2 do agitador deve ser acionado.
- Ao atingir o tempo predeterminado, a válvula Vb deve ser desligada.

- Com a válvula fechada, aciona-se o motor M1 e a válvula Va. O produto A então é transportado para dentro do reservatório.
- O volume de produto A é proporcional ao tempo de abertura da válvula.
- Ao atingir o tempo predeterminado, a válvula Va deve ser fechada e, após 4 segundos, o motor M1 também deve ser desligado.
- Depois do desligamento de M1, deve transcorrer um tempo de 8 segundos para a agitação da mistura.
- Após a mistura, o reservatório deve ser esvaziado pelo acionamento da válvula Vc e da bomba Ba.
- O motor M2 deve ser desligado quando o nível chegar abaixo de Mín.
- O tanque deve ser esvaziado até o fim com a indicação do sensor S1, então a bomba Ba e a válvula Vc devem ser desligadas.
- O processo pode ser reiniciado com o acionamento do botão de partida B1.

Observação: Se o nível chegar a Máx. ou se o tempo de acionamento da válvula Vb esgotar e não chegar a Mín., o processo deve ser interrompido e uma sinalização deve ser acionada.

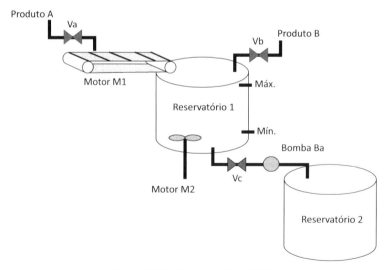

Figura 4.57   Processo industrial.

A seguir, solução com lista de instruções (IL).

Linguagens textuais

```
(*Processo de mistura*)
LD          B1                (*Botoeira b1*)
ANDN  b0                      (*Botoeira para desligar*)
ST          Ca                (*Contator virtual que liga
sistema*)
LD          Ca
OR          Caa
ANDN  B0
ANDN  Si
ST          Caa
(*Acionamento da válvula do solvente*)
LD          Ca                (*Contator virtual que liga sistema*)
OR          Vb
ANDN  Max
ANDN  B0
ANDN  temp1
ST          Vb                (*Contator para ligar evaporador*)
(*Temporizador T1, tempo de funcionamento da Vb*)
CAL T1 (IN :=M2 (*BOOL*),
     PT :=pres1 (*TIME*),
     Q =>temp1 (*BOOL*),
     ET =>efe1 (*TIME*))
(*Acionamento do agitador M2*)
LD          Min               (*Nível mínimo do tanque*)
OR          M2                (*Agitador*)
ANDN  B0
ANDN  RT2                     (*Relé térmico do agitador*)
ANDN  temp4
ST          M2                (*Agitador*)
(*Acionamento da esteira M1*)
LD          temp1
OR          M1                (*Esteira*)
ANDN  B0
ANDN  RT1                     (*Relé térmico da esteira*)
ANDN  temp3
ST          M1                (*Esteira*)
(*Acionamento da válvula Va*)
```

Continuação do exercício anterior.

```
(*Temporizador T2, tempo de funcionamento da Va*)
CAL T2 (IN :=M1 (*BOOL*),
    PT :=pres2 (*TIME*),
    Q =>temp2 (*BOOL*),
    ET =>efe2 (*TIME*))
(*Temporizador T3, tempo de desliga M1*)
LD              temp2
OR              Cc
ANDN   temp4
ST              Cc
CAL T3 (IN :=Cc (*BOOL*),
    PT :=pres3 (*TIME*),
    Q =>temp3 (*BOOL*),
    ET =>efe3 (*TIME*))
LD              temp3
OR              Cb
ANDN   temp4
ST              Cb
(*Temporizador T3, tempo de M2*)
CAL T4 (IN :=Cb(*BOOL*),
    PT :=pres4 (*TIME*),
    Q =>temp4 (*BOOL*),
    ET =>efe4 (*TIME*))
(*Válvula de saída Vc*)
LD              temp4
OR              Vc
ANDN   B0
ANDN   Si
ST              Vc
(*Bomba de saída Ba*)
LD              Vc
OR              Ba
ANDN   Si
ST              Ba
(*Sinalização*)
```

Exercício

A Figura 4.58 apresenta um comando elétrico de uma prensa. Na sequência, há o programa do CP capaz de efetuar o controle de uma prensa, que é avançada quando dois botões são acionados exatamente ao mesmo tempo. No entanto, se o operador apertar qualquer um dos dois botões e demorar mais do que 5 segundos para apertar o outro botão, a prensa não atua. Para uma nova tentativa, o operador deve soltar os dois botões. O retorno da prensa acontece assim que qualquer botão é desacionado.

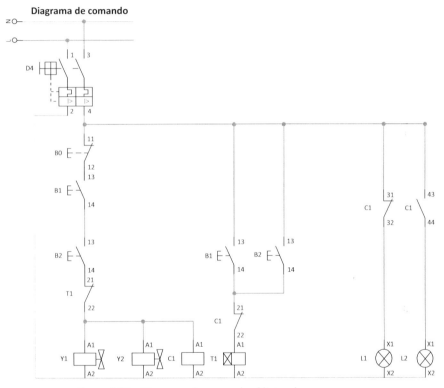

Figura 4.58 Diagrama de comando elétrico de uma prensa.

A seguir, solução em linguagem de programação lista de instruções.

(*Comando de prensa*)
(*Comando para acionamento da prensa*)

```
LDN    B0            (*Botoeira para desligar*)
AND    B1            (*Botoeira 2 para ligar*)
AND    B2            (*Botoeira 2 para ligar*)
ANDN   Ca1           (*Saída do temporizador*)
ST     Y1            (*Solenoide 1*)
ST     Y2            (*Solenoide 2*)
ST     C1
(*Acionamento do temporizador*)
LD     B1
OR     B2
ANDN   C1
ST     Ca
(*Tempo de reset*)
CAL temporizador1 (IN :=Ca (*BOOL*),
                PT :=pres1 (*TIME*),
                Q =>Ca1 (*BOOL*),
                ET =>efe1 (*TIME*))
```

Exercício

Na Figura 4.59, apresenta-se o diagrama de comando de um processo industrial de seleção de produtos. A seguir, há o programa do CP para processo industrial em que uma esteira acionada pelo motor M1 transporta caixas de três tamanhos (pequena, média e grande), que sensibilizam três sensores ópticos Sp, Sm, Sg, conforme a figura. O processo tem início quando a botoeira B1 é acionada e interrompido pela botoeira B0. A seleção do tipo de caixa é feita a partir de uma chave seletora de três posições (P, M e G). Assim, por exemplo, ao selecionar as caixas grandes, a esteira deve parar e a sirene soar caso uma caixa pequena ou média seja detectada. A caixa deve ser expulsa pelo cilindro (cil) e o operador deve religar o sistema em B1.

Linguagens textuais

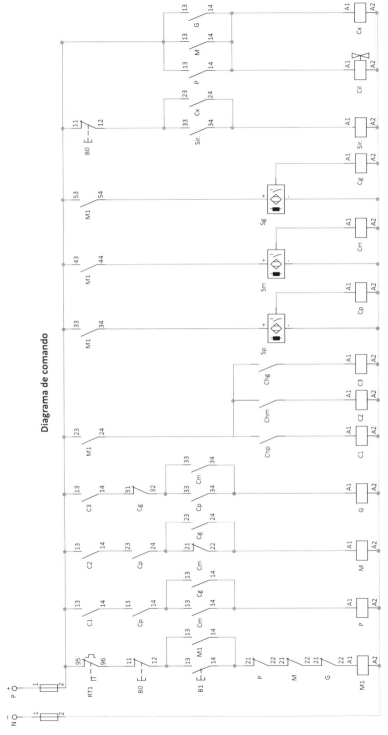

Figura 4.59 Diagrama de comando para processo industrial.

A seguir, solução com lista de instruções.

```
(*Processo industrial de seleção de produtos*)
(*Esteira*)
LD     B1
OR     M1
ANDN   RT1
ANDN   B0
ANDN   P
ANDN   M
ANDN   G
ST     M1
(*Sensor pequeno*)
LD     Cm
OR     Cg
AND    Cp
AND    C1
ST     P
(*Sensor médio*)
LD     Cg
ORN    Cm
AND    Cp
AND    C2
ST     M
(*Sensor grande*)
LD     Cp
OR     Cm
ANDN   Cg
AND    C3
ST     G
(*Seletora pequena*)
LD     M1
AND    Chp
ST     C1
(*Seletora média*)
LD     M1
AND    Chm
ST     C2
(*Seletora grande*)
LD     M1
AND    Chg
ST     C3
```

Continuação do exercício anterior.

```
(*Bobina pequena*)
LD      M1
AND     Sp
ST      Cp
(*Bobina média*)
LD      M1
AND     Sm
ST      Cm
(*Bobina grande*)
LD      M1
AND     Sg
ST      Cg
(*Sirene*)
LD      Sir
OR      Cx
AND     B0
ST      Sir
(*Cilindro*)
LD      P
OR      M
ST      Cil
(*Caixa*)
LD      Cil
OR      G
ST      Cx
```

CAPÍTULO 5
Linguagens gráficas

As linguagens gráficas definidas na norma são diagrama *ladder* (LD), diagrama de blocos funcionais (FBD) e sequencial gráfico de função (SFC). A linguagem sequencial gráfico de função pode ser usada em conjunto com qualquer uma dessas outras linguagens e é caracterizada pela sua apresentação como uma linguagem gráfica. A programação textual da linguagem SFC também é permitida pela norma, porém é pouco utilizada pelos programadores de controladores programáveis.

Tabela 5.1 Sequencial gráfico de função (SFC).

Textual		Gráfica		
ST	IL	LD	FBD	SFC

5.1 LINGUAGEM *LADDER*

A linguagem de programação *ladder* (LD) é uma linguagem gráfica. Foi a primeira linguagem utilizada pelos fabricantes e é a mais aceita pelos programadores de Controlador Lógico Programável (CLP) por ser semelhante ao diagrama de comando elétrico. Essa linguagem é encontrada em quase todos os CLPs que existem no mercado de tecnologia de automação industrial.

Um programa LD permite ao CLP testar e modificar dados por meio de padronização de símbolos gráficos. Esses símbolos são definidos em redes de forma semelhante a um "degrau" de relé, um diagrama de lógica *ladder*. No editor *ladder*, há limites de trilhos de energia à esquerda e à direita, e existe delimitação à esquerda por uma linha vertical representando o polo positivo e à direita por outra linha representando o polo negativo.

A palavra *ladder*, em inglês, significa "escada". Ela passou a ser empregada nessa área porque o diagrama final parece uma escada. Os trilhos laterais são as linhas de alimentação, e cada lógica para alimentação de uma bobina é chamada degrau.

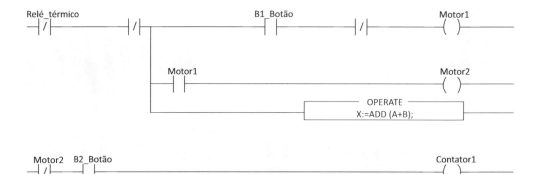

Figura 5.1 Exemplo de programação *ladder*.

5.1.1 ENDEREÇAMENTO

A instrução de entrada ou de saída do CLP é associada a um endereço que indica a localização na memória do equipamento. Cada símbolo no diagrama *ladder* é associado a um operando, identificado por letras e números ou por nome. Isso difere dependendo do fabricante do Controlador Programável (CP) e não está de acordo com a norma IEC 61131-3. A capacidade de memória e a filosofia de endereçamento dos CPs variam de acordo com o modelo e o fabricante. Segundo a norma, há um padrão de endereçamento conforme a tabela abaixo.

Tabela 5.2

Sinal inicial	Identificação de memória	Tamanho do dado		Descrição
%	M (Acesso à memória)	X	(1 bit)	Acesso às variáveis booleanas.
	I (Entrada física)	W	(16 bits)	Acesso às variáveis com 16 bits de tamanho: INT, UINT e WORD.
	Q (Saída física)	D	(32 bits)	Acesso às variáveis com 32 bits de tamanho: DINT, UDINT, DWORD.
		T	(32 bits)	TIME, DATE e DATE_AND_TIME.
		R	(32 bits)	Acesso às variáveis com 32 bits de tamanho: REAL.
		A	–	O conteúdo dessa região é definido pelo usuário conforme a necessidade do projeto.

Linguagens gráficas **165**

5.1.2 INSTRUÇÕES BÁSICAS EM LINGUAGEM *LADDER*

A seguir, são apresentadas as instruções básicas utilizadas em linguagem *ladder* na maioria dos CLPs.

5.1.2.1 Instruções de bits de entradas e saídas

Contato é um elemento que confere um estado para a ligação horizontal em seu lado direito. Deve-se usar instruções tipo relé para monitorar e controlar o *status* dos bits na tabela de dados, como bits de entrada ou bits de palavra de controle de temporizador.

5.1.2.2 Operadores de entradas tipo bit

Descrição dos contatos básicos	Instrução
Para contatos geralmente abertos, o estado da ligação da esquerda é copiado para a ligação da direita apenas se o estado da variável booleana B1 for 1; caso contrário, o estado da ligação à direita será 0.	B1_Botão ─┤ ├─
Para contatos geralmente fechados, o estado da ligação da esquerda é copiado para a ligação da direita se o estado da variável booleana B0 associada for 0; caso contrário, o estado da ligação da direita será 1.	B0_Botão ─┤/├─
Com contatos para a detecção de transições positivas, o estado da ligação da esquerda é copiado para a ligação da direita, durante uma varredura, se o estado da variável booleana Ch1 for de 0 para 1; caso contrário, o estado da ligação da direita será 0.	Ch1 ─┤P├─
Com contatos para a detecção de transições negativas, o estado da ligação da esquerda é copiado para a ligação da direita, durante uma varredura, se o estado da variável booleana Ch2 for de 1 para 0; caso contrário, o estado da ligação da direita será 0.	Ch2 ─┤N├─

Contatos podem ser colocados em qualquer célula livre, exceto nas células diretamente no trilho de alimentação. Se um contato é colocado em uma célula anteriormente ocupada por um contato, uma bobina ou um *link* booleano, o conteúdo da célula é substituído pelo novo contato. Se um contato é colocado em uma célula que já está ocupada por outro objeto, soa uma mensagem de erro. Um contato colocado automaticamente cria uma conexão com seus objetos vizinhos à esquerda e à direita, se estes são do tipo de dados booleanos e não existem células livres entre eles. Os seguintes resultados são permitidos como parâmetros reais para as variáveis booleanas: (0, 1) ou (false, true). Essas instruções operam sobre um só bit de dados. Durante a operação, o processador pode ativar ou zerar o bit, com base na continuidade lógica das linhas de contato. É possível endereçar um bit em vários pontos do programa.

5.1.2.3 Operadores de saídas tipo bit

Descrição dos contatos básicos	Instrução
O estado da ligação da esquerda é copiado para a direita e para a variável Motor1 (booleana).	Motor1 —( )—
O estado da ligação da esquerda é copiado para a direita. O inverso da ligação da esquerda é copiado para a variável booleana M2.	M2 —(/)—
No estado para detecção de transições positivas, o estado da variável booleana M3 será resetado como 0 se a ligação da esquerda for 1. Permanecerá assim até ser setado.	M3 —(P)—
No estado para detecção de transições negativas, o estado da variável booleana M4 será resetado como 0 se a ligação da esquerda for 1. Permanecerá assim até ser setado.	M4 —(N)—
Com bobinas set, o estado da variável booleana Motor2 será setado como 1 se a ligação da esquerda for 1. Permanecerá assim até ser resetado.	Motor2 —(S)—
Com bobinas de reset, o estado da variável booleana Motor2 será resetado como 0 se a ligação à esquerda for 1. Permanecerá assim até ser setado.	Motor2 —(R)—

A seguir, apresenta-se uma montagem não permitida na linguagem *ladder*, que não é executada por alguns *softwares*.

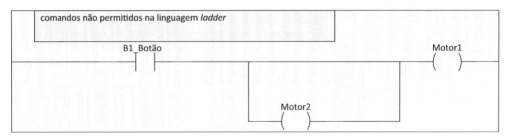

Figura 5.2 Exemplo de montagem não permitida.

Ao editar um programa em *ladder*, um curto-circuito em uma bobina pode levar a um estado sempre verdadeiro. Para um comportamento lógico, o curto-circuito deve ser excluído. Se o curto-circuito está localizado no topo da bobina Motor2, ela permanece em um estado verdadeiro (Motor2 = 1), independentemente da lógica de ativação do botão B1. Como consequência, o estado ativo do curto-circuito é propagado para a seguinte lógica (Motor1 = 1).

5.1.2.4 Blocos funcionais para linguagem *ladder*

Descrição de alguns blocos funcionais	Instrução
O bloco de função TON é usado como atraso *on*. Com as entradas EN e IN habilitadas, inicia-se a contagem de tempo na saída ET até o valor de *preset* (PT). Durante essa contagem, a saída Q permanece desligada. Pode-se tirar a entrada EN e a saída ENO e, neste caso, a entrada IN habilita diretamente.	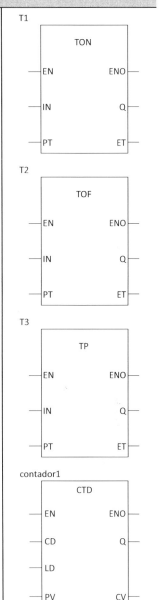
O bloco de função TOF é usado como atraso *off*. Com as entradas EN habilitada e IN desabilitada, inicia-se a contagem de tempo na saída ET até o valor de *preset* (PT). Durante essa contagem, a saída Q permanece ligada. Pode-se tirar a entrada EN e a saída ENO e, neste caso, a entrada IN habilita diretamente.	
O bloco de função TP é usado para a geração de um pulso com duração definida. Com as entradas EN e IN habilitadas, inicia-se a contagem de tempo na saída ET até o valor de *preset* (PT). Durante essa contagem, a saída Q permanece ligada. Pode-se tirar a entrada EN e a saída ENO e, neste caso, a entrada IN habilita diretamente.	
Contador decrescente. Com a entrada EN habilitada, a cada pulso em CD, a saída CV será decrementada. Quando o valor de contagem atingir 0 (zero), a saída Q será ligada, caso contrário permanecerá desligada. Pode-se tirar a entrada EN e a saída ENO e, neste caso, a entrada IN habilita diretamente.	

Descrição de alguns blocos funcionais	Instrução
Contador crescente. Com a entrada EN habilitada, a cada pulso em CU, a saída CV será incrementada. Enquanto o valor da saída CV for menor que o valor de *preset* (PV), a saída Q permanecerá desligada. Quando a saída CV for maior ou igual ao valor de *preset* (PV), a saída Q será ligada. Pode-se tirar a entrada EN e a saída ENO e, neste caso, a entrada IN habilita diretamente.	contador2 CTU EN — ENO CU — Q R PV — CV
Contador crescente e decrescente. Com a entrada EN habilitada, a instrução pode assumir contagem crescente (pulsos em CU) ou decrescente (pulsos em CD). **Contagem crescente:** Com a entrada EN habilitada, a cada pulso em CU, a saída CV será incrementada. Enquanto o valor da saída CV for menor do que o valor de *preset* (PV), a saída Q permanecerá desligada. Quando a saída CV for maior ou igual ao valor de *preset* (PV), a saída Q será ligada. **Contagem decrescente:** Com a entrada EN habilitada, a cada pulso em CD, a saída CV será decrementada. Quando o valor de contagem atingir o valor 0 (zero), a saída Q será ligada, caso contrário permanecerá desligada.	contador3 CTUD EN — ENO CU — QU CD — QD R LD PV — CV

Exercício

A Figura 5.3 apresenta os diagramas de força e de comando da chave de partida direta. A seguir, há o programa em linguagem *ladder* do CP que atende às condições do circuito da chave de partida direta. A esteira é acionada por um botão (B1) e desligada pelo botão (B0). O contato RT1 é a proteção térmica. A sinalização L1 indica motor M1 desligado e a sinalização L2 indica motor M1 ligado.

Linguagens gráficas **169**

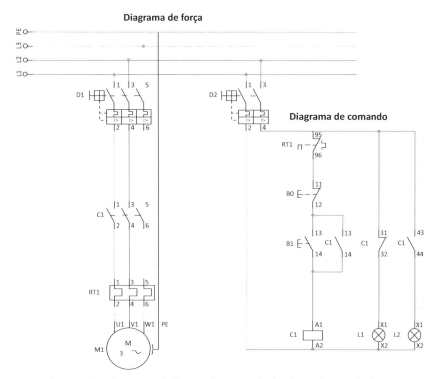

Figura 5.3 Diagramas de força e de comando da chave de partida direta.

Agora, o mesmo exercício com CP em linguagem *ladder* (Figura 5.4).

Figura 5.4 Diagrama *ladder* da chave de partida direta.

Exercício

Na Figura 5.5, a chave de partida direta com reversão é um dispositivo que fornece condições para o motor partir com a tensão nominal de serviço. A Figura 5.6 apresenta o diagrama *ladder* da chave de partida direta com reversão. A esteira funciona nos dois sentidos. O contato RT1 é o de proteção térmica. Existe o intertravamento por contator: no sentido horário, é acionada pelo botão (B1) e desligada pelo botão (B0); no sentido anti-horário, é acionada pelo botão (B2) e desligada pelo botão (B0).

A sinalização L1 indica motor M1 desligado e a sinalização L2 indica motor M1 ligado. Ou L1 indica motor M1 desligado, L2 indica motor M1 ligado no sentido horário e L3 indica motor M1 no sentido anti-horário.

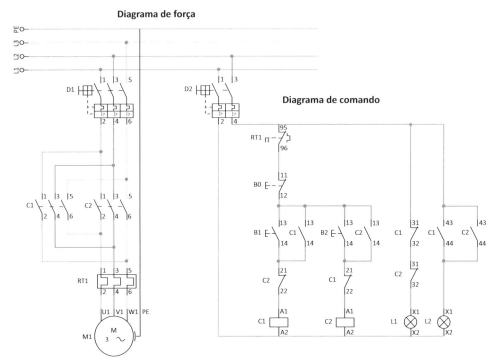

Figura 5.5 Chave de partida direta com reversão.

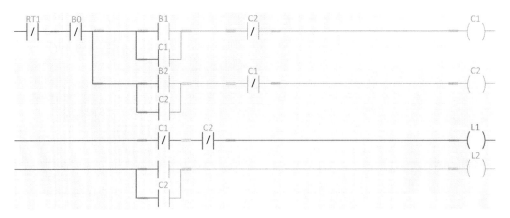

Figura 5.6 Diagrama *ladder* da chave de partida direta com reversão.

A seguir, o mesmo exercício em linguagem *ladder*.

Exercício

A esteira da Figura 5.7, que mostra uma chave de partida direta comandada de dois pontos diferentes, é acionada por dois botões localizados em pontos diferentes, (B1) e (B2), e desligada por outros dois botões, (B01) e (B02). Ao acionar a esteira por (B1) ou (B2), o motor M1 liga. A esteira é desligada por (B01) ou (B02). A sinalização L1 indica motor M1 desligado e a sinalização L2 indica motor M1 ligado.

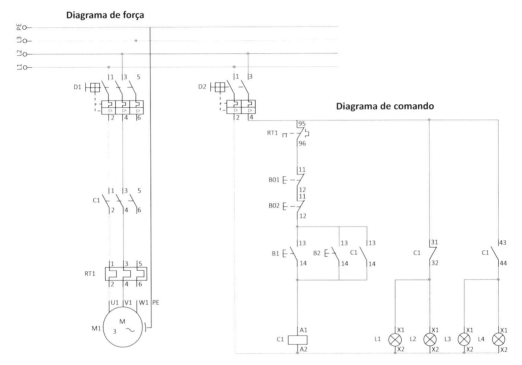

Figura 5.7 Partida direta comandada de dois pontos.

Na Figura 5.8, está a solução do exercício anterior em linguagem *ladder*.

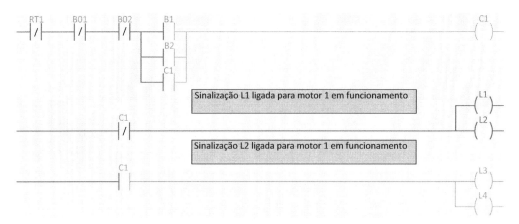

Figura 5.8 *Ladder* da chave Pd comandada de dois pontos.

Exercício

Na Figura 5.9, que mostra uma chave de partida consecutiva para quatro motores, a esteira é acionada pelo botão (B1) e desligada pelo botão (B0). Acionando-se a esteira, o motor M1 é ligado e, após 10 segundos, o motor M2 é acionado. Depois de 10 segundos do motor M2, é acionado o motor M3. Após 10 segundos do motor M3, é acionado o motor M4. Se ocorrer uma falha no motor M1, todos os motores devem ser desligados pela proteção. Se ocorrer uma falha no motor M2, os motores M2, M3 e M4 devem ser desligados e o motor M1 continua ligado. Se ocorrer uma falha no motor M3, os motores M3 e M4 devem ser desligados e os motores M1 e M2 continuam ligados. Se ocorrer uma falha no motor M4, ele deve ser desligado e os motores M1, M2 e M3 continuam ligados.

Linguagens gráficas 173

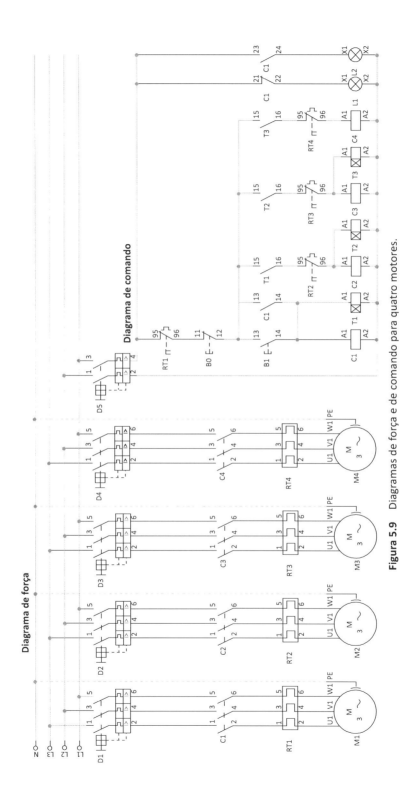

Figura 5.9 Diagramas de força e de comando para quatro motores.

A Figura 5.10 apresenta o diagrama *ladder* da chave de partida consecutiva para quatro motores.

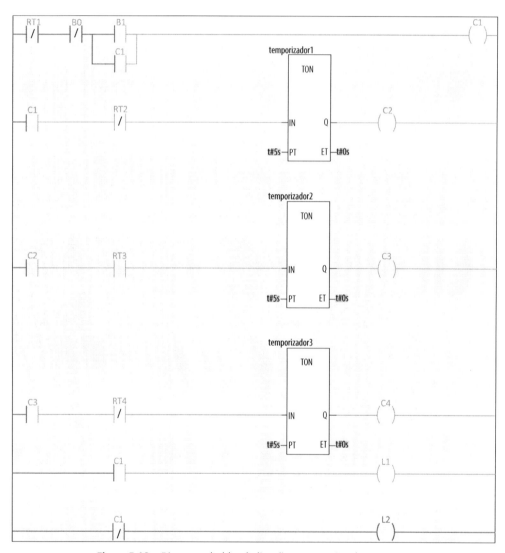

Figura 5.10 Diagrama *ladder* da ligação consecutiva de motores.

Exercício

Na Figura 5.11, tem-se o diagrama de força do sistema de controle industrial para um tanque misturador simples e, na Figura 5.12, apresenta-se o diagrama de comando desse sistema. Ao pressionar o botão de liga (B1), a válvula de entrada (Ve) é acionada e o motor de agito M1 parte em estrela. Depois, há comutação em triângulo, e o tanque começa a encher o motor M2 da esteira, que também é acionada. Quando o sensor de nível alto (Sna) é atingido, a válvula de entrada (Ve) desliga e o motor de agito M1 permanece ligado por 10 segundos. Em seguida, a válvula de saída (Vs) liga e esvazia o tanque. Quando o sensor de nível baixo (Snb) é alcançado, a válvula de saída (Vs) é fechada e o ciclo recomeça. Se o botão de desliga (B0) é pressionado, o ciclo para sempre no final.

O motor M1 é acionado por uma partida estrela triângulo, que consiste na alimentação do motor com redução de tensão nas bobinas durante a partida. Na partida, executa-se a ligação estrela no motor, porém a alimentação se dá com tensão de triângulo, ou seja, tensão da rede. Assim, as bobinas do motor recebem aproximadamente 58% da tensão que deveriam receber. Após a partida, o motor deve ser ligado em triângulo; as bobinas passam a receber a tensão nominal. Esse tipo de chave proporciona redução da corrente de partida em aproximadamente 33% de seu valor para partida direta.

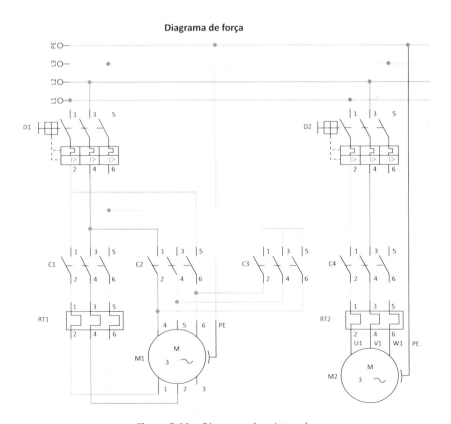

Figura 5.11   Diagrama do misturador.

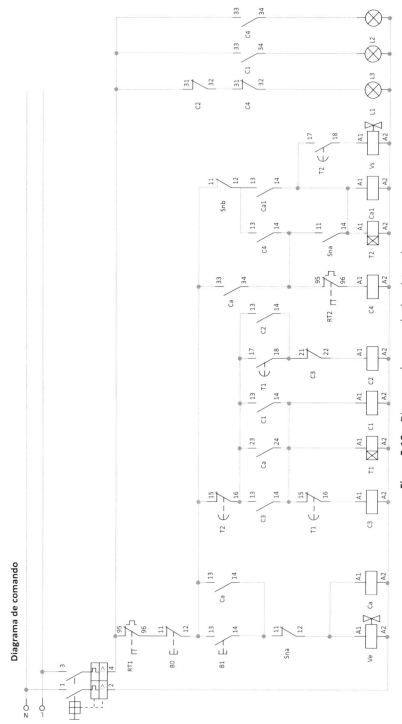

Figura 5.12 Diagrama de comando do misturador.

Na Figura 5.13, está o exercício completo do misturador simples em linguagem *ladder*.

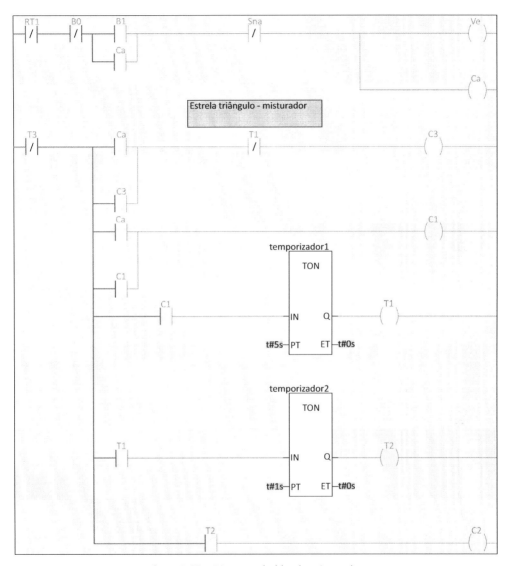

Figura 5.13 Diagrama *ladder* do misturador.

Continuação do exercício anterior.

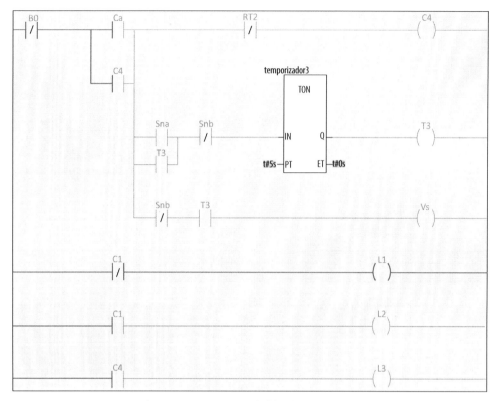

Figura 5.14 Diagrama *ladder* do misturador.

Exercício

A chave estrela triângulo com reversão para acionamento de motor trifásico de indução é um sistema de comando elétrico que possibilita a comutação da ligação estrela para triângulo, permitindo ainda a inversão dos sentidos de rotação do motor. Para a reversão, o ideal é sempre ter um freio para parar em um sentido e depois executar a reversão. Esse processo destina-se a máquinas que partem em vazio ou com conjugado resistente baixo, praticamente constante. As ligações de motores por meio de chaves do tipo estrela triângulo são utilizadas em casos em que o motor admite ligações em dois níveis de tensão. Essas ligações têm a finalidade de reduzir a corrente de partida para motores de alta potência que naturalmente requerem alta corrente durante a partida.

A seguir, a descrição das variáveis:

- RT1: relé térmico para proteção de sobrecarga.
- B0: botoeira para desligar.
- B1: botoeira para ligar em sentido horário.
- B2: botoeira para ligar em sentido anti-horário.
- C1: contator que liga em sentido horário.
- C2: contator que liga em sentido anti-horário.
- C3: contator que liga em triângulo.
- C4: contator que liga em estrela.
- T1: temporizador que desliga em estrela.
- T2: temporizador que liga em triângulo.

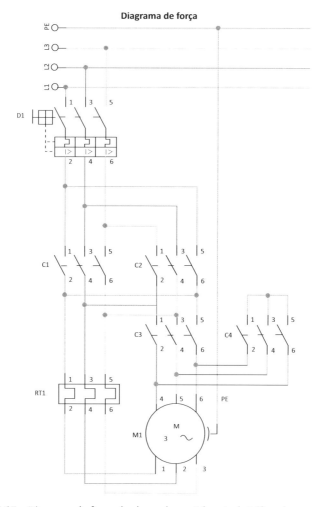

Figura 5.15 Diagrama de força da chave de partida estrela triângulo com reversão.

Linguagens gráficas

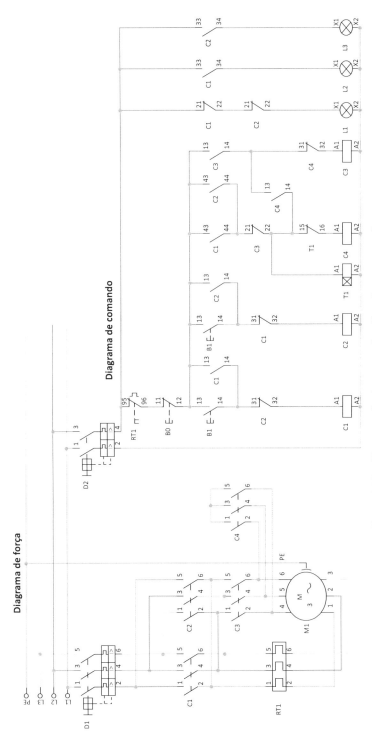

Figura 5.16 Diagrama da chave estrela triângulo com reversão.

Na Figura 5.17, está a solução da chave estrela triângulo com reversão em linguagem *ladder*.

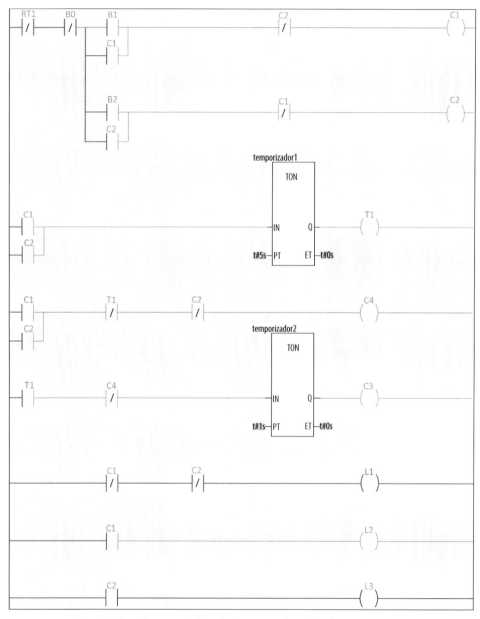

Figura 5.17 Diagrama *ladder* da chave estrela triângulo com reversão.

5.1.2.5 Bloco funcional (*function block*)

Usar a chave estrela triângulo como bloco funcional, que é uma estrutura que permite ao usuário separar seus programas em blocos, facilita o entendimento da lógica. Com a utilização de blocos funcionais, os programas podem ser otimizados, reduzindo o número de linhas na programação de linguagem *ladder*.

Os blocos funcionais podem ter até 32 parâmetros entre saídas e entradas, sem considerar a saída ENO e a entrada EN. São instanciáveis, isto é, existem em tempo de execução ou não, sendo necessário um identificador para alocação de memória para dados.

No bloco estrela triângulo, a lógica com suas variáveis de entradas e saídas pode inserir vários blocos de chave estrela triângulo e uma POU. O bloco é criado como *function block* e melhora a lógica quando existem várias chaves do mesmo tipo no programa.

O bloco funcional é um elemento encapsulado como um CI, que pode ser reutilizado em várias partes do programa principal ou exportado e armazenado em uma pasta (arquivo) para, posteriormente, ser importado e inserido em outro projeto. Se devidamente projetado e depurado, pode ser utilizado em uma ampla gama de aplicações e projetos. Também pode ser armazenado em um arquivo e formar uma biblioteca.

A representação do bloco funcional é por meio de um retângulo com pinos de entrada do lado esquerdo e pinos de saída do lado direito, semelhante a um CI. A simbologia é baseada na norma IEC. O tipo de bloco funcional aparece na parte superior interna do retângulo, os nomes dos parâmetros de entrada aparecem do lado esquerdo dentro do retângulo e os nomes dos parâmetros de saída ficam do lado direito do retângulo. Na Figura 5.18 e na Figura 5.19, estão os blocos funcionais das chaves do tipo estrela triângulo.

184 *Introdução às linguagens de programação para CLP*

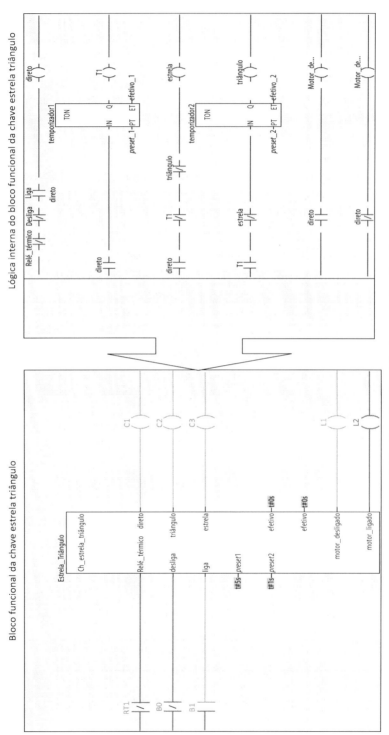

Figura 5.18 Bloco funcional da chave estrela triângulo.

Linguagens gráficas 185

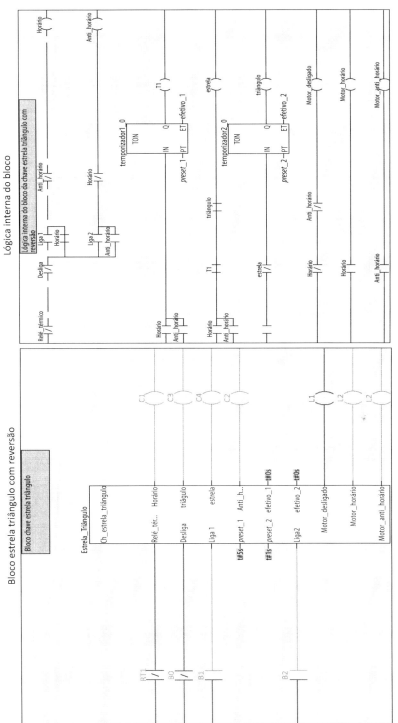

Figura 5.19 Bloco funcional da chave estrela triângulo com reversão.

Na Figura 5.20, apresenta-se o exercício do processo de mistura simples feito por meio de blocos funcionais.

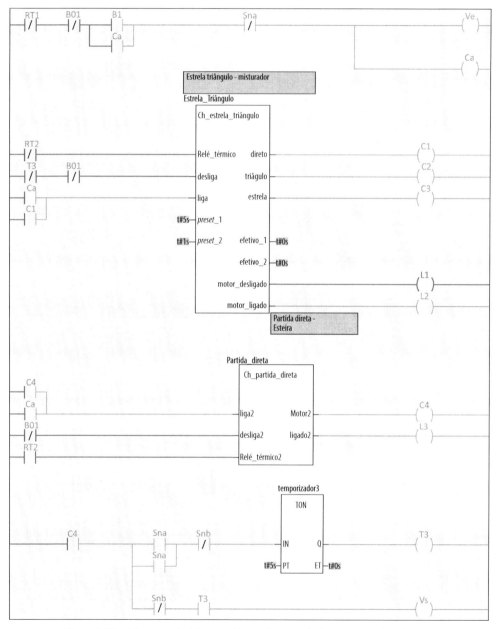

Figura 5.20 Diagrama *ladder* com blocos funcionais do processo de mistura.

Os *softwares* que estão de acordo com a norma IEC 61131-3 (Tabela 5.3) têm as formas de projetar os blocos funcionais. Para tanto, deve ser considerada a possibilidade de uso do bloco em outros projetos no futuro, podendo formar uma biblioteca

Linguagens gráficas

com os blocos projetados para reutilizá-los. O desenvolvimento de bibliotecas de blocos funcionais devidamente testados tem muitas vantagens nas aplicações futuras e podem ser importados da biblioteca. É preciso ter cuidado para não fazer uma lógica de bloco funcional com muitas funcionalidades, tornando o bloco muito grande e complexo, de forma que dificulte seu uso e comprometendo o processamento. O programa principal pode ser feito em *ladder*, e o bloco funcional pode ser feito em outra linguagem de programação da norma IEC 61131-3.

Blocos funcionais são divididos em parâmetros de entradas e saídas e em algoritmo interno.

Tabela 5.3

Declaração de variáveis
Lógica interna pode ser em: • Texto estruturado. • Lista de instruções. • *Ladder*. • Diagrama de blocos funcionais. • Sequencial gráfico de função.

Bloco da chave estrela triângulo em texto estruturado.

```
(*Chave partida estrela triângulo*)
(*contator direto*)

IF (liga=false or direto=true) and (desliga=true or Relé_térmico=true) THEN
direto:=false;
  ELSIF (liga=true or direto=true) and (desliga=false or Relé_térmico=false) THEN
direto:true;
END_IF;

(*contator estrela*)
IF  direto=true and T1=false THEN
estrela:=true;
  ELSE
estrela:=false;
END_IF;

temporizador1 (IN :=direto (*BOOL*),
                    PT :=preset1 (*TIME*),
                    Q =>T1 (*BOOL*),
                    ET =>efetivo1 (*TIME*) );

temporizador2 (IN :=T1 (*BOOL*),
                    PT :=preset2 (*TIME*),
                    Q =>T2 (*BOOL*),
                    ET =>efetivo2 (*TIME*) );

(*contator triângulo*)
IF  T2=true and estrela=false THEN
triângulo:=true;
  ELSE
triângulo:=false;
```

Figura 5.21   Lógica interna do bloco funcional.

Exercício

Na Figura 5.22, o sistema opera de tal maneira que, ao pressionar o botão B1, o motor liga com 65% da tensão nominal. Após um intervalo de tempo estipulado pelo temporizador 1, ele fica conectado diretamente à rede elétrica, ou seja, 100% da tensão nominal. Foi previsto um botão de emergência que, se acionado com o sistema em funcionamento, para o motor imediatamente e inibe todo o funcionamento da chave que só tem condições de partir novamente quando o botão é desligado. A chave de partida compensadora é utilizada em motores que partem sob carga. O conjugado resistente de partida da carga deve ser inferior à metade do conjugado de partida do motor.

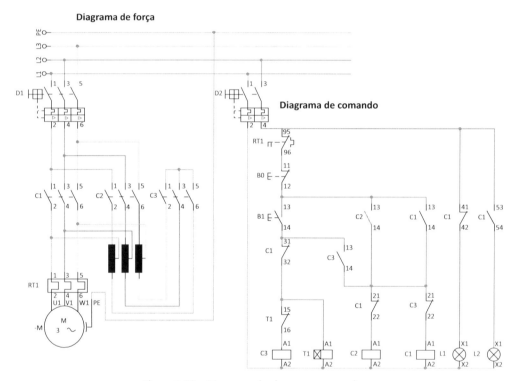

Figura 5.22 Diagrama da chave compensadora.

Na Figura 5.23, apresenta-se a solução em linguagem *ladder*.

Linguagens gráficas **189**

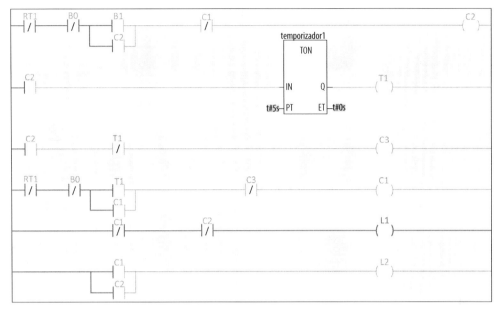

Figura 5.23 Diagrama *ladder* da chave compensadora.

A Figura 5.24 mostra um bloco funcional da chave compensadora com o programa principal desenvolvido em linguagem *ladder*. A lógica interna feita em texto estruturado minimiza o tamanho do programa ao simplificá-lo. Esse bloco pode ser reutilizado em projetos futuros.

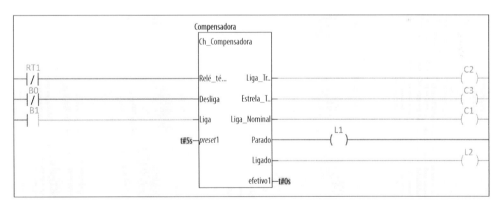

Figura 5.24 Bloco funcional da chave compensadora.

Exercício

Alguns motores com potência elevada requerem acionamento com chave de partida compensada com reversão para acionamento de motor trifásico de indução. Em processos em que é necessário inverter o sentido de rotação do motor, como é o caso de máquinas industriais, talhas, pontes rolantes etc., consegue-se com a troca de duas fases na alimentação do motor.

190 *Introdução às linguagens de programação para CLP*

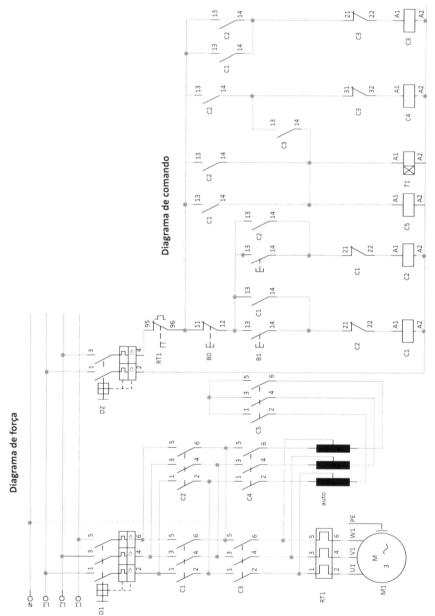

Figura 5.25 Diagramas de força e de comando da chave compensadora com reversão.

A seguir, a Figura 5.26 mostra exercício com solução em linguagem *ladder*.

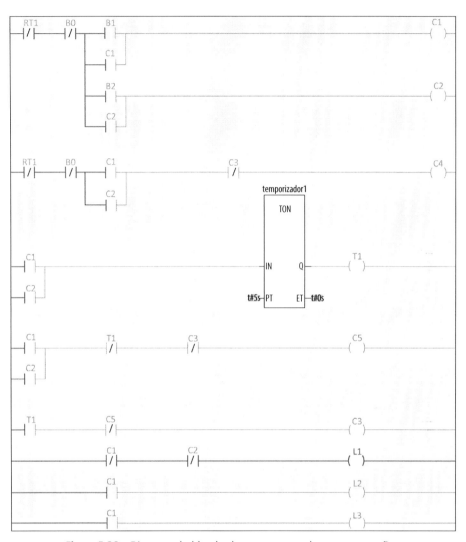

Figura 5.26 Diagrama *ladder* da chave compensadora com reversão.

A Figura 5.27 apresenta exercício desenvolvido com bloco funcional.

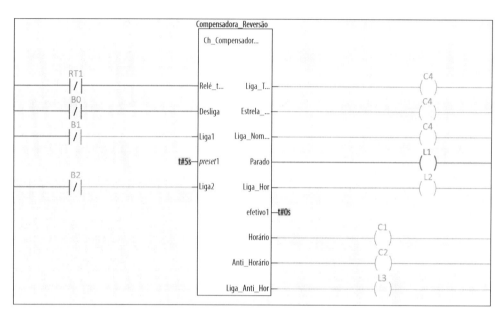

Figura 5.27 Bloco funcional da chave compensadora com reversão.

No bloco funcional apresentado não aparecem os terminais EN/ENO. Eles foram omitidos e não comprometem seu funcionamento. As características do bloco funcional são os conjuntos de dados, os quais podem ser alterados por um algoritmo interno.

Exercício

Dado o sistema de envase de produtos, é possível implementar os diagramas de força e de comando e a linguagem de programação *ladder*.

Ao pressionar o botão B1, inicia-se o processo e o motor C1 da esteira é ligado. As garrafas que estão na esteira vão se movimentar em direção ao sensor de posição Sp. Ao atingir o sensor, a esteira desliga e, nesse momento, a válvula de envase Ve abre liberando o produto, que tem o nível controlado pelo sensor Snp. Quando a garrafa atinge o nível, a válvula Ve fecha-se e a esteira liga novamente até que uma nova garrafa chegue à posição de envase.

Para a proteção e a segurança do processo, existe uma tampa sobre a válvula de envase. O sistema só funciona com a tampa de proteção fechada e o acionando de uma chave de fim de curso F1. A Figura 5.28 apresenta os diagramas de força e de comando do sistema de envase e a Figura 5.29 mostra o diagrama *ladder* do sistema de envase.

Linguagens gráficas

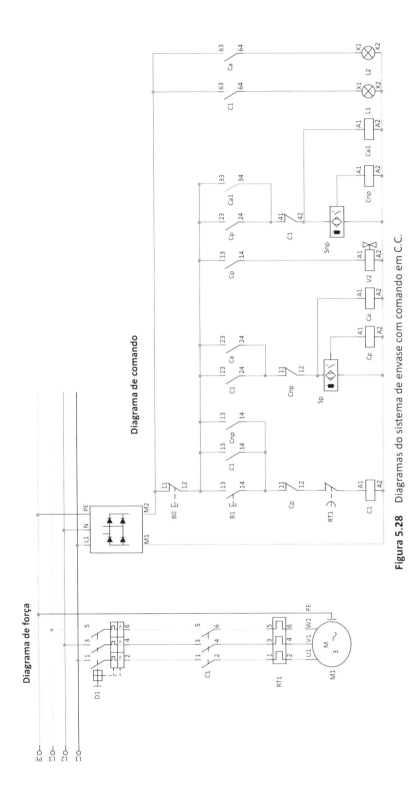

Figura 5.28 Diagramas do sistema de envase com comando em C.C.

A seguir a descrição das variáveis do diagrama *ladder*:

- C1: motor da esteira.
- B0: desliga o sistema.
- B1: liga o sistema.
- Cp: bobina do sensor de posição.
- Cnp: bobina do sensor de nível de posição.
- Sp: sensor de posição.
- Sn: sensor de nível.
- RT1: relé térmico.
- L1: lâmpada da esteira.
- L2: lâmpada de envase.
- F1: fim de curso de segurança.

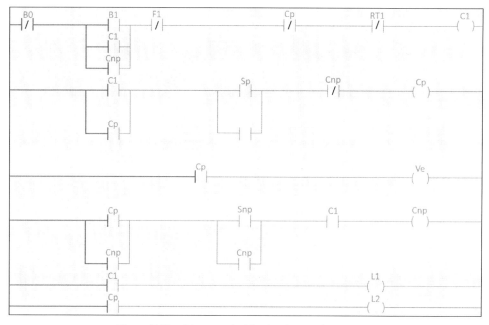

Figura 5.29 Diagrama *ladder* do sistema de envase.

Exercício

Um sistema de tratamento de água apresenta o diagrama de força da Figura 5.30, o diagrama de comando da Figura 5.31 e o diagrama *ladder* da Figura 5.32. O sistema é composto de um lago com uma motobomba M1 que recalca água para um tanque Tq1 que depois é bombeada pela motobomba M2 ou pela motobomba M3 de reserva para uma caixa-d'água Cx1, que alimenta a rede de água de uma pequena indústria de refrigerante.

Se o nível do tanque Tq1 está abaixo da referência do sensor Snm (sensor de nível médio), a motobomba M1 liga. Se o sensor Sbl (sensor de nível baixo do lago) do lago está aberto (0), aciona-se um alarme AL avisando ao operador que a motobomba M1 deve ser desligada manualmente. Ao atingir o Sna, há desligamento automático. A motobomba M2 liga automaticamente se o nível da caixa atingir o nível Scb e desliga se o nível da caixa atingir o Sca ou se o nível do tanque Tq1 atingir Snb.

Descrição de variáveis da motobomba M1 por meio da chave compensadora:

- C1: contator direto.
- C2: contator de alimentação do trafo.
- C3: contator de fechamento estrela do trafo.
- Motobomba M2: por meio de partida direta.
- Motobomba M3: por meio de partida direta.
- Sbl: sensor de nível baixo de lago.
- Sna: sensor de nível alto do Tq1.
- Snm: sensor de nível médio do Tq1.
- Snb: sensor de nível baixo do Tq1.
- Sca: sensor de nível alto da Cx1.
- Scb: sensor de nível baixo da Cx1.
- AL: alarme de segurança da motobomba M1.
- B0, B02: desliga o sistema.
- B1, B2: liga o sistema.
- RT1, RT2, RT3: relés de sobre carga.
- Ch1: chave para seleção de motobomba M2 ou M3.

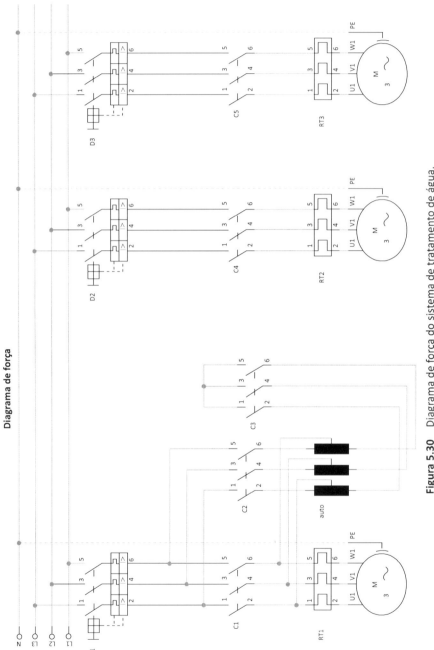

Figura 5.30 Diagrama de força do sistema de tratamento de água.

Linguagens gráficas

Diagrama de comando

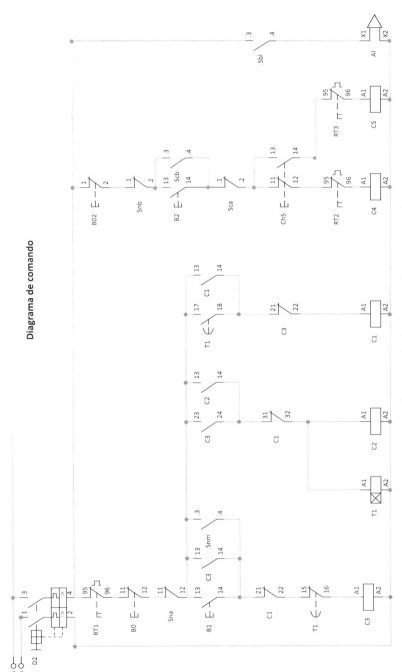

Figura 5.31 Diagrama de comando do sistema de tratamento de água.

A seguir, solução em linguagem *ladder*.

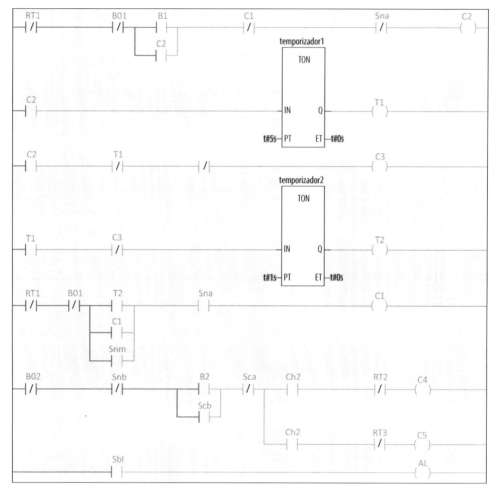

Figura 5.32 Diagrama *ladder* do sistema de tratamento de água.

Exercício

Na Figura 5.33, tem-se os diagramas do sistema de reservatório com programação em linguagem *ladder* (Figura 5.34) composta de uma chave de três (03) posições (posição (0) desliga, posição (1) manual, posição (2) automático), uma boia superior (Bs) e (Bi) para o comando automático e uma botoeira para ligar (B1) e (B0) para desligar o comando manual.

Descrição das variáveis:

- RT1: relé de sobrecarga.
- Ch1: seleção manual ou automática.
- B0: desliga.
- B1: liga.
- Bi, Bs: boia inferior e boia superior.
- L1, L2: sinalização.

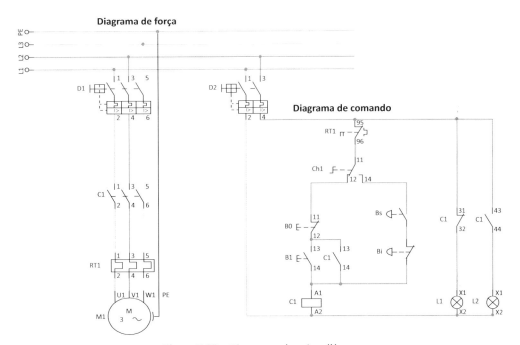

Figura 5.33 Diagramas da caixa-d'água.

Agora, a solução em linguagem *ladder*.

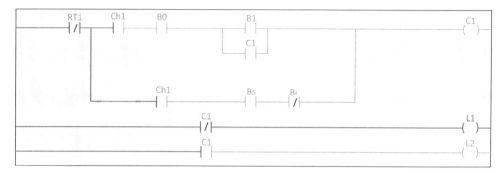

Figura 5.34 Diagrama *ladder* da caixa-d'água.

Exercício

Um sistema de reservatório com duas motobombas apresenta os diagramas de força e de comando (Figura 5.35) e duas motobombas em linguagem *ladder* (Figura 5.36). O sistema tem uma chave de três (03) posições (posição (0) desliga, posição (1) manual, posição (2) automático); posição manual composta de botoeira para desligar (B0) e botoeira para ligar (B1); e uma boia superior (Bs) e (Bi) para o comando automático. O funcionamento é intercalado entre M1 e M2, tanto para o comando manual como para o comando automático. Ca é o contator auxiliar que supervisiona a entrada das motobombas.

Linguagens gráficas

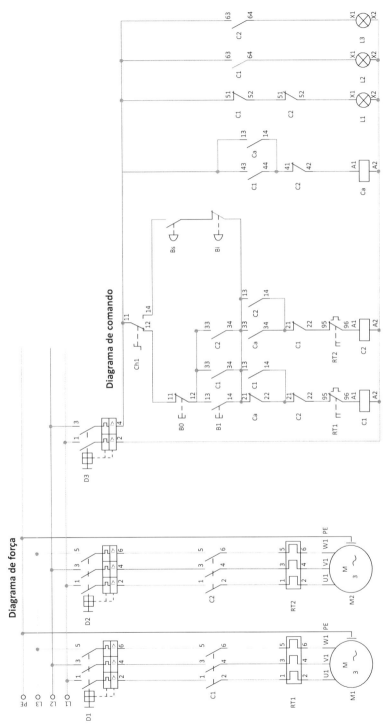

Figura 5.35 Diagramas de força e de comando para duas bombas-d'água.

A seguir, a solução em programação *ladder*.

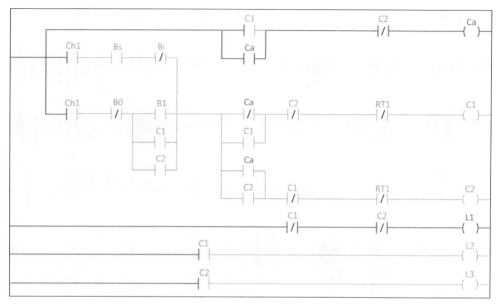

Figura 5.36 Diagrama *ladder* para duas bombas-d'água.

Exercício

O diagrama de comando da Figura 5.37 apresenta o processo industrial desenvolvido em linguagem *ladder* (Figura 5.38), com um cilindro de dupla ação acionado por um botão (B1) e desligado por um botão (B0). Quando acionado, o cilindro de dupla ação sensibiliza o sensor indutivo (S1) depois de 5 segundos, o cilindro avança. Sensibilizando o sensor indutivo (S2) depois de 5 segundos, o cilindro retorna. O sistema fica funcionando com 5 segundos no início e 5 segundos no final.

Linguagens gráficas 203

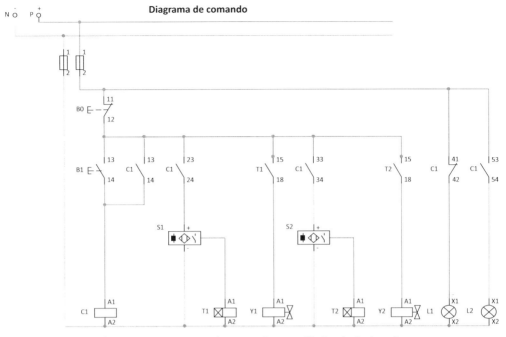

Figura 5.37 Diagrama de comando para cilindro de dupla ação.

Agora, a solução em linguagem *ladder*.

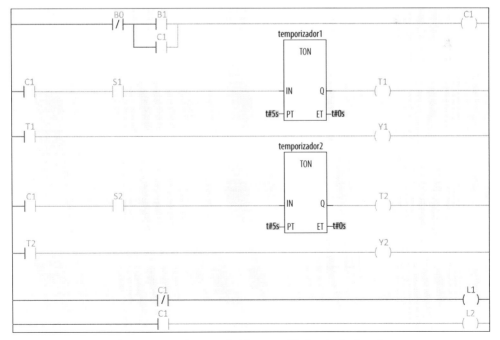

Figura 5.38 Diagrama *ladder* para cilindro de dupla ação.

Exercício

A Figura 5.39 apresenta o diagrama de força de um processo industrial com dois cilindros de dupla ação. O sistema é acionado por um botão (B1) e desligado por um botão (B0). O diagrama de comando elétrico está na Figura 5.40; e o diagrama *ladder* do CP é apresentado na Figura 5.41. Quando a caixa sensibiliza o sensor óptico (S1), o sensor aciona o cilindro (1) de dupla ação, o cilindro avança e levanta a caixa. A caixa no movimento (1) sensibiliza o sensor óptico (S2); o sensor (S2) aciona o avanço do cilindro (2) e o retorno do cilindro (1). O cilindro (2) avança no movimento (2) e empurra a caixa. No final do movimento (2), a caixa sensibiliza o sensor óptico (S3), que aciona o cilindro (2) para o retorno. Assim, o ciclo é finalizado. Então, aciona-se a solenoide Ym que libera a caixa para o início do processo.

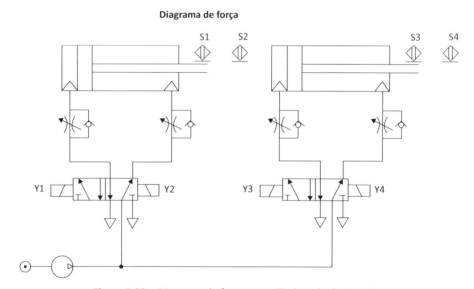

Figura 5.39 Diagrama de força para cilindros de dupla ação.

Linguagens gráficas

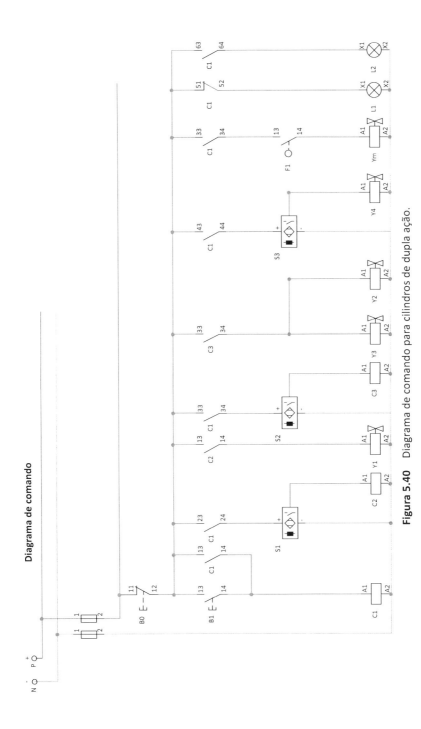

Figura 5.40 Diagrama de comando para cilindros de dupla ação.

Agora, o exercício em *ladder*.

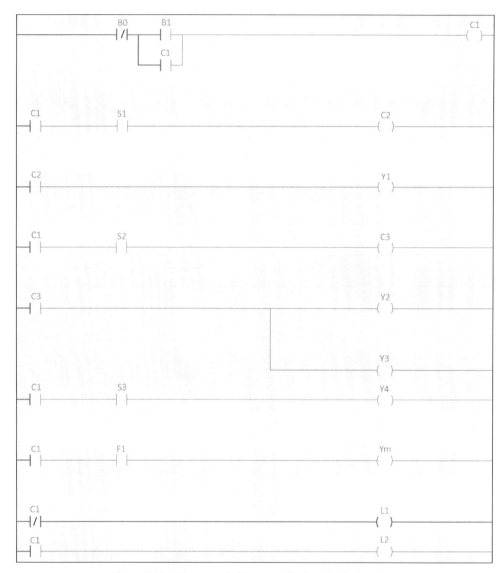

Figura 5.41   Diagrama *ladder* para cilindros de dupla ação.

Exercício

Na Figura 5.42, tem-se um diagrama de força em uma abordagem diferente. Dois cilindros de dupla ação são acionados por um botão (B1) e desligados por um botão (B0). A Figura 5.43 apresenta o diagrama de comando e o diagrama *ladder* é mostrado na Figura 5.44. O sensor óptico (S1) aciona o temporizador (1) e, após 3 segundos, o temporizador (1) aciona o cilindro (1) de dupla ação, que avança a peneira de produto. O movimento (1) sensibiliza o sensor óptico (S2), o sensor (S2) aciona o temporizador (2) e, após 3 segundos, o temporizador (2) aciona o cilindro (2) para avanço e o cilindro (1) para retorno. O cilindro (2) avança no movimento (2) e ao final desse movimento a peneira sensibiliza o sensor óptico (S3), que aciona o cilindro (2) para o retorno finalizando o ciclo. Então, aciona-se a solenoide Ym que libera a entrada de produto para o início do processo.

Descrição das variáveis:

- B0: botoeira para desligar.
- B1: botoeira para ligar.
- Cil1 e Cil2: cilindros de dupla ação.
- Y1 e Y2: válvulas para acionamento do cilindro 1.
- Y3 e Y4: válvulas para acionamento do cilindro 2.
- S1: sensor óptico.
- S2: sensor óptico.
- S3: sensor óptico.
- L1: sistema desligado.
- L2: sistema ligado.
- Ym: solenoide para liberação de produtos.

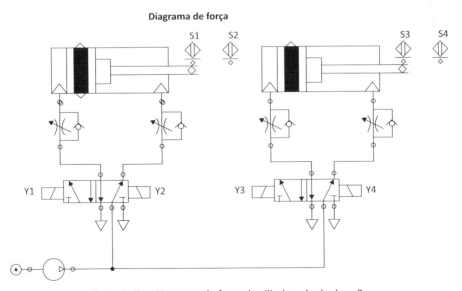

Figura 5.42   Diagrama de força de cilindros de dupla ação.

Diagrama de comando

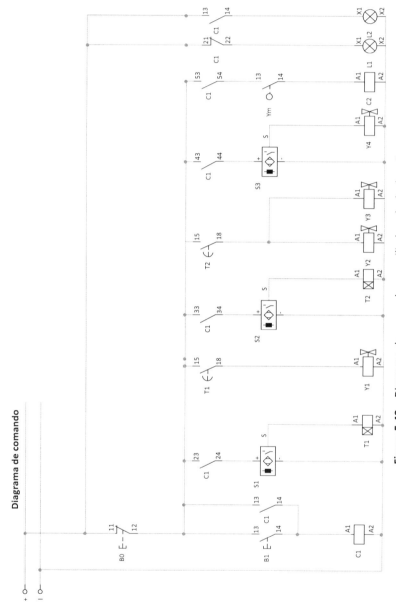

Figura 5.43 Diagrama de comando para cilindros de dupla ação.

Linguagens gráficas

A seguir, a solução do exercício em linguagem *ladder*.

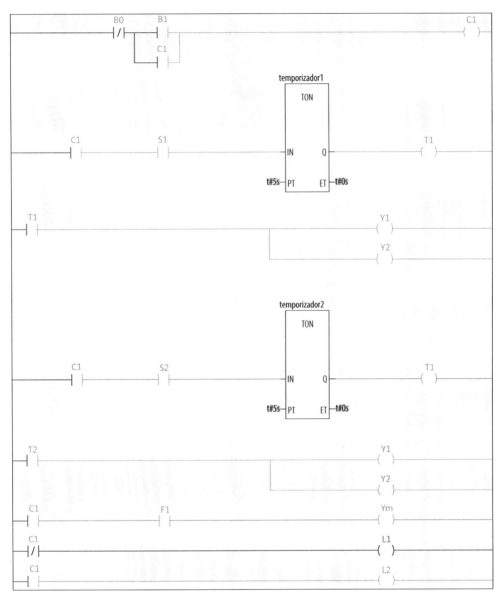

Figura 5.44 Diagrama *ladder* para cilindros de dupla ação.

Exercício

O digrama de força de um ar-condicionado central composto de uma máquina utilizada para refrigerar um ambiente é mostrado na Figura 5.45. A Figura 5.46 apresenta o diagrama de comando da máquina que tem um evaporador (ventilador), um condensador e um compressor. O sistema de partida do evaporador e do condensador é uma partida direta e o sistema de partida do compressor é uma estrela triângulo. A transformação de calor em frio é baseada na lei dos gases perfeitos que diz que um gás mantido sob alta pressão, ao se expandir e aumentar seu volume, tem sua temperatura diminuída. Os equipamentos elétricos que permitem que esse processo ocorra são: um compressor para comprimir o gás, um condensador que transforma o gás em líquido e um ventilador para difundir o frio no ambiente. O sistema de controle pode ser dividido em três partes: controle do ventilador, do condensador, e do compressor. Na Figura 5.47 está o diagrama *ladder*.

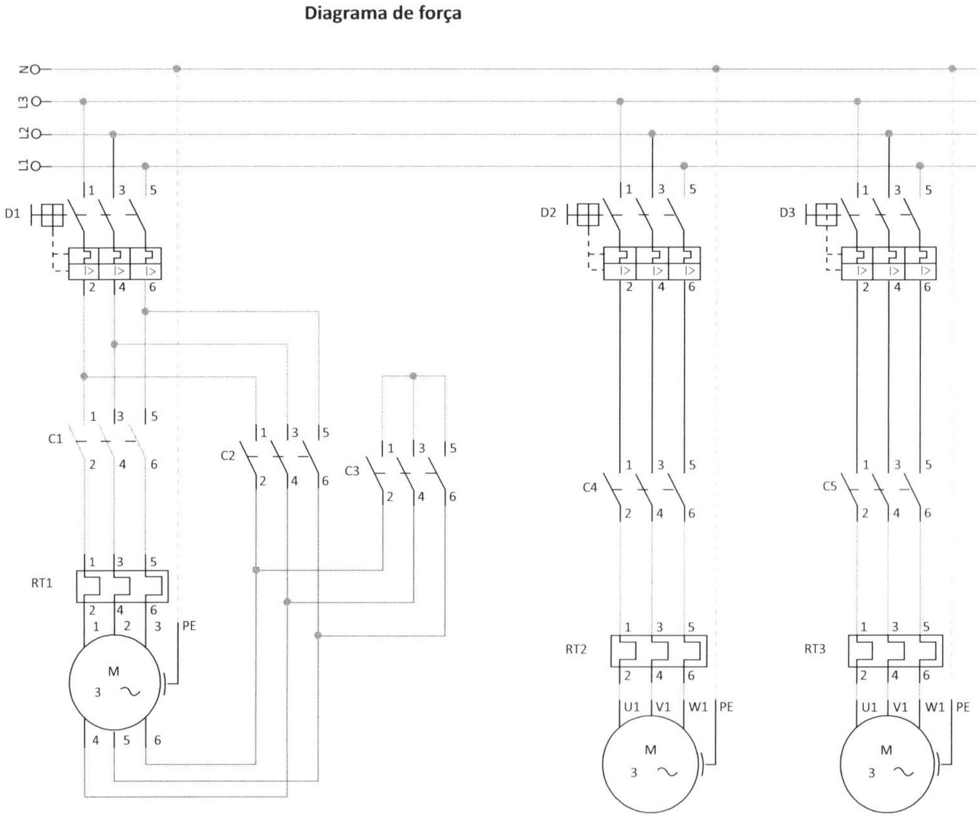

Diagrama de força

Figura 5.45 Diagrama de força do sistema de ar-condicionado.

Linguagens gráficas

Diagrama de comando

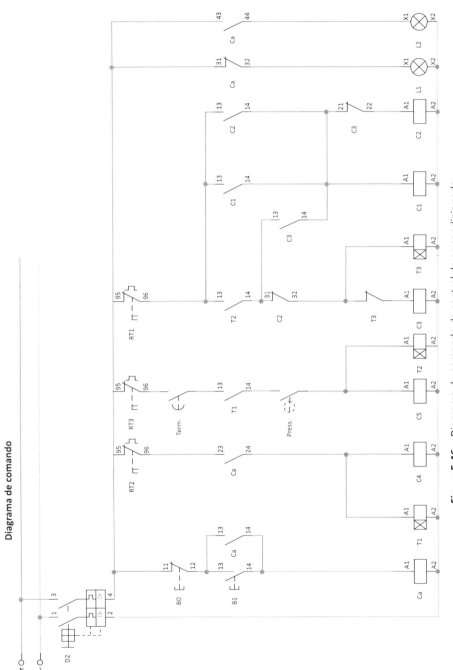

Figura 5.46 Diagrama de comando da central de ar-condicionado.

Agora, a solução com CP em linguagem *ladder*.

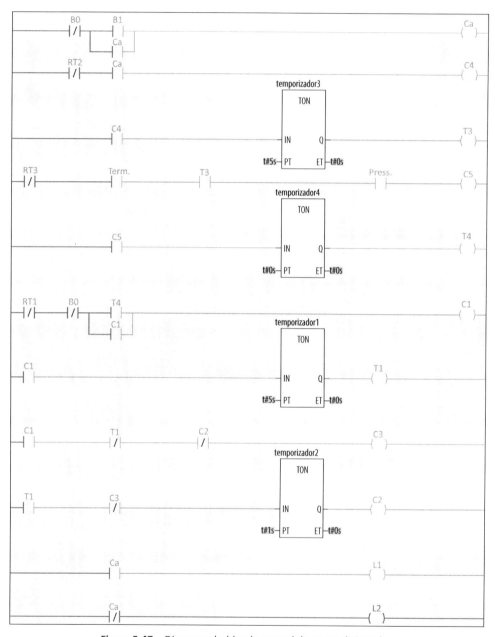

Figura 5.47 Diagrama *ladder* da central de ar-condicionado.

Exercício

Na Figura 5.48, uma correia transportadora, acionada pelo motor M1, conduz o produto A que é despejado pela válvula Va no reservatório misturador. O produto B é despejado quando a válvula Vb é acionada. As duas substâncias são misturadas por meio do agitador acionado pelo motor M2. O esvaziamento do reservatório com os produtos é realizado pelo acionamento da bomba Ba e da válvula Vc. Um sensor de nível mínimo interrompe o esvaziamento e o sensor Máx. é uma emergência para a entrada de produtos que interrompe Va e Vb. As figuras 5.49 e 5.50 apresentam os diagramas elétricos e a Figura 5.51 mostra o diagrama *ladder*.

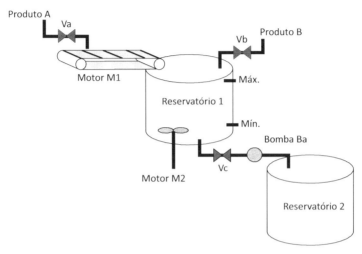

Figura 5.48 Processo industrial.

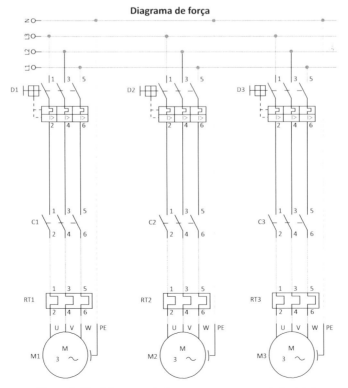

Figura 5.49 Diagrama de força para o processo industrial.

214 *Introdução às linguagens de programação para CLP*

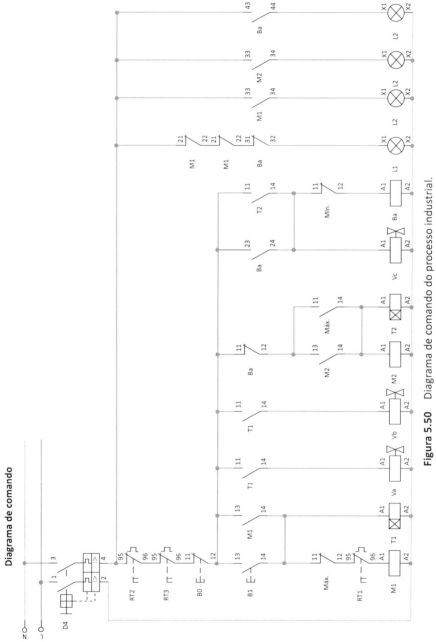

Figura 5.50 Diagrama de comando do processo industrial.

Linguagens gráficas 215

O exercício resolvido em linguagem *ladder*.

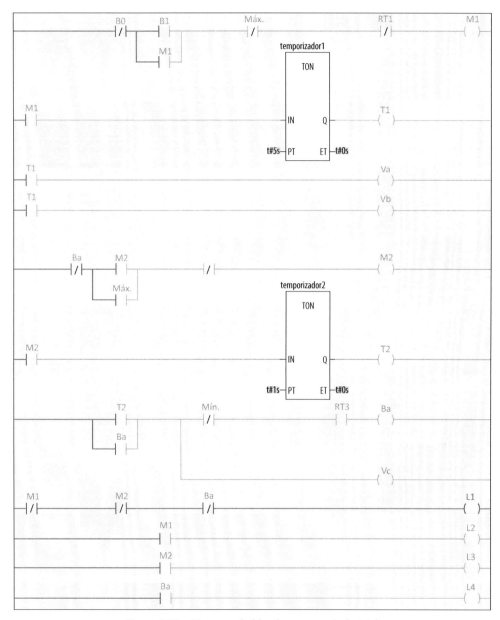

Figura 5.51 Diagrama *ladder* do processo industrial.

Exercício

Na Figura 5.52, tem-se o diagrama de comando e na Figura 5.53, o programa em linguagem *ladder* capaz de efetuar o controle de uma guilhotina de corte de compensado que é avançada quando dois botões são acionados exatamente ao mesmo tempo. No entanto, se o operador apertar qualquer um dos dois botões e demorar mais do que 5 segundos para apertar o outro botão, a guilhotina não atua. Para uma nova tentativa, o operador deve soltar os dois botões. O retorno da guilhotina acontece assim que qualquer botão é desacionado.

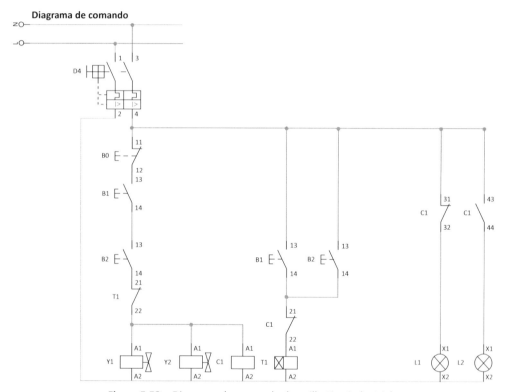

Figura 5.52 Diagrama de comando da guilhotina industrial.

A seguir, a solução do exercício em linguagem *ladder*.

Linguagens gráficas 217

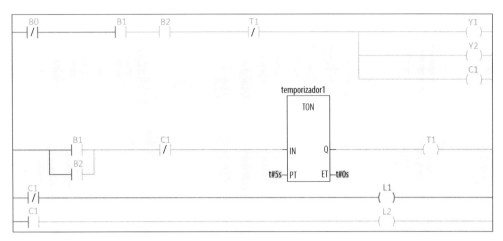

Figura 5.53 Diagrama *ladder* da guilhotina industrial.

Exercício

A Figura 5.54 apresenta o diagrama de comando e a Figura 5.55 mostra o diagrama *ladder* do CP para um processo industrial em que uma esteira é acionada pelo motor M1 e transporta caixas de três tamanhos (pequena, média e grande), que sensibilizam três sensores ópticos Sp, Sm, Sg. O processo tem início quando a botoeira B1 é acionada e é interrompido pela botoeira B0. A seleção do tipo de caixa é feita a partir de uma chave seletora de três posições (P, M e G). Ao selecionar, por exemplo, caixas grandes, a esteira deve parar e a sirene soar se uma caixa pequena ou média é detectada. Essa caixa deve ser expulsa pelo cilindro (Cil) e o operador deve religar o sistema em B1.

Descrição das variáveis:

- M1: motor da esteira.
- Sp, Sm, Sg: sensores.
- P, M, G: chave de posições.
- B0, B1: botoeiras.
- Cil: cilindro.
- Sirene: alarme.

218 *Introdução às linguagens de programação para CLP*

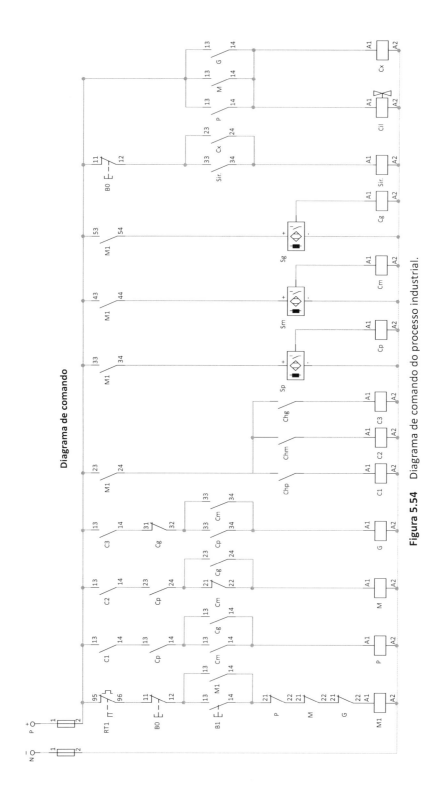

Figura 5.54 Diagrama de comando do processo industrial.

Linguagens gráficas 219

A seguir, a solução do exercício anterior em linguagem *ladder*.

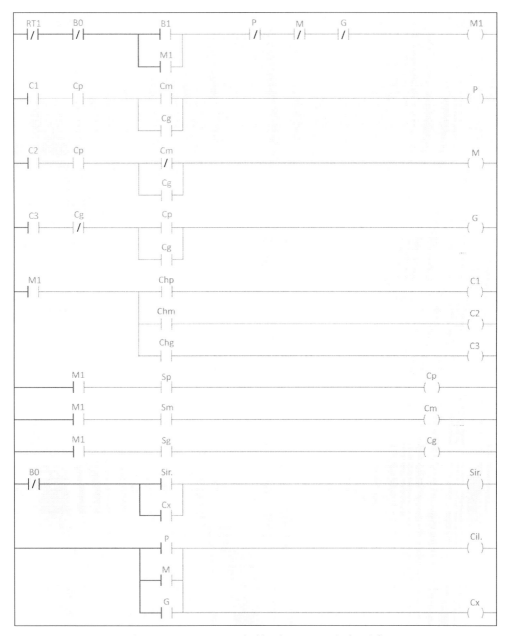

Figura 5.55 Diagrama *ladder* do processo industrial.

Exercício

No sistema de controle de enchimento de silo com dois produtos sólidos (X, Y) e um líquido (Z), o transporte de sólidos é feito por esteiras e de líquido é realizado por tubulação com válvula de controle. A Figura 5.56 mostra o diagrama de comandos elétricos e a Figura 5.57 apresenta o diagrama *ladder* do processo.

O comando é ligado por B1 e desligado pela botoeira B0. A válvula de entrada do líquido Z, válvula Ve, liga com B1 e só é desligada no final do enchimento do tanque Tq1 pelo sensor final Sf. A esteira X é acionada junto com a válvula Ve e desligada com o sensor médio Sm. A esteira do sólido Y deve completar o enchimento até ser desligada com o sensor final Sf. Ao desligar a válvula Ve, o agitador M1 é acionado, ficando ligado durante 30 segundos. Feita a mistura, a válvula de saída Vs do tanque Tq1 abre-se. O transporte do produto misturado é feito pela esteira do motor M4, acionado 5 segundos antes da válvula Vs abrir. A esteira de transporte da mistura só deve ser desligada junto com a válvula Vs, quando não houver mais produto no tanque e atingir o sensor mínimo Sm.

Linguagens gráficas

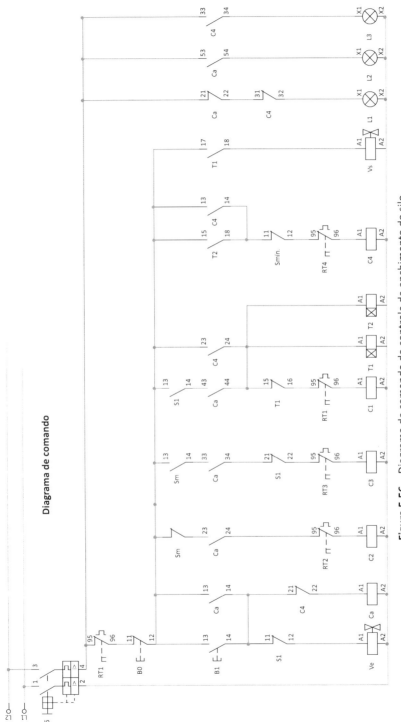

Figura 5.56 Diagrama de comando do controle de enchimento do silo.

A seguir, diagrama *ladder* para o exercício anterior.

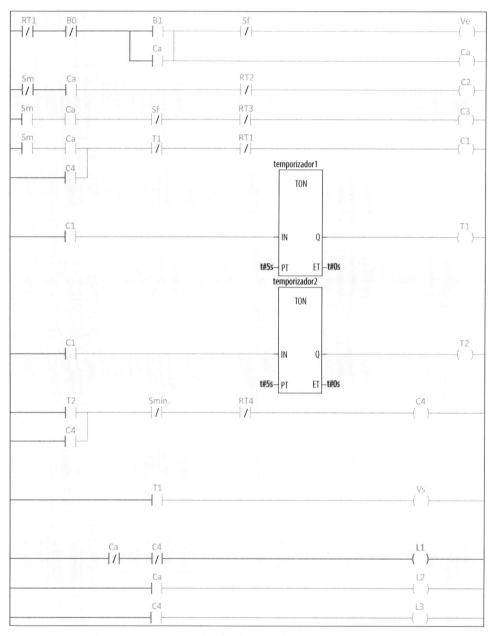

Figura 5.57 Diagrama *ladder* do controle de enchimento do silo.

5.2 DIAGRAMA DE BLOCOS FUNCIONAIS (FBD)

Trata-se de uma linguagem gráfica para programação dos CPs, semelhante a eletrônica digital. Aplica-se a construção e interpretação de programas baseados nos

Linguagens gráficas

diagramas de circuitos que representam blocos interconectados por linhas de fluxo de sinal. Essa linguagem é utilizada para descrever o comportamento de programas, blocos funcionais, funções, passos, ações e transições na linguagem SFC. O conceito de blocos, que constitui qualquer elemento que possui entradas, faz o processamento de um algoritmo específico e depois escreve o resultado das operações nas saídas.

Os blocos são de dois tipos distintos: funções e blocos funcionais. Essas duas classes se diferenciam pelo fato de os blocos funcionais possuírem persistência de dados, ou seja, devem ser instanciados e podem ter diversos ciclos de execução. Já as funções executam sua funcionalidade e, depois de encerrada a execução, não persiste nenhuma informação além do resultado na saída. Em geral, as funções são nativas do sistema (temporizadores, contadores etc.), mas também podem ser implementadas pelo usuário. Na unidade de organização de programa (POU), o diagrama de blocos funcionais (FBD) e de funções é referido como blocos com características distintas um do outro.

Os benefícios do uso de um FBD são: simplificar a representação do programa; facilitar a depuração do aplicativo; reduzir o número de códigos gerados.

As saídas do bloco funcional podem ser ligadas às entradas de outros blocos funcionais. Cada ligação indica que um parâmetro de entrada de um bloco funcional obtém seu valor de um parâmetro específico de saída de outro. Enquanto blocos funcionais recebem seus valores de blocos anteriores, em que o bloco controla o outro, há uma dependência das características das comunicações subjacentes. Dois blocos funcionais ligados juntos podem existir na mesma aplicação de blocos funcionais ou em aplicações separadas, igualmente, no mesmo dispositivo ou em dispositivos diferentes. Para transferir os dados para uma ligação de bloco funcional, o canal de comunicação deve ser conhecido, pois fornece a transferência de dados de parâmetro entre aplicações.

A seguir, algumas regras para programação utilizando a linguagem FBD:

- Acessar externamente apenas os parâmetros de entrada e saída do bloco.
- Executar o bloco, caso faça parte de uma rede de blocos.
- Instâncias de um bloco funcional podem ser utilizadas na definição de outros blocos ou programas.
- Instâncias de blocos funcionais declarados como global são acessíveis em qualquer parte de um recurso ou configuração.

5.2.1 BLOCO FUNCIONAL PADRÃO

Há blocos funcionais básicos empregados em programas com lógicas e algoritmos mais complexos para a criação de outras POUs. Os fabricantes criam bibliotecas que acompanham os *softwares* dos CLPs. Geralmente, há uma biblioteca com os blocos padrões, bibliotecas especializadas do próprio fabricante e bibliotecas criadas pelo usuário. Recomenda-se que o usuário utilize nos blocos criados os padrões da norma IEC, pois terão maior facilidade de portabilidade.

5.2.2 FUNÇÃO ELEMENTAR

As funções elementares não têm estados internos. Os valores de entrada são os mesmos e o valor na saída é o mesmo também toda vez que a função é chamada. Por exemplo, a adição de dois valores sempre dá o mesmo resultado.

Uma função elementar é representada graficamente como um símbolo com entradas e uma saída. As entradas são sempre representadas à esquerda e a saída fica sempre à direita do símbolo. O nome da função, ou seja, o tipo de função é exibido no centro do símbolo. O número de execução para a função é mostrado à direita do tipo de função.

A seguir, Tabela 5.4 com blocos padrões.

Tabela 5.4

Padrões	Instrução
A função de um bit a bit do bloco AND tem as ligações das sequências de bits nas entradas e atribui o resultado para a saída. Os tipos de dados de todos os valores de entrada e saída devem ser idênticos. O número de entradas pode ser aumentado até um máximo de 32.	.1 — AND 3, IN1 OUT, IN2
A função NOT tem a sequência de bits de entrada de bit a bit e atribui o resultado para a saída. Os tipos de dados de entrada e saída devem ser idênticos.	.2 — NOT 1, IN OUT
A função OR tem um bit ou sequências de bits nas entradas e retorna o resultado na saída. Os tipos de dados de todos os valores de entrada e saída devem ser idênticos. O número de entradas pode ser aumentado até um máximo de 32.	.3 — OR 6, IN1 OUT, IN2
A função XOR tem um bit ou sequências de bits na entrada e retorna o resultado na saída. Os tipos de dados de todos os valores de entrada e saída devem ser idênticos. O número de entradas pode ser aumentado até um máximo de 32.	.4 — XOR 4, IN1 OUT, IN2
O bloco de função é usado como memória RS com a propriedade "*Reset* dominante".	RS — RS 2, S Q1, R1
O bloco de função é usado como memória SR com a propriedade "*Set* dominante".	SR — SR 1, S1 Q1, R

Na Tabela 5.5 abaixo, estão os operadores de saída tipo bit para contagem.

Tabela 5.5

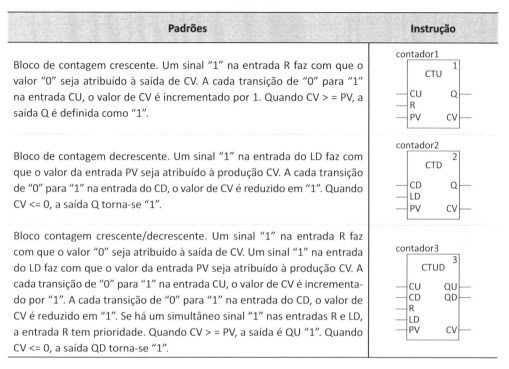

Padrões	Instrução
Bloco de contagem crescente. Um sinal "1" na entrada R faz com que o valor "0" seja atribuído à saída de CV. A cada transição de "0" para "1" na entrada CU, o valor de CV é incrementado por 1. Quando CV > = PV, a saída Q é definida como "1".	contador1 CTU / CU Q / R / PV CV
Bloco de contagem decrescente. Um sinal "1" na entrada do LD faz com que o valor da entrada PV seja atribuído à produção CV. A cada transição de "0" para "1" na entrada do CD, o valor de CV é reduzido em "1". Quando CV <= 0, a saída Q torna-se "1".	contador2 CTD / CD Q / LD / PV CV
Bloco contagem crescente/decrescente. Um sinal "1" na entrada R faz com que o valor "0" seja atribuído à saída de CV. Um sinal "1" na entrada do LD faz com que o valor da entrada PV seja atribuído à produção CV. A cada transição de "0" para "1" na entrada CU, o valor de CV é incrementado por "1". A cada transição de "0" para "1" na entrada do CD, o valor de CV é reduzido em "1". Se há um simultâneo sinal "1" nas entradas R e LD, a entrada R tem prioridade. Quando CV > = PV, a saída é QU "1". Quando CV <= 0, a saída QD torna-se "1".	contador3 CTUD / CU QU / CD QD / R / LD / PV CV

Na Tabela 5.6 a seguir, estão os operadores de saídas tipo bit para tempo.

Tabela 5.6

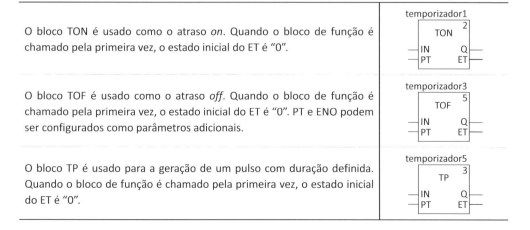

O bloco TON é usado como o atraso *on*. Quando o bloco de função é chamado pela primeira vez, o estado inicial do ET é "0".	temporizador1 TON / IN Q / PT ET
O bloco TOF é usado como o atraso *off*. Quando o bloco de função é chamado pela primeira vez, o estado inicial do ET é "0". PT e ENO podem ser configurados como parâmetros adicionais.	temporizador3 TOF / IN Q / PT ET
O bloco TP é usado para a geração de um pulso com duração definida. Quando o bloco de função é chamado pela primeira vez, o estado inicial do ET é "0".	temporizador5 TP / IN Q / PT ET

Uma função elementar é representada graficamente como um quadro com entradas e uma saída. As entradas são sempre representadas à esquerda, e a saída é sempre à direita do quadro. O nome da função, ou seja, o tipo de função é exibido no centro do *frame*. O número de execução para a função é mostrado à direita do tipo de função. O contador de função é mostrado acima do *frame*.

Exercício

A Figura 5.58 apresenta o diagrama de blocos funcionais FBD que atende às condições do circuito de comando da chave de partida direta. A esteira é acionada por um botão (B1) e desligada pelo botão (B0). O contato RT1 é a proteção térmica. A sinalização L1 indica motor M1 desligado e a sinalização L2 indica motor M1 ligado. Apresenta-se um exercício com CP em linguagem diagrama de blocos funcionais.

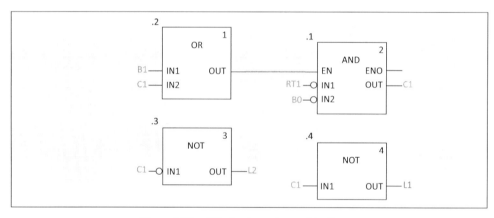

Figura 5.58 FBD da chave de partida direta.

Exercício

A chave de partida direta com reversão (Figura 5.59) é um dispositivo que fornece condições ao motor de partida com a tensão nominal de serviço. A Figura 5.60 apresenta a solução com diagrama de blocos funcionais FBD. A esteira funciona nos dois sentidos, o contato RT1 é o contato de proteção térmica e existe o intertravamento por contator: no sentido horário, a esteira é acionada pelo botão (B1) e desligada pelo botão (B0); no sentido anti-horário, é acionada pelo botão (B2) e desligada pelo botão (B0). A sinalização L1 indica motor M1 desligado e a sinalização L2 indica motor M1 ligado. Ou L1 indica motor M1 desligado, a sinalização L2 indica motor M1 ligado no sentido horário e L3 indica motor M1 sentido anti-horário.

Linguagens gráficas 227

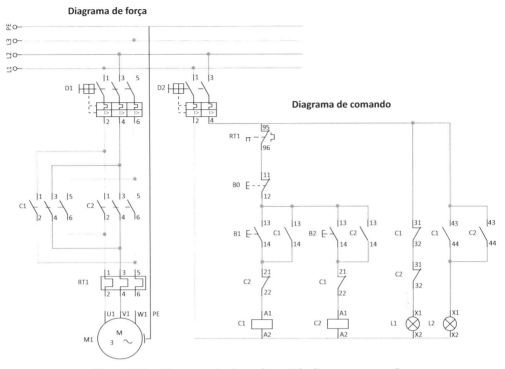

Figura 5.59 Diagramas da chave de partida direta com reversão.

Exercício com CP em linguagem diagrama de blocos funcionais.

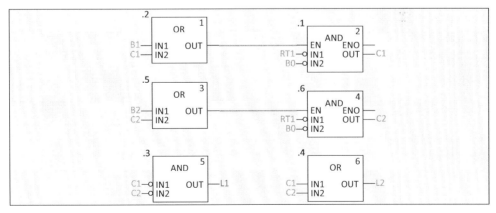

Figura 5.60 FBD da chave de partida direta com reversão.

Exercício

Uma esteira é acionada por dois botões localizados em pontos diferentes, (B1) e (B2), e desligada pelos botões (B01) e (B02), com mostram os diagramas da Figura 5.61. Acionada a esteira por (B1) ou (B2), o motor M1 liga. A esteira é desligada por (B01) ou (B02). A sinalização L1 indica motor M1 desligado e a sinalização L2 indica motor M1 ligado.

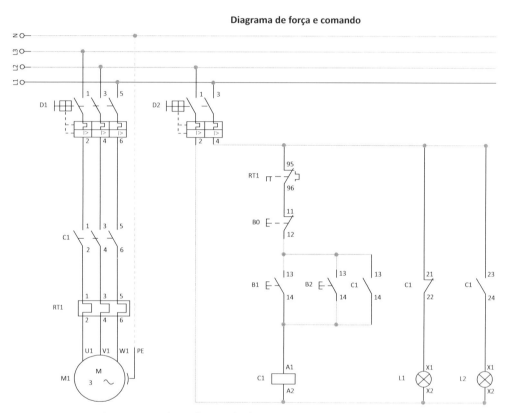

Figura 5.61 Chave de partida direta comandada de dois pontos.

A seguir, a solução em diagrama de blocos funcionais (Figura 5.62).

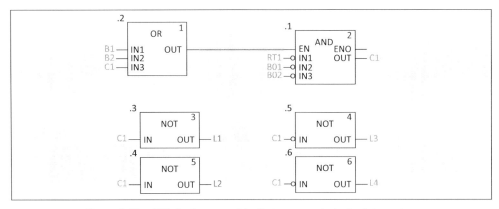

Figura 5.62 FBD da chave partida direta comandada de dois pontos.

Exercício

Uma esteira (Figura 5.63) é acionada por um botão (B1) e desligada pelo botão (B0). Acionando-se a esteira, o motor M1 liga-se e, após 10 segundos, é acionado o motor M2. Após 10 segundos do motor M2 é acionado o motor M3. Depois de 10 segundos do motor M3, é acionado o motor M4. Se ocorrer uma falha no motor M1, todos os motores devem ser desligados pela proteção. Se ocorrer uma falha no motor M2, os motores M2, M3 e M4 devem ser desligados e o motor M1 deve continuar ligado. Se ocorrer uma falha no motor M3, os motores M3 e M4 devem ser desligados e os motores M1 e M2 devem continuar ligados. Se ocorrer uma falha no motor M4, o motor M4 deve ser desligado e os motores M1, M2 e M3 devem continuar ligados.

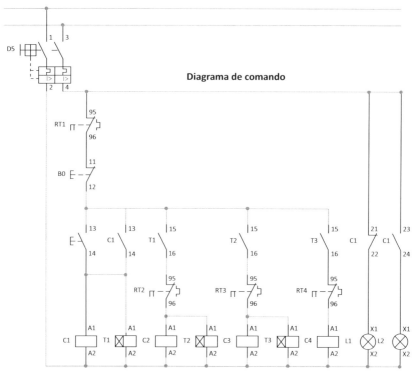

Figura 5.63 Diagrama de comando da chave de partida consecutiva.

A seguir, a solução em diagrama de blocos funcionais FBD (Figura 5.64).

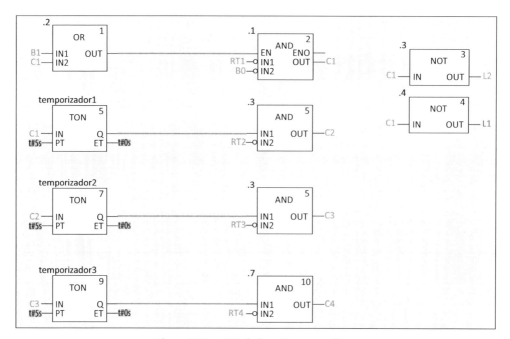

Figura 5.64 FBD da ligação consecutiva.

Exercício

A Figura 5.65 apresenta o diagrama de força e a Figura 5.66 mostra o diagrama de comando de um processo com um tanque misturador simples.

Ao pressionar o botão de liga (B1), a válvula de entrada (Ve) aciona o motor de agito M1 que parte em estrela e depois comuta em triângulo. O tanque começa a encher e o motor M2 da esteira também é acionado. Quando o sensor de nível alto (Sna) é atingido, a válvula de entrada (Ve) desliga e o motor de agito M1 permanece ligado por 10 segundos. Em seguida, a válvula de saída (Vs) liga esvaziando o tanque. Quando o sensor de nível baixo (Snb) é alcançado, a válvula de saída (Vs) se fecha e o ciclo recomeça. Se o botão de desliga (B0) é pressionado, o ciclo para sempre no final.

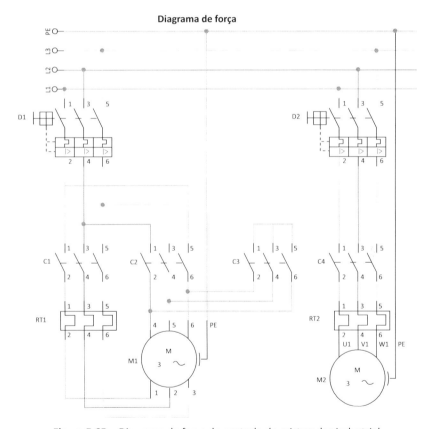

Figura 5.65 Diagrama de força de controle do misturador industrial.

232 *Introdução às linguagens de programação para CLP*

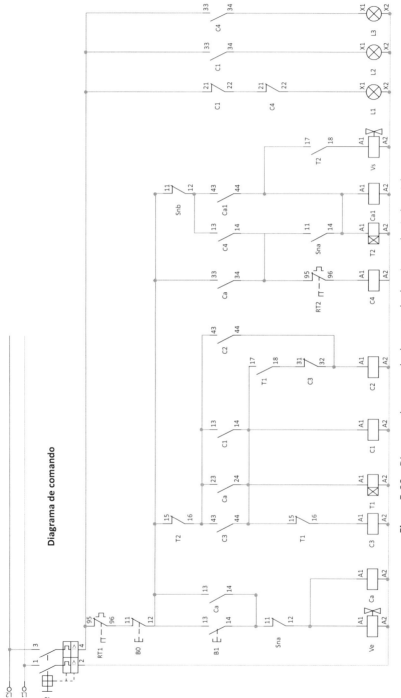

Figura 5.66 Diagrama de comando de controle do misturador industrial.

A seguir, chave de partida estrela triângulo em diagrama de blocos funcionais (Figura 5.67).

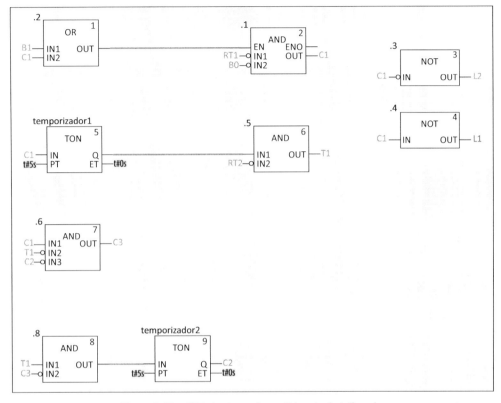

Figura 5.67 FBD da chave de partida estrela triângulo.

Na Figura 5.68, FBD completo do processo industrial.

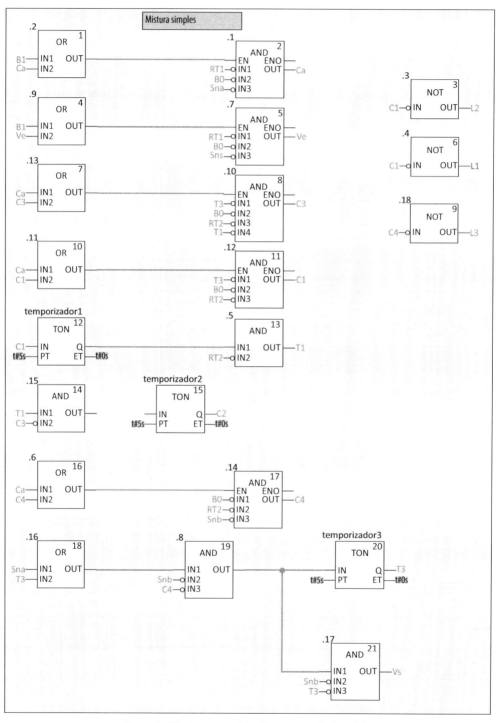

Figura 5.68 FBD completo do processo industrial.

Exercício

A Figura 5.69 apresenta o diagrama de força e Figura 5.70 mostra o diagrama de comando da chave estrela triângulo com reversão para acionamento de motor trifásico de indução. É um sistema de comando elétrico que possibilita a comutação das ligações do tipo estrela para triângulo, permitindo a inversão dos sentidos de rotação do motor. É preciso ter um freio para parar em um sentido para depois executar a reversão. O sistema destina-se a máquinas que partem em vazio ou com conjugado resistente baixo, praticamente constante. As ligações de motores por meio de chaves do tipo estrela triângulo são utilizadas em alguns casos, quando o motor admite ligações em dois níveis de tensão. Elas têm a finalidade de reduzir a corrente de partida para motores de alta potência que requerem, naturalmente, alta corrente durante a partida. Na Figura 5.71, tem-se o FBD.

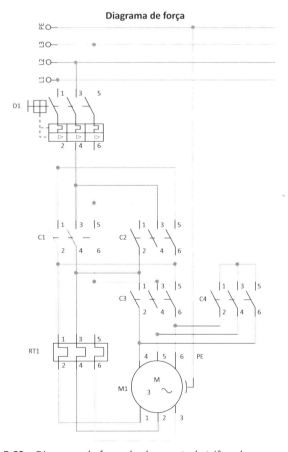

Figura 5.69 Diagrama de força da chave estrela triângulo com reversão.

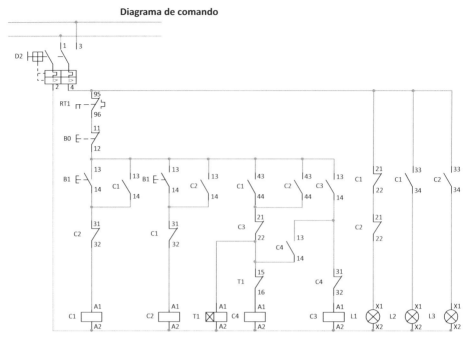

Figura 5.70 Diagrama de comando da chave estrela triângulo com reversão.

A seguir, chave estrela triângulo com reversão em diagrama de blocos funcionais.

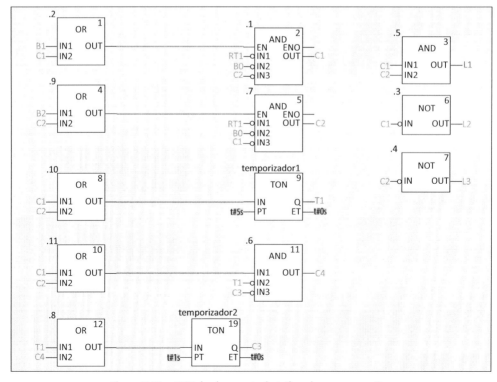

Figura 5.71 FBD da chave estrela triângulo com reversão.

Exercício

A Figura 5.72 mostra o diagrama de força e a Figura 5.73, o diagrama de comando da chave compensadora. O sistema vai operar de tal maneira que, ao pressionar o botão B1, é ligado. O motor vai partir a 65% da tensão nominal e, após um intervalo de tempo estipulado pelo temporizador 1, ele fica conectado diretamente à rede elétrica, ou seja, 100% da tensão nominal. Foi previsto um botão de emergência que, ao ser acionado com o sistema em funcionamento, para o motor imediatamente inibindo todo o funcionamento da chave, que só terá condições de partir novamente quando o botão for desligado. A chave de partida compensadora é utilizada em motores que partem sob carga. O conjugado resistente de partida da carga deve ser inferior à metade do conjugado de partida do motor. Na Figura 5.74, tem-se o FBD.

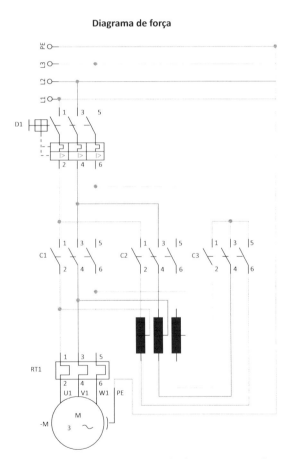

Figura 5.72 Diagrama de força da chave compensadora.

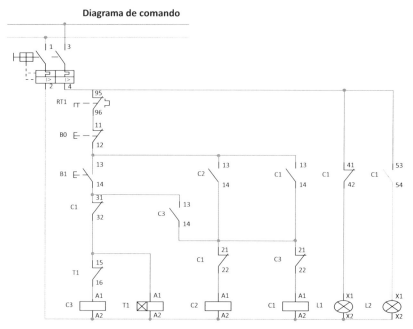

Figura 5.73 Diagrama de comando da chave compensadora.

A solução em linguagem diagrama de blocos funcionais.

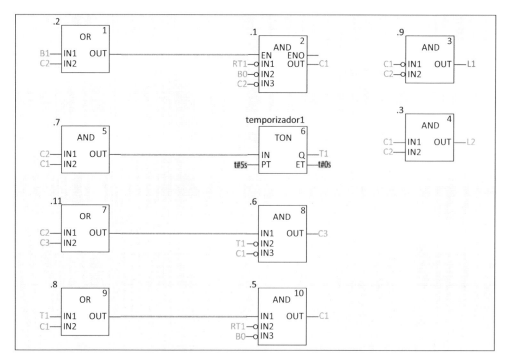

Figura 5.74 FBD da chave compensadora.

Linguagens gráficas **239**

A seguir, um diagrama de bloco funcional da chave compensadora com o programa principal desenvolvido em diagrama de blocos funcionais. A lógica interna é feita com diagrama de blocos funcionais, que minimiza o tamanho do programa e o simplifica. Ele pode ser reutilizado em projetos futuros.

Figura 5.75 Diagrama de bloco funcional da chave compensadora.

Exercício

Algumas máquinas com potência elevada requerem acionamento com chave de partida compensada com reversão para acionamento de motor trifásico de indução. Em processos em que é necessário inverter o sentido de rotação do motor (talhas, pontes rolantes etc.), consegue-se pela troca de duas fases na alimentação do motor. A Figura 5.76 apresenta o diagrama de comando da chave compensadora com reversão.

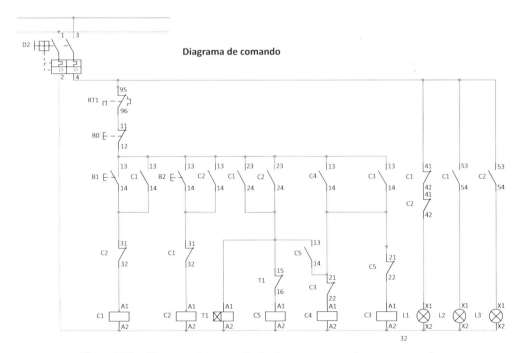

Figura 5.76 Diagrama de comando da chave compensadora com reversão.

A seguir, a solução do exercício anterior em diagrama de blocos funcionais.

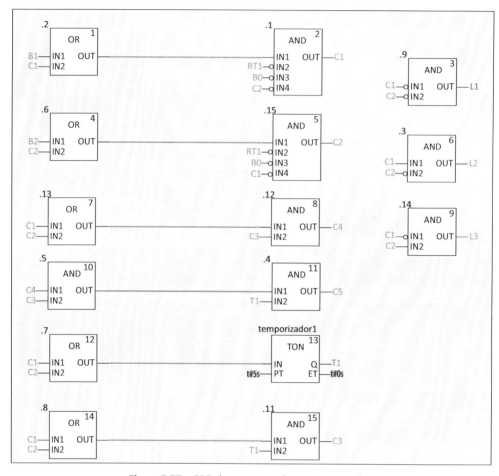

Figura 5.77 FBD da compensadora com reversão.

Agora, solução da chave compensadora em bloco funcional.

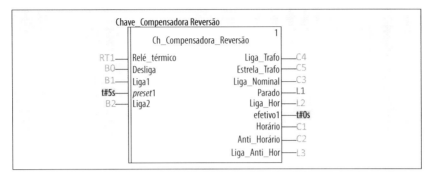

Figura 5.78 Bloco da chave compensadora em bloco funcional.

Nesse bloco funcional, foi desenvolvida a lógica interna em diagrama de bloco funcional. O programa principal também foi desenvolvido em diagrama de bloco funcional.

Exercício

A Figura 5.79 mostra o diagrama de comando do processo de envase de produtos. A Figura 5.80 apresenta a linguagem diagrama de blocos funcionais.

Ao pressionar o botão B1, inicia-se o processo. O motor C1 da esteira é ligado, as caixas que estão na esteira começam a se movimentar em direção ao sensor de posição Sp. Ao atingir o sensor, a esteira desliga e, nesse momento, a válvula de envase Ve abre liberando o produto que tem o nível controlado pelo sensor Snp. Ao atingir o nível, a válvula Ve é fechada. A esteira liga novamente até que uma nova caixa chegue à posição de envase. Para a proteção e a segurança do processo, existe uma tampa sobre a válvula de envase. O sistema só funciona se a tampa de proteção estiver fechada com uma chave de fim de curso F1.

242 *Introdução às linguagens de programação para CLP*

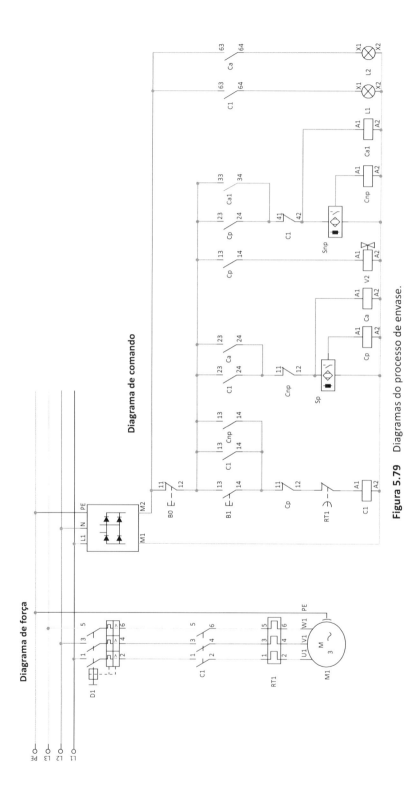

Figura 5.79 Diagramas do processo de envase.

Linguagens gráficas **243**

A seguir, a solução em diagrama de blocos funcionais.

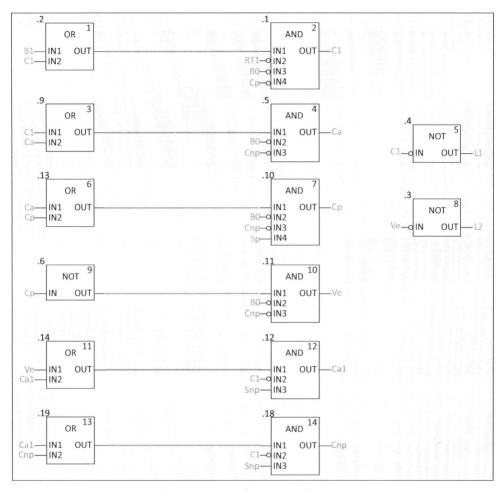

Figura 5.80 FBD do processo de envase.

Exercício

O diagrama de força da Figura 5.81 apresenta o sistema de tratamento de água. Ele é composto de um lago com uma motobomba M1 que recalca água para um tanque Tq1. A água desse tanque deve ser bombeada pela motobomba M2 ou motobomba M3 de reserva para uma caixa-d'água Cx1, que vai alimentar uma rede de água de uma pequena indústria de refrigerante.

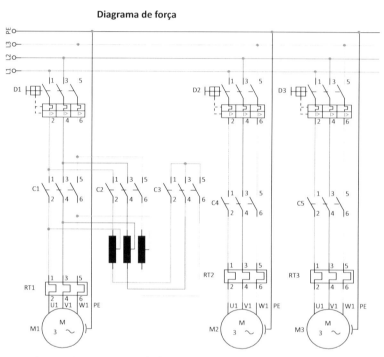

Figura 5.81   Diagrama de força do sistema de tratamento de água.

O diagrama de comando está na Figura 5.82. Se o nível do tanque Tq1 está abaixo da referência do sensor Snm (sensor de nível médio), a motobomba M1 liga. Se o sensor Sbl (sensor de nível baixo do lago) do lago está aberto (0), soa um alarme AL avisando que o operador deve desligar a motobomba M1 manualmente, que pode ser desligada automaticamente se atingir Sna. A motobomba M2 liga automaticamente se o nível da caixa atingir o nível Scb e desliga se o nível da caixa atingir Sca ou se o nível do tanque Tq1 atingir Snb.

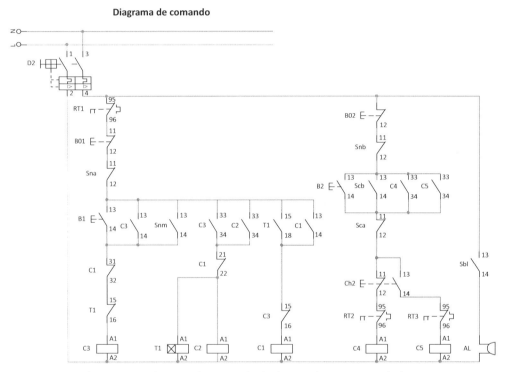

Figura 5.82 Diagrama de comando do sistema de tratamento de água.

A seguir, a solução do exercício em diagrama de blocos funcionais (Figura 5.83).

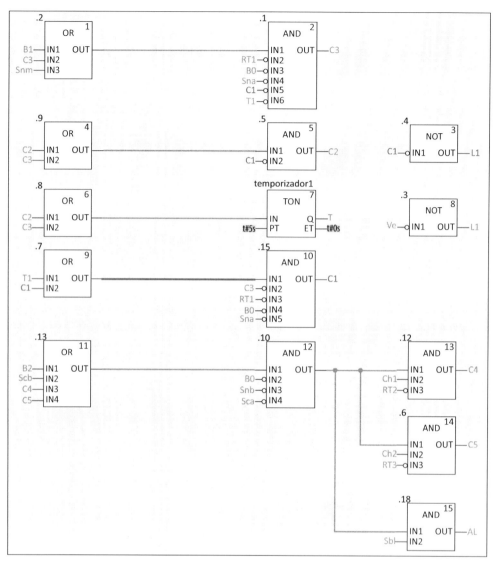

Figura 5.83 FBD do sistema de tratamento de água.

Exercício

Na Figura 5.84, tem-se os diagramas de força e de comando do reservatório e, na Figura 5.85, o diagrama de blocos funcionais.

Esse sistema tem uma chave três (03) posições (posição (0) desliga, posição (1) manual, posição (2) automático); uma boia superior (Bs) e (Bi) para o comando automático; e para o comando manual uma botoeira para ligar (B1) e (B0) para desligar.

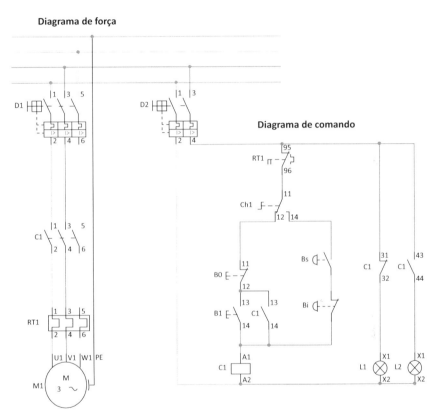

Figura 5.84 Diagramas da caixa-d'água.

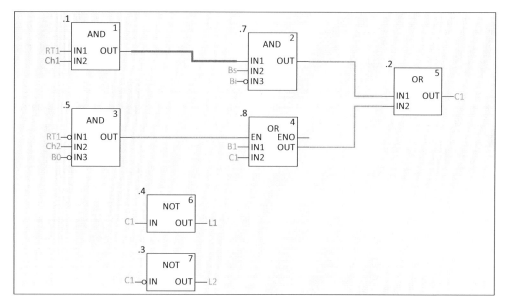

Figura 5.85 FBD da caixa-d'água.

O exercício em diagrama de blocos funcionais.

Exercício

A Figura 5.86 mostra os diagramas de força e de comando do reservatório com duas motobombas. A Figura 5.87 apresenta o diagrama de blocos funcionais composto de uma chave três (03) posições (posição (0) desliga, posição (1) manual, posição (2) automático); uma boia superior (Bs) e (Bi) para o comando automático; posição manual com botoeira para desligar (B0) e botoeira para ligar (B1). O funcionamento é intercalado entre M1 e M2, tanto para o comando manual como para o comando automático.

Linguagens gráficas 249

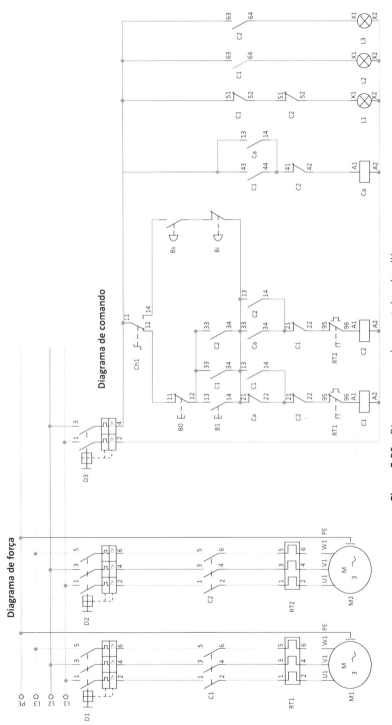

Figura 5.86 Diagramas para duas motobomba-d'água.

A seguir, a solução em diagrama de blocos funcionais (Figura 5.87).

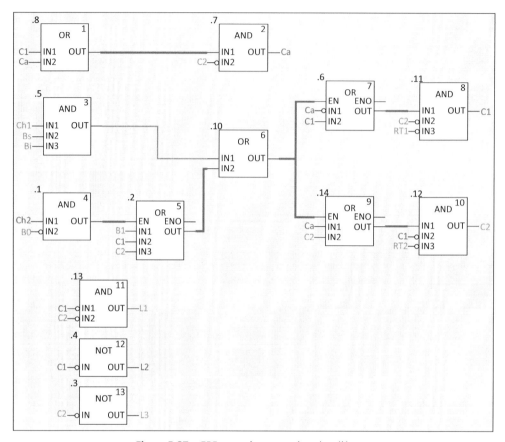

Figura 5.87 FBD para duas motobomba-d'água.

Exercício

O diagrama de comando da Figura 5.88 mostra o processo industrial desenvolvido em diagrama de blocos funcionais, apresentado na Figura 5.89. O sistema tem um cilindro de dupla ação que é acionado por um botão (B1) e desligado por um botão (B0). Quando acionado, o cilindro de dupla ação sensibiliza o sensor indutivo (S1) e, após 5 segundos, o cilindro avança. Sensibilizando o sensor indutivo (S2), após 5 segundos, o cilindro retorna. O sistema fica funcionando com 5 segundos no início e 5 segundos no final.

Linguagens gráficas 251

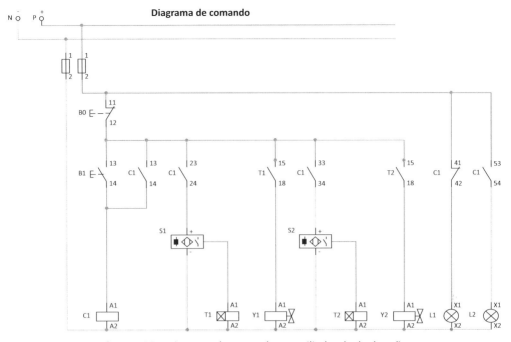

Figura 5.88 Diagrama de comando para cilindro de dupla ação.

A seguir, a solução em diagrama de blocos funcionais (Figura 5.89).

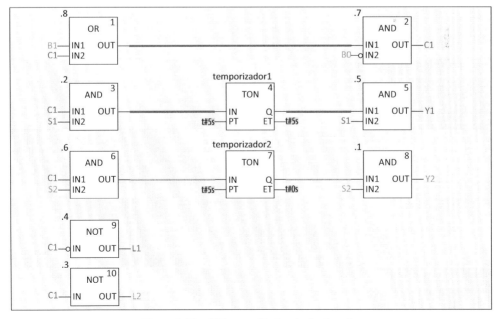

Figura 5.89 FBD para cilindro de dupla ação.

Exercício

A Figura 5.90 apresenta o digrama de comando e a Figura 5.91, o diagrama de blocos funcionais para CP. Trata-se de um processo industrial com dois cilindros de dupla ação acionados por um botão (B1) e desligados por um botão (B0). Quando a caixa sensibiliza o sensor óptico (S1), o sensor aciona o cilindro (1) de dupla ação, que avança e levanta a caixa. A caixa no movimento (1) sensibiliza o sensor óptico (S2), que faz o cilindro (2) avançar e o cilindro (1) retornar. O cilindro (2) ao avançar no movimento (2) empurra a caixa. No final do movimento (2), a caixa sensibiliza o sensor óptico (S3), que aciona o cilindro (2) para o retorno finalizando o ciclo. Então, a solenoide Ym é acionada e libera a caixa para o início do processo.

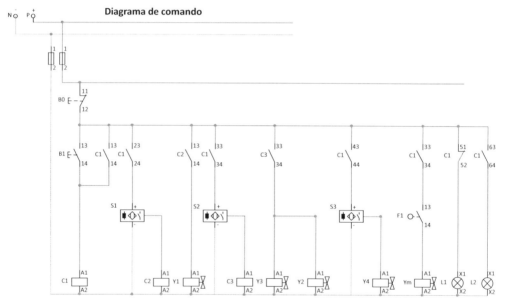

Figura 5.90 Diagrama de comando para dois cilindros de dupla ação.

A seguir, a solução em diagrama de blocos funcionais (Figura 5.91).

Linguagens gráficas 253

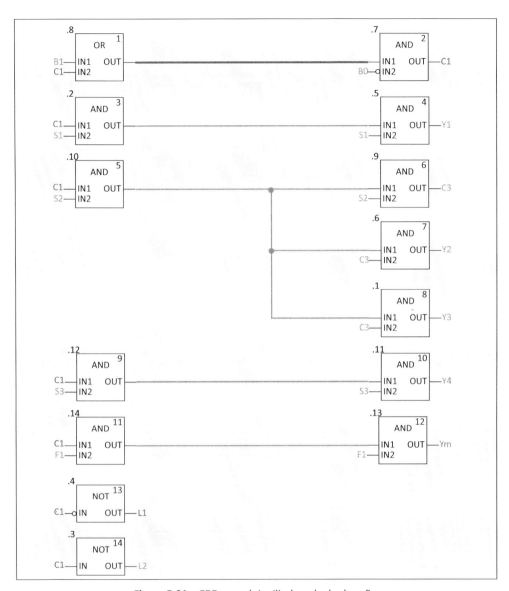

Figura 5.91 FBD para dois cilindros de dupla ação.

Exercício

Agora, uma abordagem diferente do exercício anterior. O diagrama de comando da Figura 5.92 apresenta um sistema com dois cilindros de dupla ação acionados por um botão (B1) e desligados por um botão (B0). O sensor óptico (S1) aciona o temporizador (1) e, depois de 3 segundos, o temporizador (1) aciona o cilindro 1 de dupla ação. O cilindro avança a peneira de produto. O movimento (1) sensibiliza o sensor óptico (S2), que aciona o temporizador (2) e, depois de 3 segundos, o temporizador (2) aciona o avanço do cilindro (2) e o retorno do cilindro (1). O cilindro (C2) avança no movimento 2 e, no final do movimento (2), a peneira sensibiliza o sensor óptico (S3), que aciona o cilindro (2) para retornar finalizando o ciclo. Então, aciona-se a solenoide Ym, que libera a entrada de produto para o início do processo.

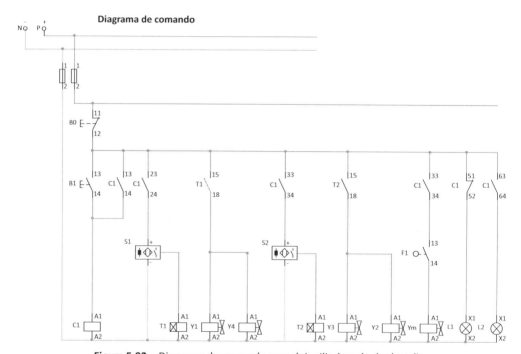

Figura 5.92 Diagrama de comando para dois cilindros de dupla ação.

Na Figura 5.93, o exercício anterior no CP em diagrama de blocos funcionais.

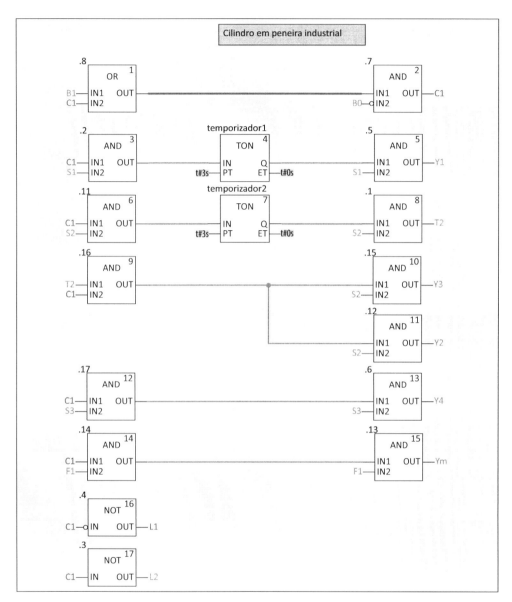

Figura 5.93 FBD para dois cilindros de dupla ação.

Exercício

A Figura 5.94 mostra um ar-condicionado central composto de uma máquina utilizada para refrigerar um ambiente. O sistema é formado por um evaporador (ventilador), um condensador e um compressor. O sistema de partida do evaporador e do condensador é uma partida direta; o sistema de partida do compressor é uma estrela triângulo. A transformação de calor em frio é baseada na lei dos gases perfeitos que diz que um gás mantido sob alta pressão, ao se expandir e aumentar seu volume, tem sua temperatura diminuída. Os equipamentos elétricos que fazem com que esse processo ocorra são: um compressor para comprimir o gás, um condensador que transforma o gás em líquido e um ventilador para difundir o frio no ambiente. O sistema de controle pode ser dividido em três partes, como mostra a Figura 5.95: controle do ventilador, do condensador e do compressor. Se a chave geral do sistema está no comando auxiliar Ca, ele é ligado por B1 e desligado por B0; o comando auxiliar liga o contator do ventilador para que o ar circule pelo ambiente. Se o local estiver quente, o contato do termostato fecha. Na sequência, o condensador deve ser energizado, seguido pelo compressor (quando o condensador funciona, o compressor também funciona). Isso faz com que a totalidade do circuito de resfriamento funcione.

O sistema deve prever uma maneira (um temporizador) de evitar que em qualquer situação o compressor dê partida ao mesmo tempo que o condensador (o compressor deve ligar após o condensador).

O termostato controla a temperatura a 20 °C e desliga o condensador e compressor; depois, volta a ligar a 30 °C.

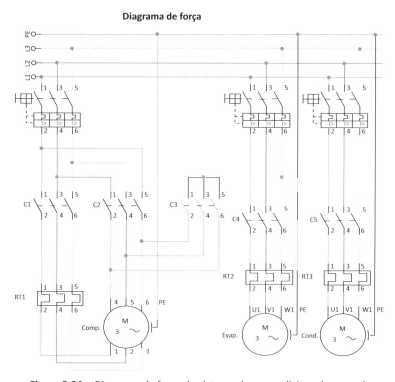

Figura 5.94   Diagrama de força do sistema de ar-condicionado central.

Linguagens gráficas

Diagrama de comando

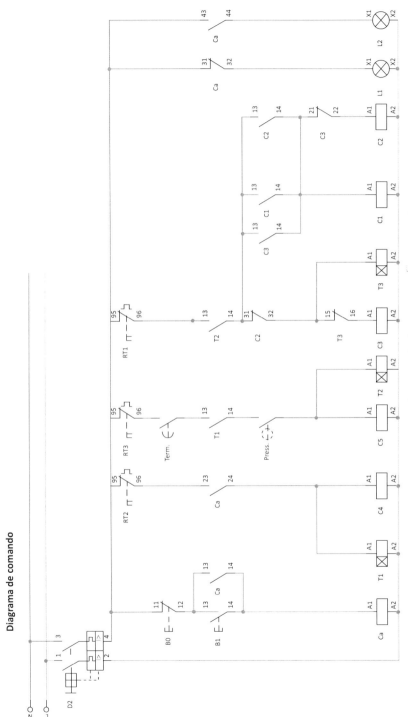

Figura 5.95 Diagrama de comando do ar-condicionado central.

A seguir, o exercício desenvolvido com CP em FBD (Figura 5.96).

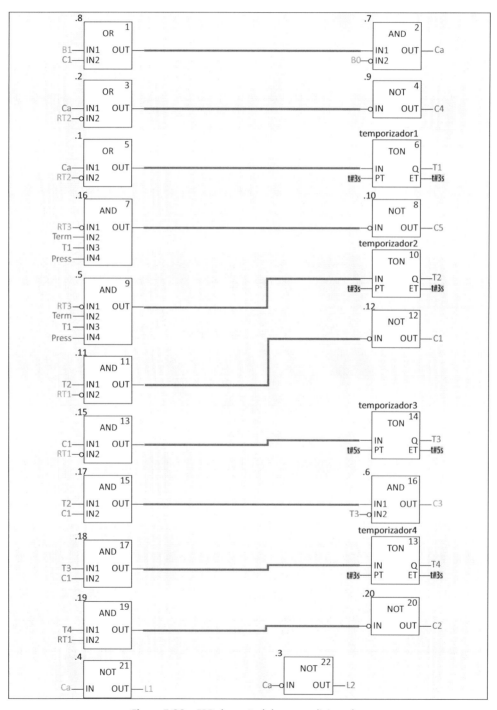

Figura 5.96 FBD da central de ar-condicionado.

Exercício

A Figura 5.97 mostra o diagrama de força e a Figura 5.98, o diagrama de comando de uma correia transportadora que é acionada pelo motor M1. Essa correia conduz o produto A, que é despejado pela válvula Va no reservatório misturador. O produto B é despejado acionando-se a válvula Vb. As duas substâncias são misturadas em um agitador acionado pelo motor M2. O esvaziamento do reservatório com os produtos é realizado pelo acionamento da bomba Ba e da válvula Vc. Um sensor de nível mínimo interrompe o esvaziamento e o sensor Máx. é uma emergência para a entrada de produtos que interrompe Va e Vb.

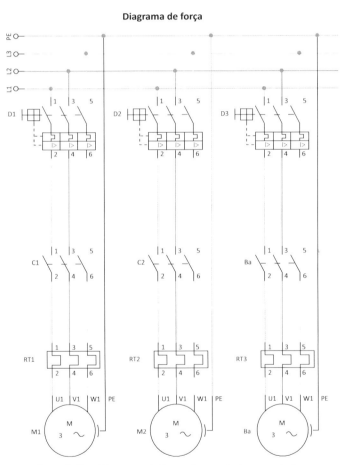

Figura 5.97 Diagrama de força da correia transportadora.

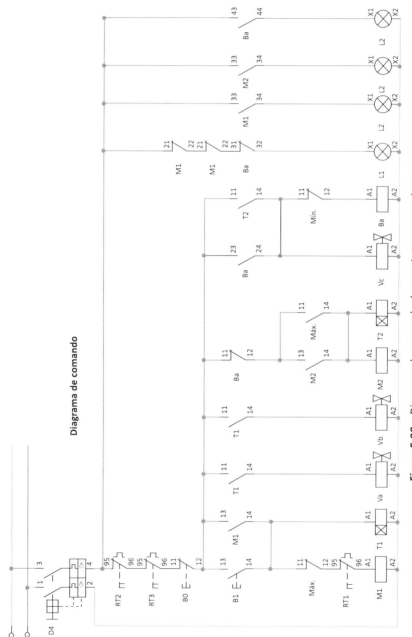

Figura 5.98 Diagrama de comando da correia transportadora.

Linguagens gráficas 261

Agora, o exercício resolvido no CP em diagrama de blocos funcionais (Figura 5.99).

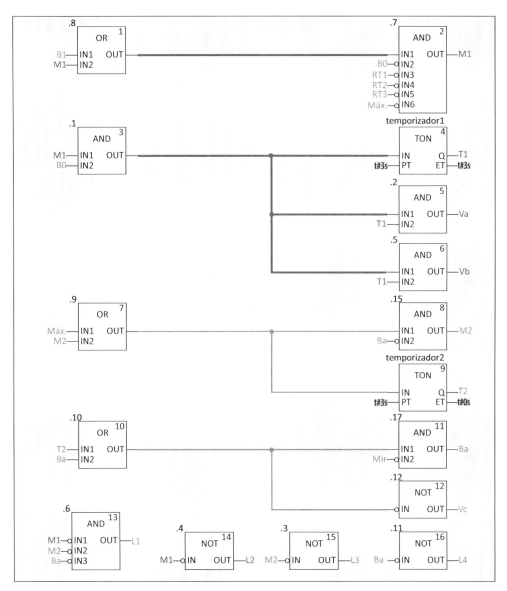

Figura 5.99 FBD da correia transportadora.

Exercício

A Figura 5.100 apresenta o diagrama de comando e a Figura 5.101 mostra o programa do CP de um sistema capaz de efetuar o controle de uma prensa para compensado. Essa prensa é avançada quando dois botões são acionados exatamente ao mesmo tempo. No entanto, se o operador apertar qualquer um dos dois botões e demorar mais do que 5 segundos para apertar o outro botão, a prensa não atua. Para uma nova tentativa, o operador deve soltar os dois botões. O retorno da prensa acontece assim que qualquer botão seja desacionado.

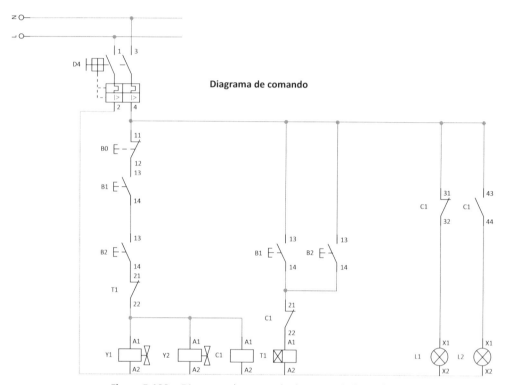

Figura 5.100 Diagrama de comando da prensa industrial.

O exercício anterior realizado com CP em diagrama de blocos funcionais (Figura 5.101).

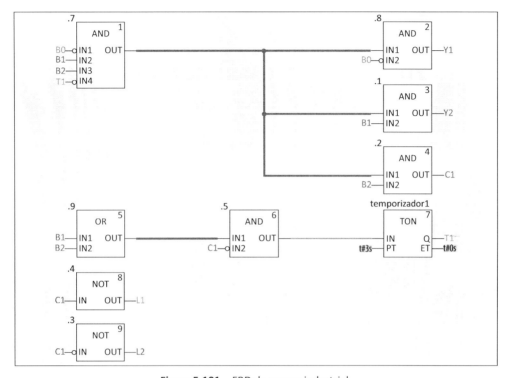

Figura 5.101 FBD da prensa industrial.

Exercício

Na Figura 5.102, tem-se o diagrama de comando e, na Figura 5.103, o programa do CP para um processo industrial em que uma esteira é acionada pelo motor M1 e transporta caixas de três tamanhos (pequena, média e grande), que, por sua vez, sensibilizam três sensores ópticos Sp, Sm, Sg. O processo tem início quando a botoeira B1 é acionada e interrompido pela botoeira B0. A seleção do tipo de caixa é feita a partir de uma chave seletora de três posições (P, M e G). Assim, caso sejam selecionadas caixas grandes, a esteira para e sirene soa se uma caixa pequena ou média for detectada. Tão logo a caixa é expulsa pelo cilindro (Cil), o operador religa o sistema em B1.

264 *Introdução às linguagens de programação para CLP*

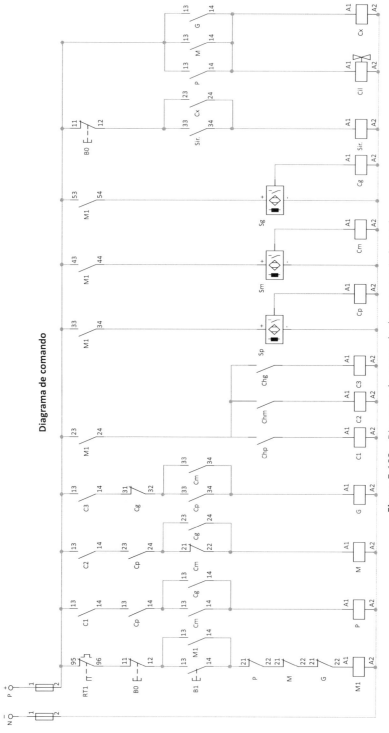

Figura 5.102 Diagrama de comando do processo industrial.

Linguagens gráficas 265

A seguir, exercício resolvido em diagrama de blocos funcionais (Figura 5.103).

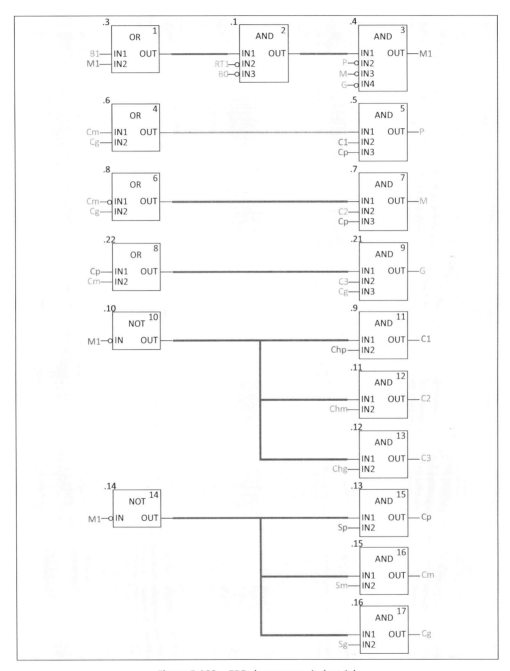

Figura 5.103 FBD do processo industrial.

Continuação do exercício anterior.

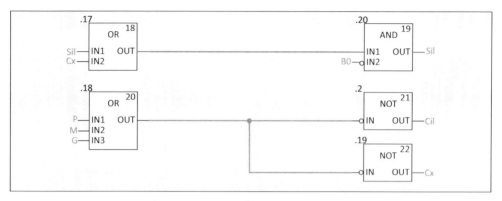

Figura 5.104 FBD do processo industrial.

Exercício

A Figura 5.105 apresenta diagrama de um sistema de controle de enchimento de silo com dois produtos sólidos (X, Y) e um líquido (Z). O transporte de sólidos é feito por esteiras e o do líquidos se dá por uma válvula. Na Figura 5.106 está o diagrama de comando e na Figura 5.107, o digrama de blocos funcionais do processo.

O comando liga (B1) e desliga pela botoeira (B0). A válvula de entrada (Ve) do líquido Z liga com (B1) e só desliga no final do enchimento do tanque (Tq1) pelo sensor final (Sf). A esteira X é acionada junto com a válvula (Ve) e desligada com o sensor médio (SM). A esteira do sólido Y deve completar o enchimento até ser desligada com o sensor final (Sf). Ao desligar a válvula (Ve), o agitador (M1) é ligado durante 30 segundos. Feita a mistura, a válvula de saída (Vs) do tanque (Tq1) abre-se. O transporte do produto misturado é feito pela esteira do motor M4 que é acionado 5 segundos antes da válvula (Vs) abrir. A esteira de transporte da mistura só deve ser desligada com a válvula (Vs) quando não houver mais produto no tanque ao atingir sensor mínimo (Smn).

Linguagens gráficas 267

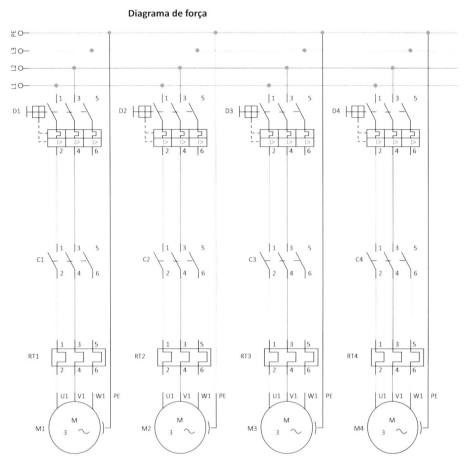

Figura 5.105 Diagrama de força do sistema de controle de enchimento de silo.

A seguir, exercício no CP em FBD (Figura 5.106).

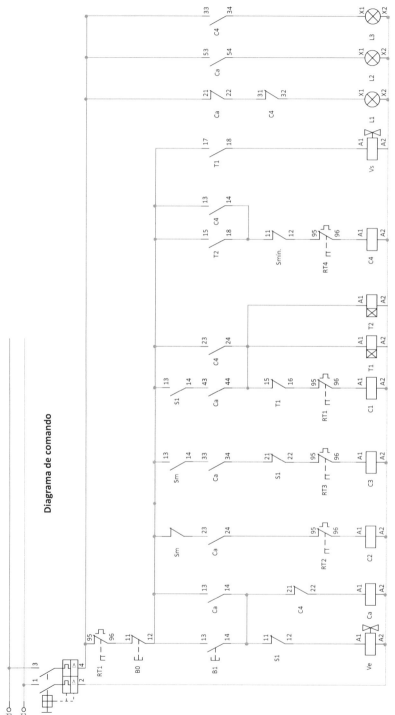

Figura 5.106 Diagrama de comando do enchimento de silo.

Linguagens gráficas

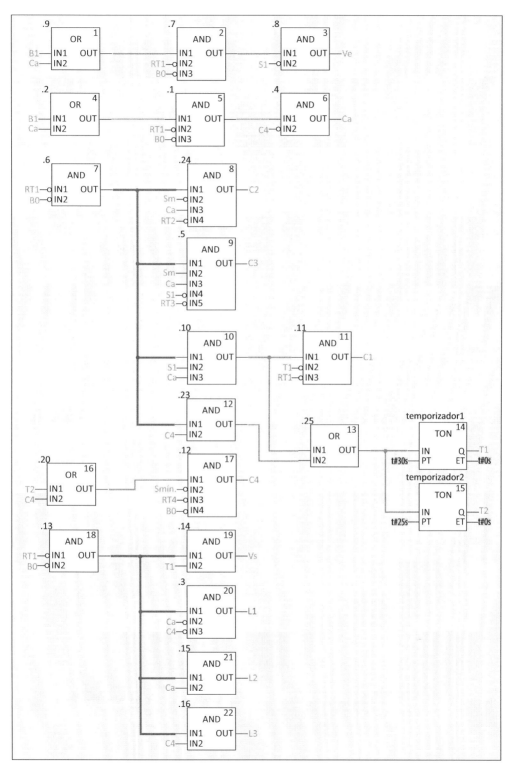

Figura 5.107 FBD do sistema de controle de enchimento de silo.

5.3 SEQUENCIAL GRÁFICO DE FUNÇÃO (SFC)

Trata-se de um método gráfico estruturado para representar um sistema de controle sequencial ou dependentes do tempo, utilizando sequência de etapas e transições.

São características do SFC: facilidade de interpretação, modelagem do sequenciamento, modelagem de funções lógicas, modelagem da concorrência.

5.3.1 ELEMENTOS DO SEQUENCIAL GRÁFICO DE FUNÇÃO (SFC)

Os elementos do SFC são gráficos de função sequencial desenvolvidos na França. Teve como base as redes de Petri e o *Graphe Fonctionnel de Command Etape-Transition* (Grafcet) foi publicado em 1988, tornando-se padrão internacional. Muitos fabricantes europeus de Controlador Lógico Programável oferecem o Grafcet como uma linguagem gráfica. A norma IEC fez pequenas modificações no padrão IEC 848, introduzindo uma quinta linguagem na norma.

O SFC descreve graficamente o comportamento sequencial de um programa de controle Grafcet, apontando as alterações necessárias para converter a representação de uma documentação padrão em um conjunto de elementos de controle de execução. De acordo com o comportamento do programa, seja ele sequencial paralelo, seja misto, o SFC organiza a estrutura interna, decompondo o programa de controle em partes gerenciáveis, enquanto mantém uma visão global.

A estrutura do SFC consiste em passos interligados a blocos de ações e transições. Cada bloco pode ser programado com qualquer das outras quatro linguagens da norma IEC. Os passos representam um estado particular do sistema que está sendo controlado. Uma transição é associada a uma condição que, sendo verdadeira, causa a desativação do passo anterior e a ativação do passo seguinte. Esses passos são ligados com blocos gráficos de ações e desempenham determinada ação de controle.

O comportamento sequencial tem como objetivo:

- Descrever o comportamento sequencial de um sistema.
- Apresentar linguagem de estruturação de ações de um programa segundo um modelo *top-down*.
- Descrever o comportamento de baixo nível de um processo sequencial.
- Representar as fases de um processo por batelada.
- Representar um processo de comunicação de dados etc.
- Ser usado na estruturação do programa, não importando a linguagem.

5.3.2 OBJETOS DE UMA SEÇÃO DO SFC

Uma seção do SFC fornece os seguintes objetos: passo, passo macro, transição (condição de transição), *jump*, *link*, ramo alternativo, junção alternativa, ramo paralelo, junção paralela.

A seguir, uma representação do SFC.

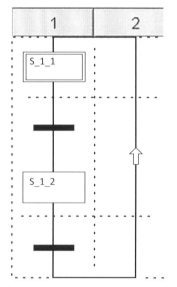

Figura 5.108 Montagem do SFC.

O sequencial gráfico de função é um método de representação de sistema de controle sequencial que usa uma sequência de etapas e transições. Cada etapa é um comando ou ação que é ativo ou inativo. O fluxo de controle passa de uma etapa para a próxima etapa por meio de uma transição condicional que é verdadeira ou falsa. O fluxo de execução geralmente é de cima para baixo. Em algumas lógicas podem ser usados ramos para retornar para passos anteriores.

A Tabela 5.7 apresenta os símbolos gráficos.

Tabela 5.7

Declaração	Símbolo gráfico
Passo normal	S_1_20
Passo inicial	Init_step
Ramo alternativo	
Articulação alternativa	
Ramo paralelo	
Articulação paralela	
Salto	
Transição	

5.3.2.1 Passo normal

Um passo torna-se ativo quando a transição da montante está satisfeita, e geralmente fica inativo quando a jusante está satisfeita. Cada passo pode ter zero ou mais blocos de ação associados. Passos sem ação são conhecidos como passos de espera. O passo deve receber um único nome e aparecer uma única vez na rede SFC. Esse nome do passo ou da transição é de escopo local da unidade de organização de programa (bloco funcional ou programa) da rede SFC.

5.3.2.2 Etapa inicial

O estado inicial de uma sequência é caracterizado pela etapa inicial, que é ativa quando inicializa o projeto que contém a seção do SFC. O passo inicial geralmente não é atribuído a uma ação. Toda rede SFC tem (de acordo com IEC 61131-3) apenas um passo inicial que é permitido por sequência. Isso se dá na inicialização da unidade de organização de programa. A execução da rede sempre começa pelo passo inicial.

5.3.3 SEQUÊNCIAS NO SFC

5.3.3.1 Sequência alternativa

A sequência alternativa oferece a opção de programa de desvios condicionais no fluxo de controle da estrutura do SFC.

5.3.3.2 Ramo alternativo

Com ramificações alternativas, muitas transições seguem um passo abaixo da linha horizontal, pois há diferentes processos.

5.3.3.3 Alternativa conjunta

Todos os ramos alternativos são ligados a um único ramo com articulações alternativas ou saltos em que são ou continuam a ser processados.

5.3.3.4 Sequência paralela

Com sequências paralelas, a conexão de uma transição individual leva à ativação paralela de diversas (máximo 32) etapas (ramos). Após essa ativação, os ramos são processados de forma independente um do outro.

5.3.3.5 Ramificação paralela

Com ramos paralelos, transições seguem um passo abaixo da linha horizontal, pois há processos paralelos.

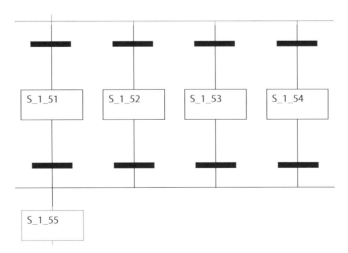

Figura 5.109   Ramificação paralela do SFC.

5.3.3.6 Sequências simultâneas

De acordo com a norma IEC 61131, todos os ramos paralelos são unidos em suas extremidades por uma junta paralela comum. A transição para uma conexão paralela é avaliada quando todas as etapas anteriores do processo de transição são definidas.

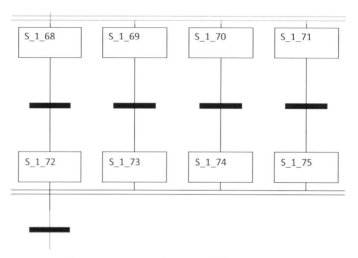

Figura 5.110 Sequências simultâneas do SFC.

5.3.3.7 Sequência alternativa e sequência paralela

Pode-se colocar sequência alternativa e objetos ou sequência paralela (ramos, etapas, transições, articulações) individualmente ou em sequência alternativa inteira ou paralela. É possível selecionar qualquer número de ramos, transições (com sequências alternativas) ou etapas (com sequência paralela).

Sequências alternativas e ramos só podem ser colocados em células livres. O número de células livres necessário depende do tamanho da sequência a ser inserida. Se uma célula com uma sequência alternativa ou paralela é colocada e já está ocupada por um objeto, uma mensagem de erro é acionada. Uma sequência alternativa ou paralela colocada sempre se conecta automaticamente a objetos vizinhos acima e abaixo, se não há células livres entre eles.

5.3.4 AÇÃO

Uma ação pode ser uma variável booleana ou uma seção da linguagem de programação FBD, LD, IL ou ST. Um máximo de vinte ações pode ser atribuído a cada etapa. Ações têm nomes exclusivos.

Um passo pode ser atribuído a nenhuma ou a várias ações. Um passo que é atribuído a nenhuma ação tem uma função de espera, ou seja, ele aguarda até que a transição atribuída é concluída.

Se mais de uma ação é atribuída a um passo, os qualificadores dessas ações formam uma lista e são processados de acordo com sua posição. Há exceção se estiver na lista o qualificador P1 e o qualificador P0, independentemente de sua posição, o P1 é sempre processado primeiro e o P0, por último.

A variável que é atribuída a uma ação pode ser utilizada em outra seção do projeto, essa variável pode ser para leitura ou escrita.

Cada ação que está ligada a um passo deve ter um qualificador que define o controle para essa ação, e cada passo pode ter no máximo vinte ações.

Apenas variáveis booleanas, endereços ou elementos booleanos de multielemento variáveis são permitidos como variáveis de ação.

5.3.4.1 Qualificadores de ações

Os qualificadores definidos pela norma estão na tabela a seguir.

Tabela 5.8

Qualificador	Descrição
Nenhum	Não memorizado, o mesmo que N.
N	Não memorizado, executa enquanto o passo associado está ativo. Se a etapa está ativa, então a ação é um; se o passo é inativo, a ação é 0.
R	Reseta uma ação memorizada em outro qualificador.
S	Seta, isto é, memoriza uma ação ativa. A ação continua a ser executada até que um qualificador R seja encontrado na rede.
L	Ação limitada no tempo, se a etapa está ativa, a ação também é ativa. Após o processo (o tempo de duração definido manualmente para a ação), a ação retorna a 0 mesmo se a etapa ainda está ativa. A ação também se torna 0 se o passo é inativo.
D	Se a etapa está ativa, o tempo interno é iniciado e a ação torna-se 1, após o processo do tempo de duração, que foi definido manualmente para a ação. Se o passo torna-se inativo, a ação também se torna inativa. Se o passo torna-se inativo antes que o tempo tenha decorrido, a ação, ativa. Ação com atraso de tempo começa após um período.
P	Se o passo torna-se ativo, a ação se torna 1 e permanece por um ciclo do programa; independentemente de haver ou não, a etapa permanece ativa.
P1	Se o passo torna-se ativo (0-> 1, borda de subida), a ação torna-se 1, que é constante durante um ciclo do programa, independente de ter ou não a ação, o passo permanece ativo.

(continua)

Tabela 5.8 (*continuação*).

Qualificador	Descrição
PO	O passo torna-se ativo, a ação se torna 1 e isso permanece por um ciclo do programa, quando o passo é desativado.
SD	A ação é ativada após um tempo estipulado, mesmo que o passo associado seja desativado antes do tempo de atraso.
DS	Se o passo torna-se ativo, o temporizador interno é iniciado e a ação torna-se ativa após o processo com tempo de duração definido manualmente. A primeira ação torna-se inativa novamente quando o qualificador R é usado para uma redefinição em outra etapa. Se o passo torna-se inativo antes que o tempo tenha decorrido, a ação não se torna ativa. A ação é atrasada no tempo e memorizada.
SL	A ação é iniciada e executada por um período. Limitada no tempo e memorizada.

5.3.4.2   Ramo alternativo

Com ramos alternados, transições seguem um passo abaixo da linha horizontal, pois há diferentes processos.

5.3.4.3   Tempo de passo

A cada passo, pode ser atribuído um tempo mínimo de supervisão. Há supervisão de um tempo máximo e de um tempo de atraso.

5.3.4.4   Tempo mínimo de supervisão

O tempo mínimo de supervisão define o mínimo de tempo para que a etapa seja ativada. Caso o passo torne-se inativo antes desse tempo, uma mensagem de erro é gerada. No modo de animação, o erro é adicionalmente identificado por um contorno de cor (amarelo) no objeto da etapa. Se não há tempo mínimo de supervisão ou se um tempo mínimo de supervisão 0 é inserido, o passo não é realizado. O *status* de erro permanece o mesmo até o passo tornar-se ativo novamente.

5.3.4.5   Tempo máximo de supervisão

O tempo máximo de supervisão especifica o maior tempo em que o passo normalmente deve estar ativo. Se a etapa ainda está ativa após esse tempo, uma mensagem de erro é gerada. No modo de animação, o erro é adicionalmente identificado por um contorno colorido (rosa) no objeto da etapa. Se não há tempo máximo de supervisão ou se um tempo máximo de supervisão 0 é inserido, o passo não é realizado. O *status* de erro permanece o mesmo até o passo tornar-se inativo.

5.3.4.6 Tempo de atraso

O tempo de atraso (tempo de permanência) define o tempo mínimo para que a etapa esteja ativa.

Exercício

A Figura 5.111 mostra os diagramas da chave de partida direta. A Figura 5.112 apresenta o programa do CP em sequencial gráfico de função (SFC), atendendo a condições do circuito de comando da chave partida direta. A esteira é acionada por um botão (B1) e desligada pelo botão (B0). O contato RT1 é a proteção térmica. A sinalização L1 indica motor M1 desligado e a sinalização L2 indica motor M1 ligado.

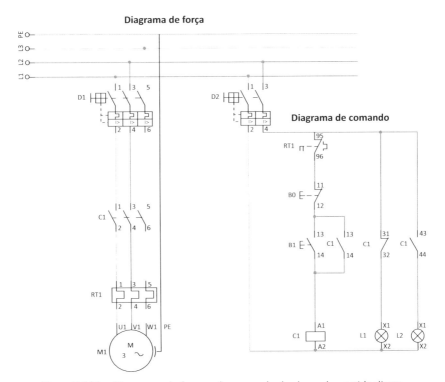

Figura 5.111 Diagramas de força e de comando da chave de partida direta.

Na Figura 5.112, a chave de partida direta com CP em sequencial gráfico de função.

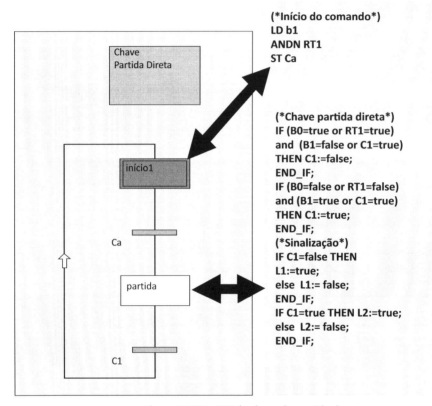

Figura 5.112 SFC da chave de partida direta.

O passo inicial desenvolvido em linguagem lista de instruções (IL) deve dar início à lógica da partida direta para acionamento do motor de indução trifásico.

As variáveis utilizadas são:

Entradas:

- RT1: relé térmico de proteção contra sobrecarga.
- B0: botoeira para desligar o motor de indução.
- B1: botoeira para ligar o motor de indução.

Saídas:

- C1: contator para ligar o motor trifásico.
- L1: lâmpada para sinalizar motor desligado.
- L2: lâmpada para sinalizar motor ligado.

Linguagens gráficas 279

O passo normal com texto estruturado (ST) implementa toda lógica da partida direta para acionar o motor de indução trifásico.

Entre o passo inicial e o passo normal existe uma transição representando a evolução entre os dois estados do sistema, habilitado pela variável virtual Ca (bit interno do CLP), outra transição é habilitada pela variável C1 que aciona o motor.

Exercício

A Figura 5.113 mostra os diagramas de força e de comando da chave de partida direta com reversão de um dispositivo que fornece condições ao motor de partida com a tensão nominal de serviço. A esteira funciona nos dois sentidos. O contato RT1 é o contato de proteção térmica, e existe o intertravamento por contator. No sentido horário, a esteira é acionada pelo botão (B1) e desligada pelo botão (B0); no sentido anti-horário, ela é acionada pelo botão (B2) e desligada pelo botão (B0). A sinalização L1 indica motor M1 desligado e a sinalização L2 indica motor M1 ligado. Ou L1 indica motor M1 desligado, L2 indica motor M1 ligado no sentido horário e L3 indica motor M1 sentido anti-horário.

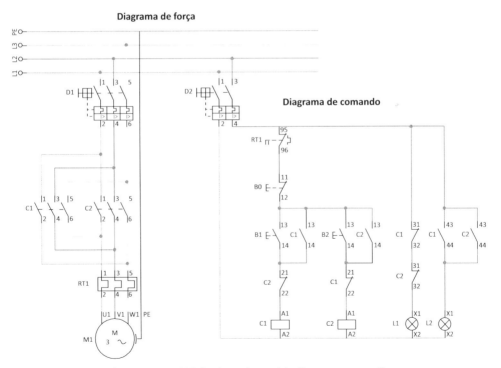

Figura 5.113 SFC da chave de partida direta com reversão.

A seguir, o mesmo exercício com CP em linguagem sequencial gráfico de função (Figura 5.114).

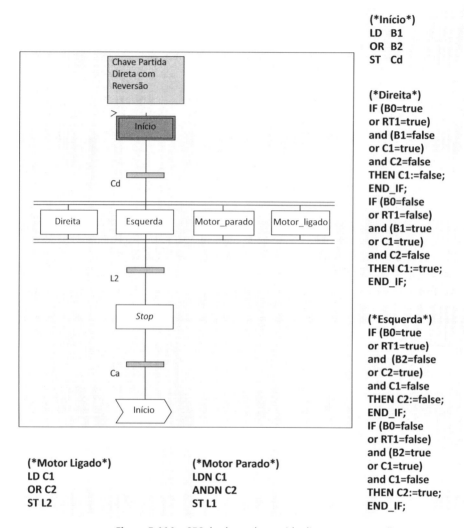

Figura 5.114 SFC da chave de partida direta com reversão.

O primeiro bloco é o passo inicial com linguagem lista de instruções (IL). Em seguida, a transição ativa a sequência alternativa para lógica do exercício. O primeiro bloco na sequência é o passo normal com o nome **Direita** em linguagem texto estruturado (ST) para o sentido horário; para o sentido anti-horário, é o passo **Esquerda** que também está em linguagem texto estruturado. Para sinalizar que o motor de indução está desligado, a lógica é feita no passo **Motor_parado**. Para indicar que o motor de indução está ligado em qualquer sentido, a lógica é feita no passo **Motor_ligado**. Em seguida a transição L2 ativa o passo normal **Stop** que desliga a lógica. Logo abaixo há outra transição **Ca** que ativa o salto início.

Na chave de partida direta com reversão em que se desenvolveram sequências simultâneas, o processamento é dividido em várias sequências paralelas processadas

Linguagens gráficas **281**

de forma independente da esquerda para a direita. Geralmente, uma transição é permitida acima de um ramo paralelo. Na rede anterior, no passo inicial desenvolvido com IL, quando a variável "B1=1" é satisfeita, os passos Direita, Esquerda, Motor_parado e Motor_ligado tornam-se ativos, sendo que os passos Direita e Esquerda do ramo foi desenvolvido em ST e os passos Motor_parado e Motor_ligado foram feitos em IL. Após a convergência simultânea, a transição seguinte torna ativa com a variável L2 e o passo *Stop* desliga a lógica. O uso das sequências simultâneas também é uma forma de ter mais passos ativos para uma mesma rede SFC.

Exercício

Nos diagramas da Figura 5.115, a esteira é acionada por dois botões localizados em pontos diferentes, (B1) e (B2), desligada pelos botões (B01) e (B02). Acionada a esteira por (B1) ou (B2), o motor M1 liga. A esteira é desligada por (B01) ou (B02). A sinalização L1 indica motor M1 desligado e a sinalização L2 indica motor M1 ligado.

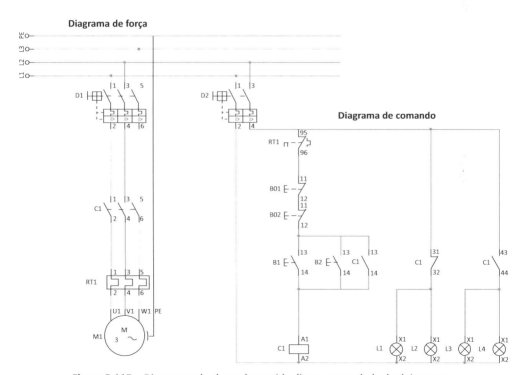

Figura 5.115 Diagramas da chave de partida direta comandada de dois pontos.

Uma sequência em SFC é composta de uma série de passos (*steps*) apresentados por retângulos conectados por linhas verticais. A seguir, o exercício anterior em SFC (Figura 5.116).

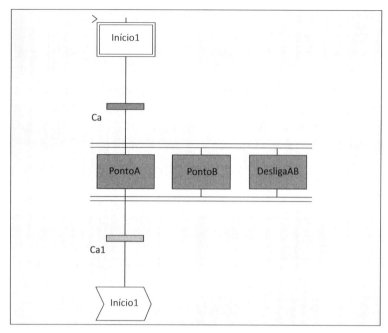

Figura 5.116   SFC da chave de partida direta comandada de dois pontos.

O início em lista de instruções habilita o passo seguinte.

```
(*Início do comando*)
LD B1
OR B2
ANDN RT1
ANDN B0
ST Ca
```

O passo para desligar o motor de indução do ponto A e do ponto B é desenvolvido por texto estruturado.

```
(*Desliga os pontos A ou B*)
IF (B01=true or B02=true or RT1=true) and  (B1=false or B2=false
or C1=true) THEN Ca1:=false;
END_IF;
IF (B01=false or B02=false or RT1=false) and (B1=true or B2=true
or C1=true) THEN Ca1:=true;
END_IF;
```

Os passos ponto A e ponto B foram desenvolvidos com texto estruturado e poderiam ser desenvolvidos por outras linguagens, como IL, LD e FBD.

```
(*Comando do ponto A*)
IF (B01=true or B02=true or
RT1=true) and  (B1=false
or C1=true) THEN C1:=false;
END_IF;
IF (B01=false or B02=false
or RT1=false) and (B1=true
or C1=true) THEN C1:=true;
END_IF;
(*Sinalização L1*)
IF (C1=false)
THEN L1:=true;
END_IF;
IF (C1=true)
THEN L1:=false;
END_IF;
(*Sinalização L3*)
IF (C1=false)
THEN L3:=false;
END_IF;
IF (C1=true)
THEN L3:=true;
END_IF;
```

```
(*Comando do ponto B*)
IF (B01=true or B02=true or
RT1=true) and  (B2=false
or C1=true) THEN C1:=false;
END_IF;
IF (B01=false or B02=false  or
RT1=false) and (B2=true
or C1=true) THEN C1:=true;
END_IF;
(*Sinalização L2*)
IF (C1=false)
THEN L2:=true;
END_IF;
IF (C1=true)
THEN L2:=false;
END_IF;
(*Sinalização L4*)
IF (C1=false)
THEN L4:=false;
END_IF;
IF (C1=true)
THEN L4:=true;
END_IF;
```

Exercício

Nos diagramas das Figuras 5.117 e 5.118, a esteira é acionada por um botão (B1) e desligada pelo botão (B0). Acionando a esteira, o motor M1 é ligado e, após 10 segundos, é acionado o motor M2. Depois de 10 segundos do motor M2, é acionado o motor M3. Após 10 segundos do motor M3, é acionado o motor M4. Se ocorrer uma falha no motor M1, todos os motores devem ser desligados pela proteção. Se ocorrer uma falha no motor M2, os motores M2, M3 e M4 devem ser desligados e o motor M1 deve continuar ligado. Se ocorrer uma falha no motor M3, os motores M3 e M4 devem ser desligados e os motores M1 e M2 devem continuar ligados. Se ocorrer uma falha no motor M4, o motor M4 deve ser desligado e os motores M1, M2 e M3 devem continuar ligados.

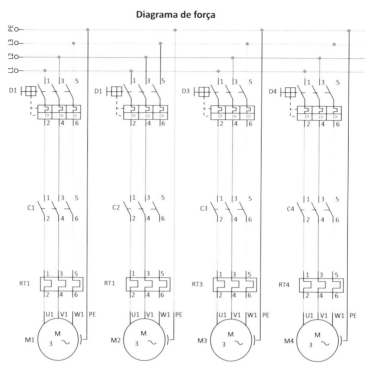

Figura 5.117 Diagrama de força para quatro motores.

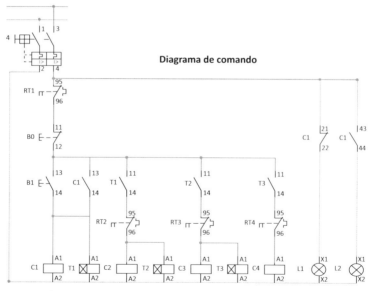

Figura 5.118 Diagrama de comando para quatro motores.

Linguagens gráficas 285

O passo inicial ativa a lógica, as variáveis, os ramos, os elementos ativos do programa e a rede sequencial gráfico de função com os passos em paralelo do exercício de ligação dos quatro motores em sequência; há alguns requisitos que foram pedidos no exercício.

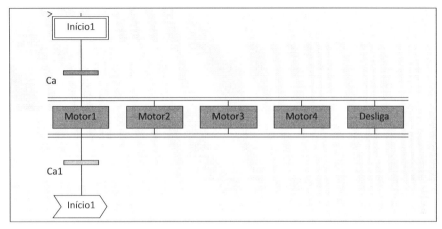

Figura 5.119   SFC da chave de partida direta consecutiva.

O passo inicial desenvolvido em lista de instruções (IL).

```
(*Início do comando*)
LD B1
ANDN RT1
ANDN B0
ST Ca
```

O motor M1 inicia a sequência com a lógica em lista de instruções.

```
(*Motor M1*)
LD      B1
OR      C1
ANDN    RT1
ANDN    B0
ST      C1
STN     L1
ST      L2
```

A chamada do motor M2 é feita com temporizador 1 em lista de instruções.

```
(*Chamada do temporizador 1 para ligar motor2*)
CAL T1 (IN :=C1 (*BOOL*),
    PT :=pres1 (*TIME*),
    Q =>temp1 (*BOOL*),
    ET =>efe1 (*TIME*))
(*Contator para ligar motor2*)
LD      temp1
ANDN  RT2
ST      C2
```

A chamada do motor M3 é feita com temporizador 2 em lista de instruções.

```
(*Chamada do temporizador 2 para ligar motor3*)
CAL T2 (IN :=C2 (*BOOL*),
    PT :=pres2 (*TIME*),
    Q =>temp2 (*BOOL*),
    ET =>efe2 (*TIME*))
(*Contator para ligar motor3*)
LD      temp2
ANDN  RT3
ST      C3
```

A chamada do motor M4 é feita com temporizador 3 em lista de instruções.

```
(*Chamada do temporizador 3 para ligar motor4*)
CAL T3 (IN :=C3 (*BOOL*),
    PT :=pres3 (*TIME*),
    Q =>temp3 (*BOOL*),
    ET =>efe3 (*TIME*))
(*Contator para ligar motor4*)
LD      temp3
ANDN  RT4
ST      C4
```

Desligar o processo com os quatro motores é o último passo em lista de instruções.

```
(*Desliga motores*)
LD      B0
ANDN  RT1
ST      Ca1
```

Exercício

No diagrama da Figura 5.120, há o sistema de controle para um tanque misturador simples. Ao pressionar o botão de liga (B1), a válvula de entrada (Ve) é acionada. O motor de agito M1 parte em estrela e depois comuta em triângulo. O tanque começa a encher e o motor M2 da esteira também é acionado. Quando o sensor de nível alto (Sna) é atingido, a válvula de entrada (Ve) desliga e o motor de agito M1 permanece ligado por 10 segundos. Em seguida, a válvula de saída (Vs) liga esvaziando o tanque. Quando o sensor de nível baixo (Snb) é alcançado, a válvula de saída (Vs) é fechada e o ciclo recomeça. Se o botão de desliga (B0) é pressionado, o ciclo para no final. O motor M1 é acionado por uma partida estrela triângulo, que consiste na alimentação do motor com redução de tensão nas bobinas durante a partida. Na partida, executa-se a ligação estrela no motor alimentado com tensão de triângulo, ou seja, tensão da rede. Assim, as bobinas do motor recebem aproximadamente 58% da tensão que deveriam receber. Após a partida, o motor deve ser ligado em triângulo, e as bobinas passam a receber a tensão nominal. Esse tipo de chave proporciona redução da corrente de partida para aproximadamente 33% de seu valor para partida direta. A Figura 5.121 mostra o diagrama de comando.

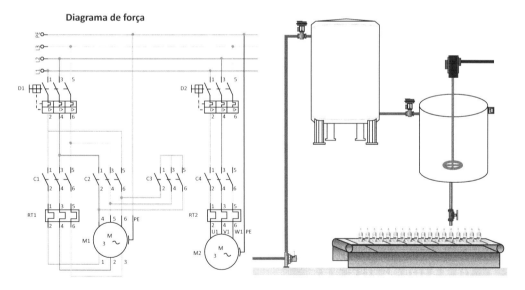

Figura 5.120 Sistema de controle para tanque misturador.

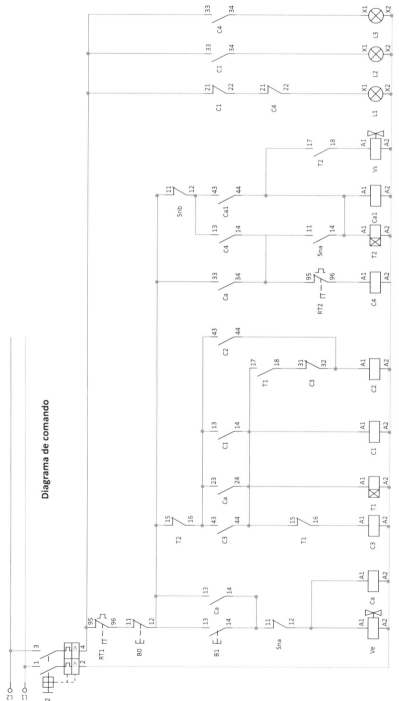

Figura 5.121 Diagrama de comando para tanque misturador.

Linguagens gráficas **289**

Observe na Figura 5.122 que SFC implementa toda a lógica de comando para o sistema misturador simples com cada passo representado pelo retângulo. A lógica de cada passo foi feita com linguagem *ladder*.

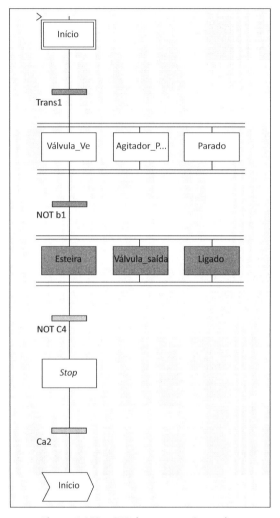

Figura 5.122   SFC do tanque misturador.

A seguir, a Figura 5.123 com diagrama em linguagem *ladder* de válvula de entrada de produto.

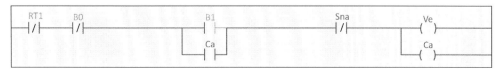

Figura 5.123   Diagrama *ladder* de válvula de entrada de produto.

A Figura 5.124 a seguir mostra a chave de partida estrela triângulo para comando do motor do agitador em linguagem *ladder*.

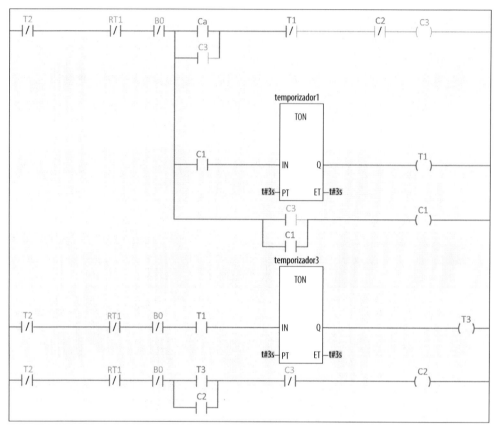

Figura 5.124 Diagrama *ladder* do agitador.

A Figura 5.125 mostra sinalização de processo parado.

Figura 5.125 Diagrama *ladder* de sinalização.

Na Figura 5.126, a esteira é acionada por uma chave de partida direta que liga o motor de indução por meio da variável C4.

Figura 5.126   Diagrama *ladder* da esteira.

A Figura 5.127 mostra a válvula de saída acionada depois de um tempo pelo temporizador 2 em linguagem *ladder*.

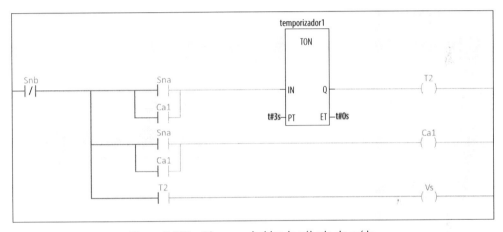

Figura 5.127   Diagrama *ladder* da válvula de saída.

A Figura 5.128 mostra a sinalização que indica agitador ligado, lâmpada L2, e a que indica esteira ligada, lâmpada L3.

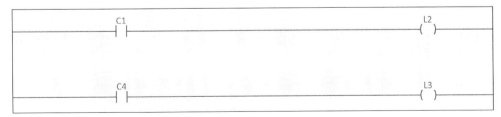

Figura 5.128   Diagrama *ladder* da sinalização.

Exercício

Na Figura 5.129, são apresentados os diagramas de força e de comando da chave de partida estrela triângulo.

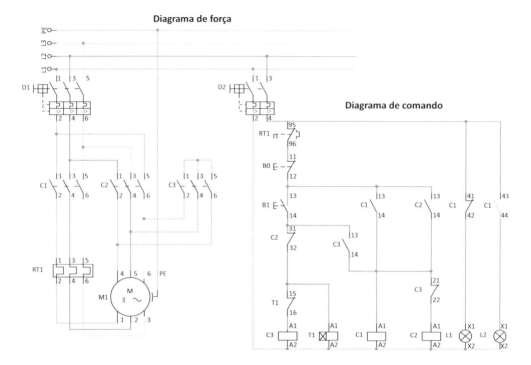

Figura 5.129 Diagramas da chave estrela triângulo.

A rede SFC a seguir mostra a lógica da chave estrela triângulo, que pode ser feita de outra maneira. Na Figura 5.130, foi empregada a lógica seguinte com cada passo desenvolvido em linguagem *ladder*.

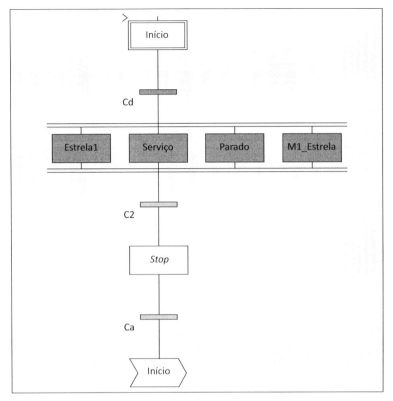

Figura 5.130 SFC da chave estrela triângulo.

A Figura 5.131 mostra o passo sistema parado. A linguagem *ladder* é simples e tem uma linha.

Figura 5.131 Diagrama *ladder* da sinalização.

O primeiro passo representa o acionamento da variável C1 que fecha o motor em estrela para maior tensão, conforme a Figura 5.132.

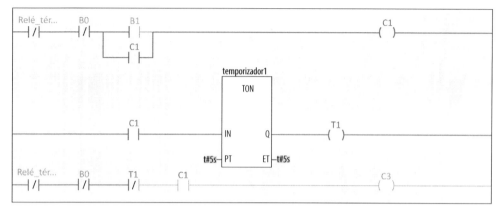

Figura 5.132 Diagrama *ladder* da ligação estrela.

A Figura 5.133 apresenta o motor de indução ligado em triângulo.

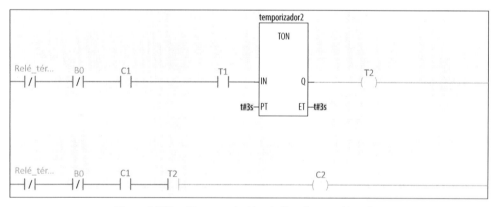

Figura 5.133 Diagrama *ladder* da ligação em triângulo.

A Figura 5.134 mostra sinalização para indicar motor ligado.

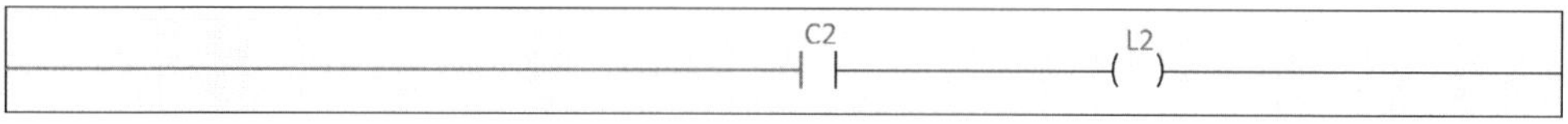

Figura 5.134 Diagrama *ladder* da sinalização de motor ligado.

Exercício

A Figura 5.135 apresenta o diagrama de comando da chave de partida estrela triângulo com reversão.

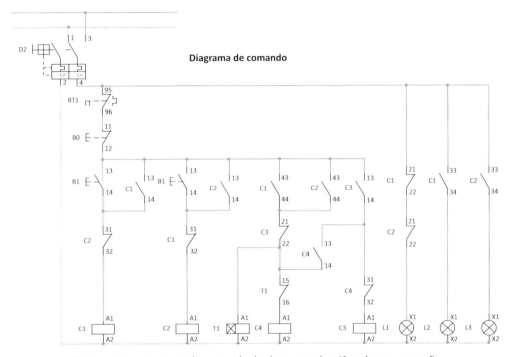

Figura 5.135 Diagrama de comando da chave estrela triângulo com reversão.

A Figura 5.136 apresenta caminhos divergentes e convergentes em SFC da chave estrela triângulo com reversão. A divergência inicia passos que são executados simultaneamente pela transição Ca; a convergência espera que todas as sequências paralelas estejam concluídas para continuar com a evolução da lógica SFC.

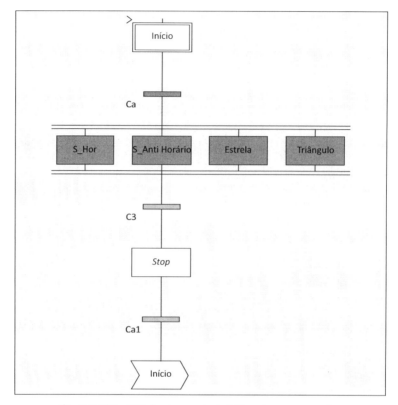

Figura 5.136 SFC da chave estrela triângulo com reversão.

A lógica da Figura 5.137 representa o passo do sentido horário do motor de indução S_Hor.

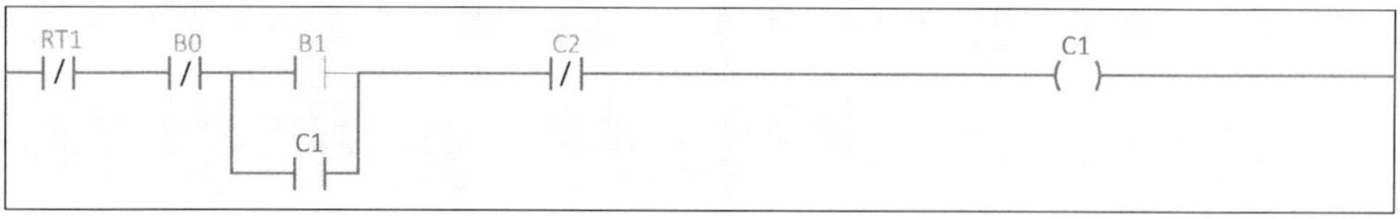

Figura 5.137 Diagrama *ladder* do passo sentido horário.

A lógica da Figura 5.138 representa o passo do sentido anti-horário do motor de indução S_Anti-Horário.

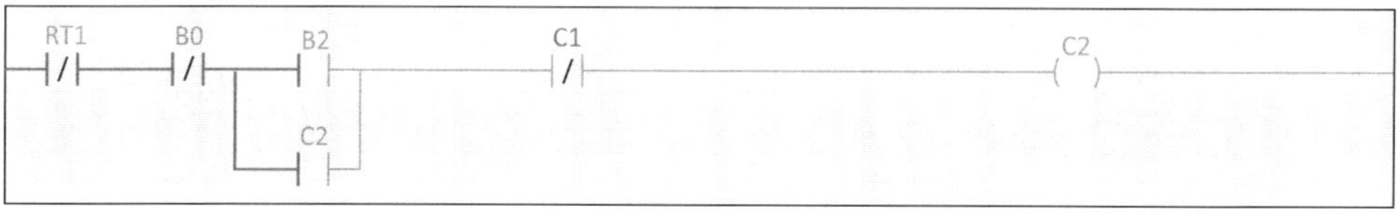

Figura 5.138 Diagrama *ladder* do passo sentido anti-horário.

Como a lógica foi desenvolvida em linguagem *ladder*, o acionamento do fechamento do motor em estrela é programado no passo Estrela, conforme a Figura 5.139.

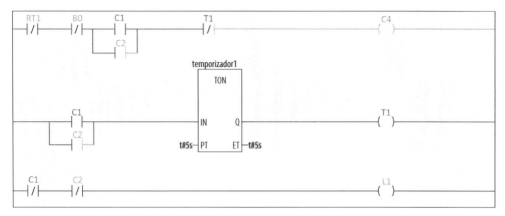

Figura 5.139 Diagrama *ladder* da partida estrela.

Após o motor de indução partir em estrela e depois do tempo de partida dado pelo temporizador 1, a comutação em triângulo é feita pelo temporizador 2 e o passo triângulo mostra a lógica, conforme a Figura 5.140.

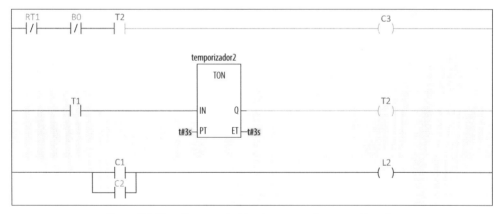

Figura 5.140 Diagrama *ladder* da comutação para triângulo.

Exercício

A Figura 5.141 mostra o diagrama de força da chave de partida compensada (compensadora) e a Figura 5.142 apresenta o diagrama de comando.

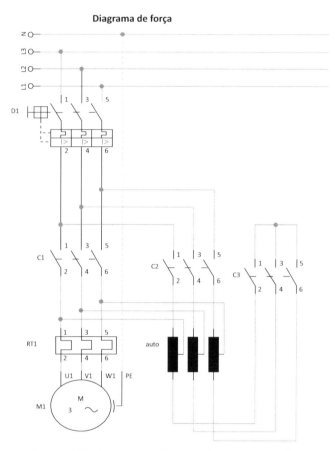

Figura 5.141 Diagrama de força da chave compensadora.

Linguagens gráficas 299

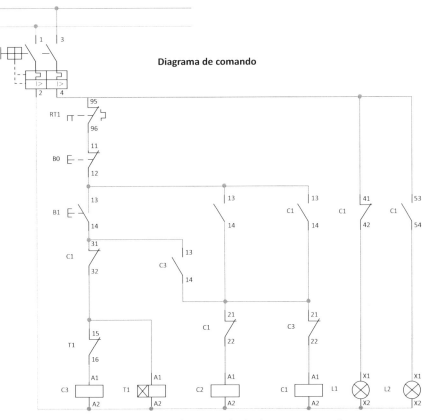

Figura 5.142 Diagrama de comando da chave compensadora.

A chave compensadora está utilizando duas sequências. A primeira sequência apresenta passos paralelos para a lógica de alimentação do autotrafo, e a segunda sequência mostra passos para alimentação direta do motor de indução.

A seguir, o passo inicial.

(*Ligar o sistema*)
LD B1
ST Ca

Em seguida, a transição **Ca** ativa a sequência alternativa que aciona todos os passos (**Auto_trafo**, **Estrela_auto**, **Desliga_passo**), acionando a lógica que está na vez. Encerrado o ciclo de funcionamento da primeira sequência, a transição **NOT_T3** ativa a segunda sequência alternativa com os passos que compõem o ciclo: **Direto**, *Stop*.

A Figura 5.143 apresenta um diagrama SFC para a chave compensadora.

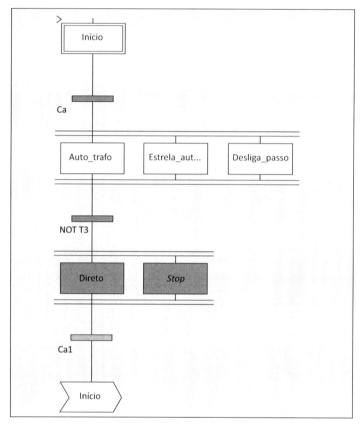

Figura 5.143   SFC da chave compensadora.

Na rede SFC da Figura 5.144, a chave compensadora utiliza linguagens lista de instruções e *ladder*.

Figura 5.144   Diagrama *ladder* da alimentação do autotrafo.

A Figura 5.145 mostra diagrama *ladder* que faz a alimentação da partida da chave compensadora.

Linguagens gráficas 301

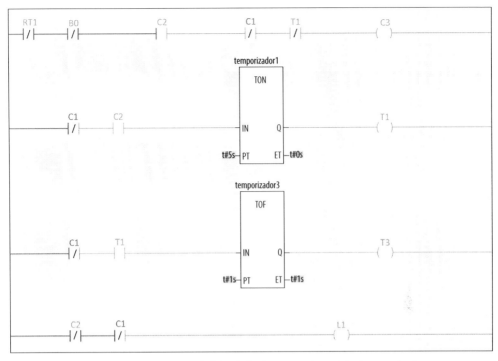

Figura 5.145 Diagrama *ladder* de fechamento do autotrafo em estrela.

Após o tempo de partida, o autotrafo sai e ocorre comutação direta para a alimentação do motor, conforme a Figura 5.146.

Figura 5.146 Diagrama *ladder* da alimentação direta.

A seguir, o passo *stop* desenvolvido com lista de instruções.

(*Parar o sistema*)
LD B0
ANDN RT1
ST Ca1

Exercício

A Figura 5.147 mostra os diagramas de força e de comando da chave compensadora com reversão.

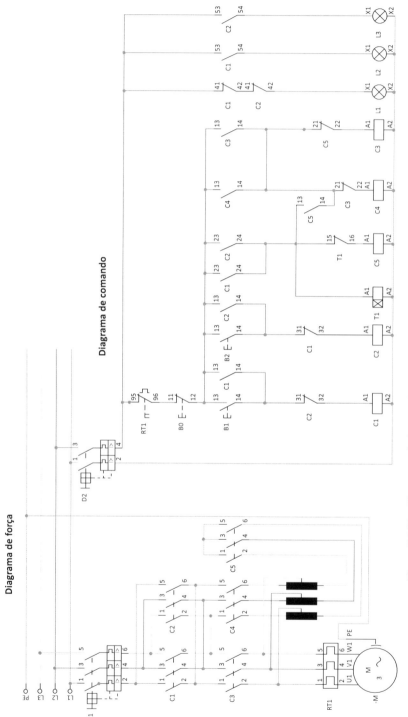

Figura 5.147 Diagramas de força e de comando da chave compensadora com reversão.

Na Figura 5.148, utilizou-se rede SFC para a chave compensadora com reversão com três sequências simultâneas. Entre elas, existe uma transição para ativar a sequência seguinte. Nos passos, foram utilizadas linguagens IL, ST e LD.

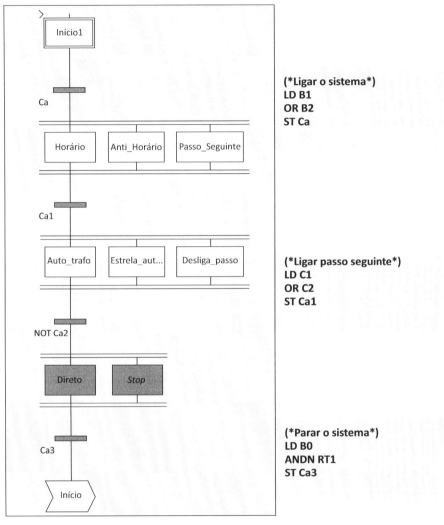

Figura 5.148   SFC da chave compensadora.

Para acionar a lógica – "Ligar sistema", "Ligar passo seguinte", "Parar o sistema" –, os passos foram desenvolvidos com lista de instruções.

A lógica que define o sentido horário está desenvolvida em ST.

```
(*Sentido horário*)
IF (B1=false or C1=true) and (B0=true or RT1=true or C2=true)
THEN C1:=false;
END_IF;
IF (B1=true or C1=true) and (B0=false or RT1=false) and C2=false
THEN C1:=true;
END_IF;
```

O sentido anti-horário também é desenvolvido em ST.

```
(*Sentido anti-horário*)
IF (B2=false or C2=true) and (B0=true or RT1=true or C1=true)
THEN C2:=false;
END_IF;
IF (B2=true or C2=true) and (B0=false or RT1=false) and
C1=false
THEN C2:=true;
END_IF;
```

A segunda sequência tem os passos **Auto_trafo**, **Estrela_auto**, **Desliga_passo**, todos desenvolvidos em linguagem *ladder*, como mostra a Figura 5.149.

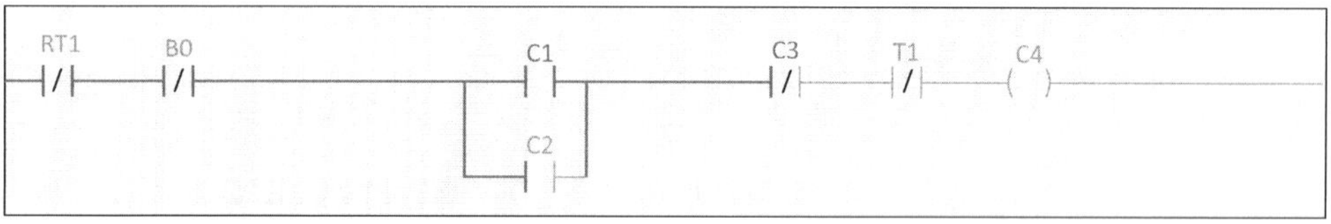

Figura 5.149 Diagrama *ladder* da alimentação do autotrafo.

Não foram mostrados todos os passos da segunda sequência. O passo do fechamento do trafo foi desenvolvido em linguagem *ladder* (Figura 5.150).

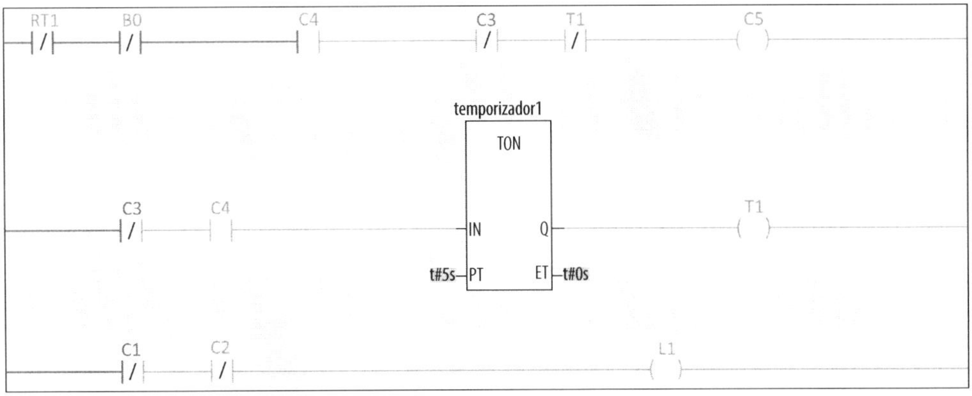

Linguagens gráficas 305

Figura 5.150 Diagrama *ladder* de fechamento do autotrafo em estrela.

A Figura 5.151 mostra a ligação direta do motor de indução em linguagem *ladder*.

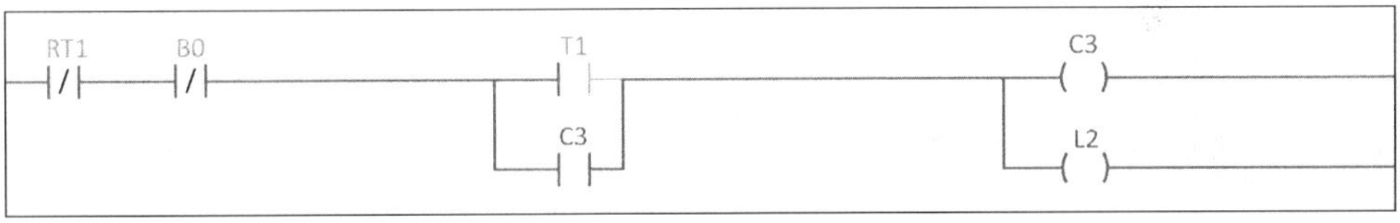

Figura 5.151 Diagrama *ladder* da ligação direta do motor.

Exercício

A Figura 5.152(a) apresenta um sistema de envase de produtos e os diagramas de força e de comando são apresentados na Figura 5.152(b). A Figura 5.153 mostra o programa em SFC. Ao pressionar o botão B1, inicia-se o processo do motor C1 da esteira que é ligado. As garrafas que estão na esteira vão se movimentar em direção ao sensor de posição Sp. Ao atingir o sensor, a esteira desliga e, nesse momento, a válvula de envase Ve abre liberando o produto que tem o nível controlado pelo sensor Snp. Ao atingir certo nível da garrafa, a válvula Ve fecha e a esteira liga novamente até que uma nova garrafa chegue à posição de envase. Para a proteção e a segurança do processo, existe uma tampa sobre a válvula de envase; o sistema só vai funcionar se a tampa de proteção estiver fechada com uma chave de fim de curso F1.

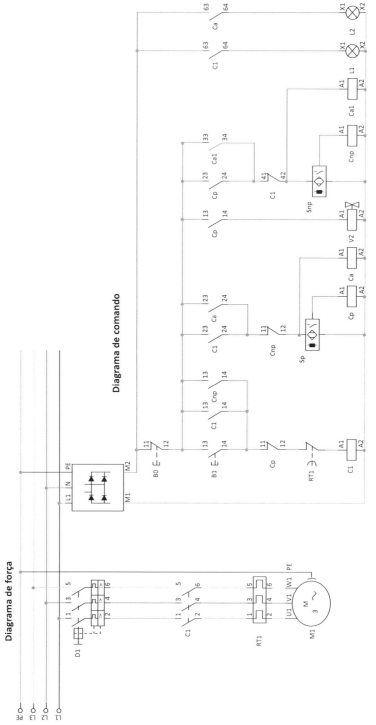

Figura 5.152 Diagramas de força e de comando do sistema de envase.

O sistema de envase foi desenvolvido com sequências em paralelo e passos em programação *ladder* (Figura 5.153).

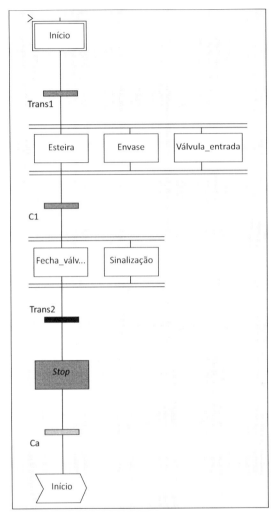

Figura 5.153   SFC do sistema de envase.

O passo esteira em linguagem *ladder* ocorre após transição trans1 e é ativado no momento em que sua sequência é ativada (Figura 5.154).

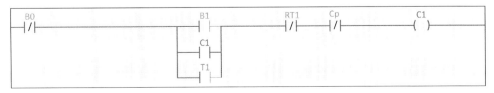

Figura 5.154   Diagrama *ladder* do passo esteira.

O passo envase representa o enchimento do produto, ou seja, a válvula de enchimento de produto, também em linguagem *ladder* (Figura 5.155).

Figura 5.155   Diagrama *ladder* do passo enchimento de produto.

Simples, com uma linha, o comando da Figura 5.156 aciona a válvula de entrada, que ocorre no passo válvula_entrada.

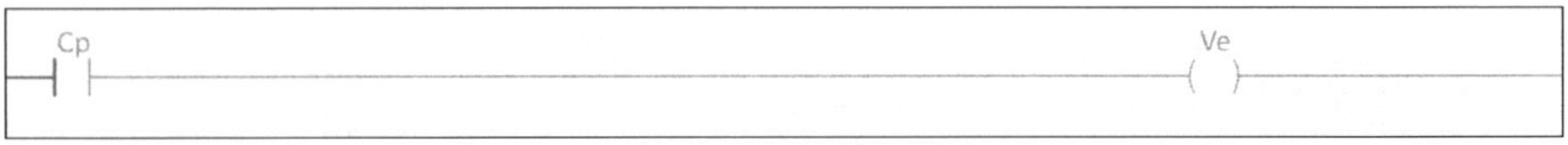

Figura 5.156   Diagrama *ladder* do passo válvula de entrada.

A sequência após a transição trans2 ativa a segunda sequência simultânea. O passo para fechamento de válvula Fecha_valv está na segunda sequência (Figura 5.157).

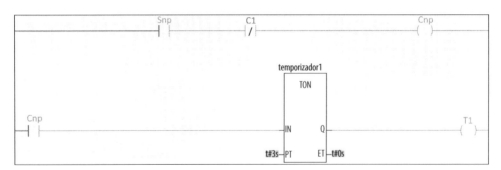

Figura 5.157   Diagrama *ladder* da válvula de saída.

Para sinalizar, a indicação está no passo sinalização (Figura 5.158).

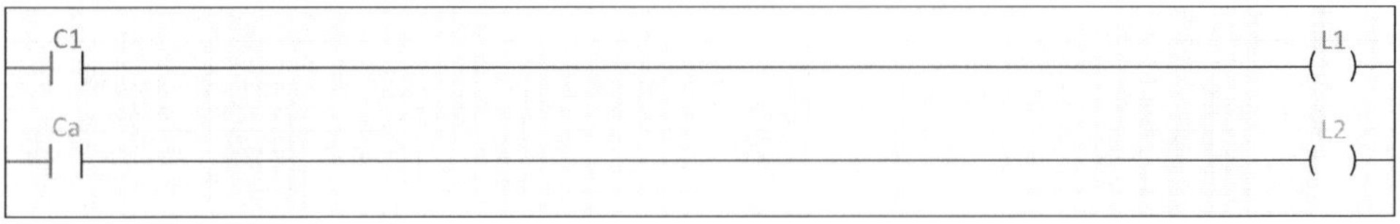

Figura 5.158   Diagrama *ladder* da sinalização.

Exercício

A Figura 5.159 apresenta um sistema de tratamento de água composto de um lago com uma motobomba M1 que recalca água para um tanque Tq1. Essa água deve ser bombeada pela motobomba M2 ou motobomba de reserva M3 para uma caixa-d'água Cx1. O intuito é alimentar a rede de água de uma pequena indústria de refrigerante. Com o nível do tanque Tq1 abaixo da referência do sensor Snm (sensor de nível médio), a motobomba M1 liga. Se o sensor Sbl (sensor de nível baixo) do lago está aberto (0), um alarme AL é acionado avisando que o operador deve desligar a motobomba M1 manualmente. Se o sensor Sna é alcançado, a motobomba M1 desliga automaticamente. A motobomba M2 liga automaticamente se o nível da caixa atinge Scb e desliga se o nível da caixa atinge Sca ou se o nível do tanque Tq2 atinge Snb.

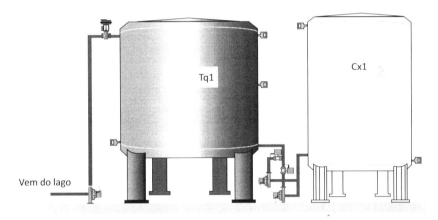

Figura 5.159 Sistema de tratamento de água.

Descrição de variáveis das Figuras 5.160 e 5.161:

- Motobomba M1: por meio de chave compensadora.
- C1: contator direto.
- C2: contator de alimentação do trafo.
- C3: contator de fechamento estrela do trafo.
- Motobomba M2: por meio de partida direta.
- Motobomba M3: por meio de partida direta.
- Sbl: sensor de nível baixo de lago.
- Sna: sensor de nível alto do Tq1.
- Snm: sensor de nível médio do Tq1.

- Snb: sensor de nível baixo do Tq1.
- Sca: sensor de nível alto da Cx1.
- Scb: sensor de nível baixo da Cx1.
- AL: alarme de segurança da motobomba M1.
- B01, B02: botoeira com retenção que desliga o sistema.
- B1: liga o sistema.
- RT1, RT2, RT3: relés de sobrecarga.
- Ch1: chave para seleção de motobomba M2 ou M3.

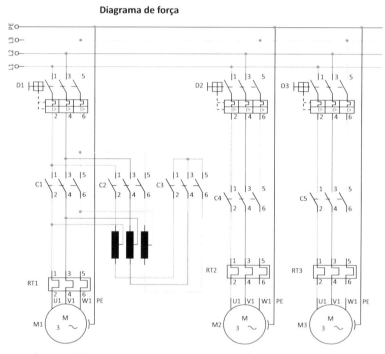

Figura 5.160 Diagrama de força do sistema de tratamento de água.

Linguagens gráficas

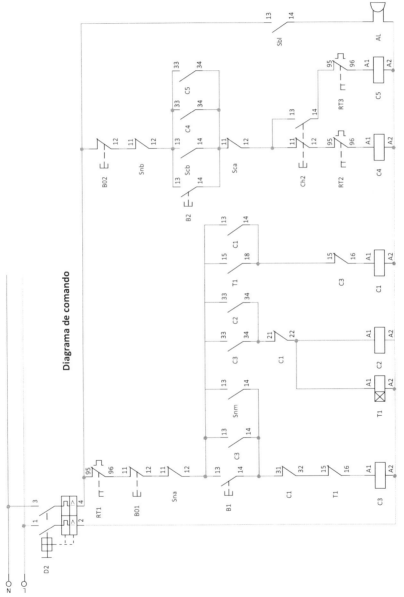

Figura 5.161 Diagrama de comando do sistema de tratamento de água.

O sistema de tratamento de água em linguagem SFC (Figura 5.162) foi desenvolvido com sequências em paralelo. A programação dos passos é diferente das programações até aqui utilizadas, pois é feita em texto estruturado.

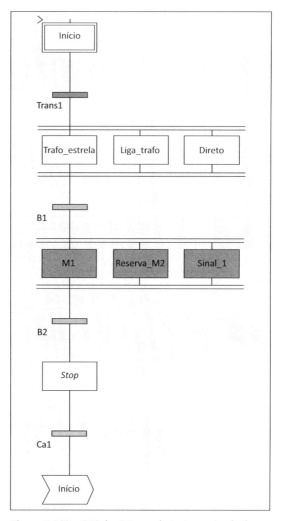

Figura 5.162 SFC do sistema de tratamento de água.

Na lógica do sistema, encontra-se uma chave compensadora da motobomba M1. A programação da lógica do passo Trafo_estrela foi desenvolvida em texto estruturado.

```
(*Acionamento da compensadora*)
(*Autotrafo em estrela*)
IF (RT1=true or B01=true or Sna=true
or C1=true or temp1=true)
and (B1=false or C3=true or Snm=true)
THEN C3:=false; END_IF;
IF (RT1=false and B01=false and Sna=false) and (B1=true
or C3=true or Snm=true)
and  (C1=false and temp1=false)
THEN C3:=true; END_IF;
```

Da mesma forma, a programação do passo Liga_trafo foi feita em texto estruturado.

```
(*Alimentação do autotrafo*)
IF (RT1=false and B01=false or Sna=true)
and (C3=true or C2=true)
and C1=false  THEN C2:=true;
ELSE C2:=false;END_IF;
temporizador1 (IN :=C2 (*BOOL*),
PT :=pres1 (*TIME*),
Q =>temp1 (*BOOL*),
ET =>efe1 (*TIME*));
```

Na primeira sequência, está a lógica da chave compensadora. Abaixo está a lógica da ação do passo direto.

```
(*Alimentação direta do motor*)
IF (RT1=true or B01=true or Sna=true) and (temp1=false or C1=true)
THEN C1:=false; END_IF;
IF (B01=false and RT1=false) and (temp1=true or C1=true)
THEN C1:=true; END_IF;
```

Na segunda sequência, está a lógica da ação do passo M2, que é a motobomba M2.

```
(*Motobomba2*)
IF (RT2=true or B02=true or Snb=true or Sca=true) and (B2=false or C4=true or
Scb=true) and Ch2=true
THEN C4:=false; END_IF;
IF (RT2=false and B02=false and Sca=false) and (B2=true or C4=true or
Scb=true) and Ch2=true
THEN C4:=true; END_IF;
```

Também na segunda sequência, está a lógica da ação do passo Reserva_M3.

```
(*Reserva*)
IF (RT3=true or B02=true or Snb=true or Sca=true) and (B2=false
or C5=true or Scb=true) and Ch2=false
THEN C5:=false; END_IF;
IF (RT3=false and B02=false and Sca=false) and (B2=true or C5=true
or Scb=true) and Ch2=false
THEN C5:=true; END_IF;
(*Sirene*)
IF Sbl=true
THEN Al:=true;
ELSE Al:=false;END_IF;
```

No passo sinalização, está a lógica de sinalização do sistema desenvolvida em texto estruturado.

```
(*Sinalização sistema desligado*)
IF (Ca=true)
THEN L1:=true;
END_IF;
IF (Ca=false)
THEN L1:=false;
END_IF;
(*Sinalização sistema ligado*)
IF (Ca=false)
THEN L2:=false;
END_IF;
IF (Ca=true)
THEN L2:=true;
END_IF;
```

Exercício

A Figura 5.163 apresenta sistema de reservatório da motobomba trifásica em programação SFC. Ele é composto de uma chave três (03) posições (posição (0) desliga, posição (1) manual, posição (2) automático); uma boia superior (Bs) e (Bi) para o comando automático; uma botoeira para ligar (B1), (B0) para deligar para o comando manual.

No exercício da motobomba, a rede SFC da Figura 5.164 utilizou as linguagens IL e FBD na programação.

Linguagens gráficas 315

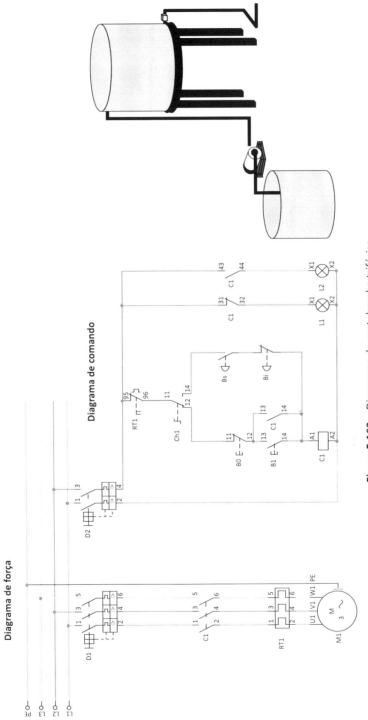

Figura 5.163 Diagramas da motobomba trifásica.

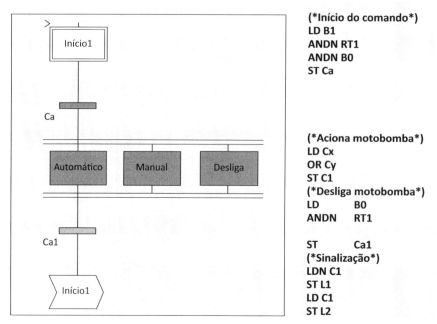

```
(*Início do comando*)
LD B1
ANDN RT1
ANDN B0
ST Ca

(*Aciona motobomba*)
LD Cx
OR Cy
ST C1
(*Desliga motobomba*)
LD      B0
ANDN    RT1

ST      Ca1
(*Sinalização*)
LDN C1
ST L1
LD C1
ST L2
```

Figura 5.164 SFC da motobomba trifásica.

O passo Automático utilizou a linguagem FBD.

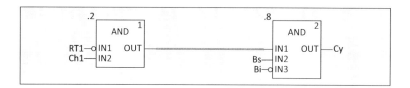

O passo Manual foi programado em FBD.

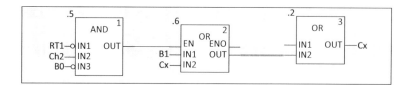

Exercício

A Figura 5.165 mostra diagramas de sistema de reservatório com duas motobombas do exercício resolvido em programação SFC (Figura 5.166). O sistema é composto de uma chave três (03) posições (posição (0) desliga, posição (1) manual, posição (2) automático); posição manual com botoeira para desligar (B0) e botoeira para ligar (B1); uma boia superior (Bs) e (Bi) para o comando automático. O funcionamento é intercalado entre M1 e M2 tanto para o comando manual como para o comando automático.

Linguagens gráficas

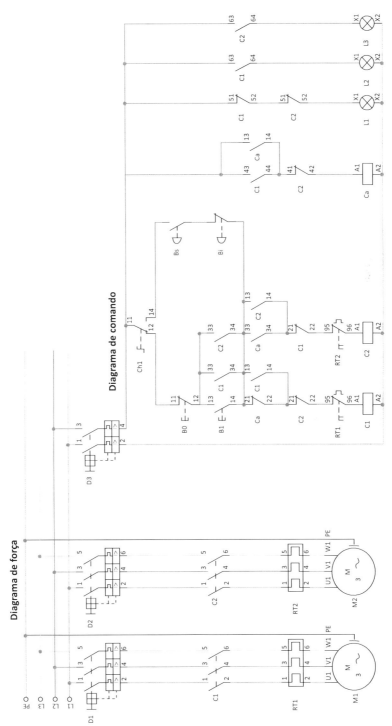

Figura 5.165 Diagramas de força e de comando para duas motobombas (manual e automático).

No exemplo de duas motobombas trifásicas, a primeira sequência tem os passos Manual e Automático. O início para ativação da rede SFC é em lista de instruções. A Figura 5.166 mostra a programação em SFC.

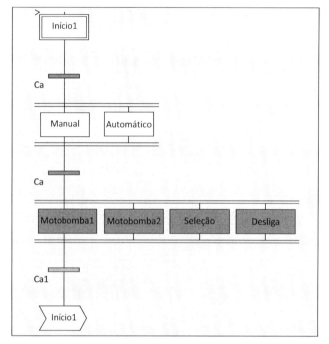

(*Início do comando*)
LD Ch1
OR Ch2
ANDN RT1
ANDN B0
ST Ca

Figura 5.166 SFC para duas motobombas.

O passo que seleciona as motobombas 1 ou 2 está no meio da sequência, porém a lógica que seleciona o passo Motobomba1 ou Motobomba2 a ser executado está em linguagem *ladder*, conforme Figura 5.167.

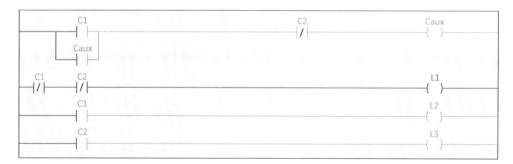

Figura 5.167 Programação que seleciona a motobomba.

O passo Manual com sua lógica de programação em *ladder* é mostrado na Figura 5.168.

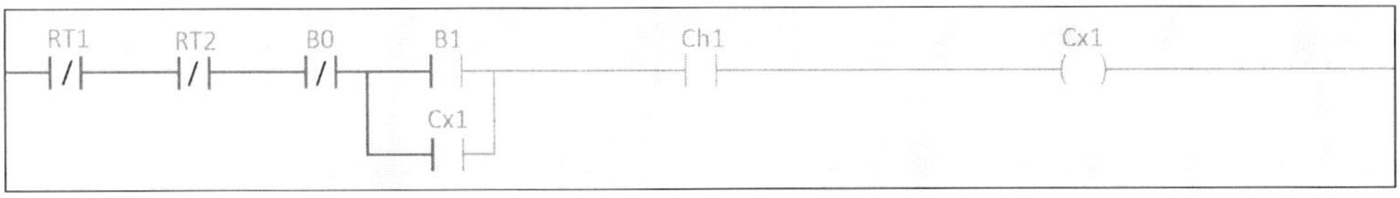

Linguagens gráficas

319

Figura 5.168   Programação de seleção Manual.

O passo Automático com sua lógica de programação em *ladder* é mostrado na Figura 5.169.

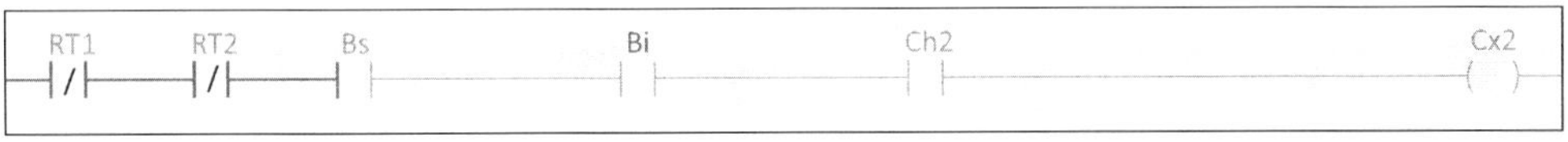

Figura 5.169   Programação de seleção Automático.

Da mesma forma, o passo Motobomba1 com sua lógica de programação em *ladder* é mostrado Figura 5.170.

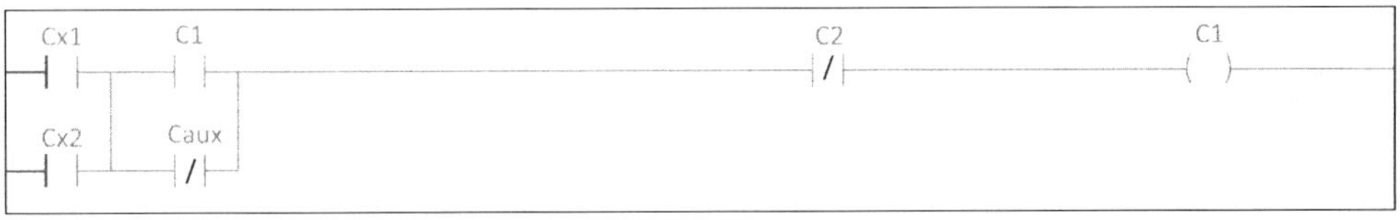

Figura 5.170   Programação de Motobomba1.

O passo Motobomba2 com sua lógica de programação em *ladder* está na Figura 5.171.

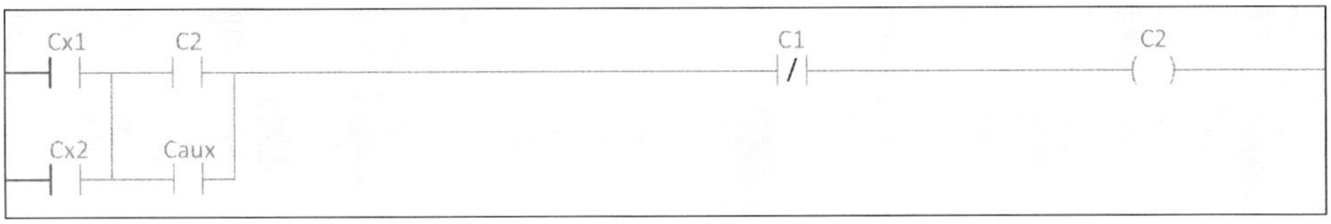

Figura 5.171   Programação de Motobomba2.

Exercício

O processo industrial com um cilindro de dupla ação em programação SFC é acionado por um botão (B1) e desligado por um botão (B0). A Figura 5.172 mostra que, quando acionado, o cilindro de dupla ação sensibiliza o sensor indutivo (S1) e, depois de 5 segundos, o cilindro avança. Sensibilizando o sensor indutivo (S2), depois de 5 segundos, o cilindro retorna. O sistema fica funcionando com 5 segundos no início e 5 segundos no final.

Descrição de variáveis:

- B0: botoeira para desligar.
- B1: botoeira para ligar.
- C1: cilindro de dupla ação.
- Y1: válvula para avanço.
- Y2: válvula para retorno.
- S1: sensor indutivo para avanço.
- S2: sensor indutivo para retorno.
- L1: sistema desligado.
- L2: sistema ligado.

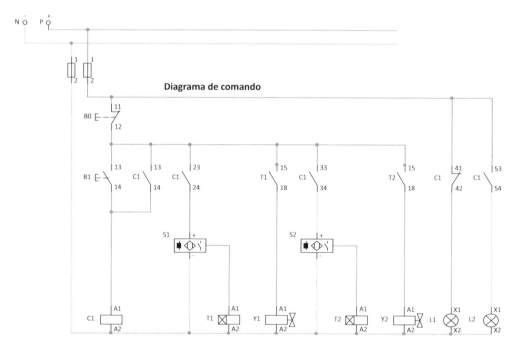

Figura 5.172 Diagrama de comando para um cilindro.

Na Figura 5.173, o avanço é executado pelo passo Avanço e o retorno é executado pelo passo Retorno.

Linguagens gráficas 321

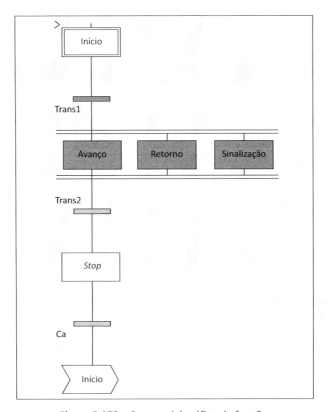

Figura 5.173 Sequencial gráfico de função.

A Figura 5.174 mostra a lógica para avanço em linguagem *ladder* com temporizador1.

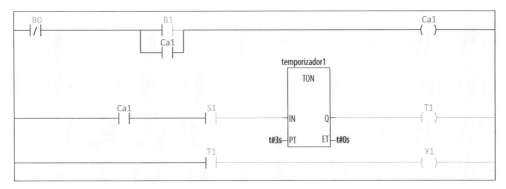

Figura 5.174 Lógica de avanço.

A Figura 5.175 mostra a lógica para retorno feita em linguagem *ladder* com temporizador2.

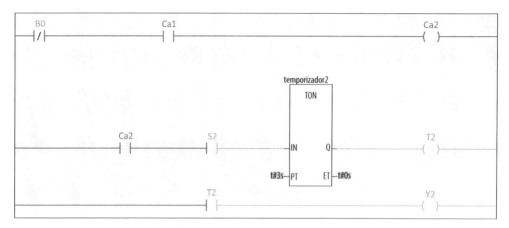

Figura 5.175 Lógica de retorno.

A Figura 5.176 apresenta a sinalização também em *ladder*.

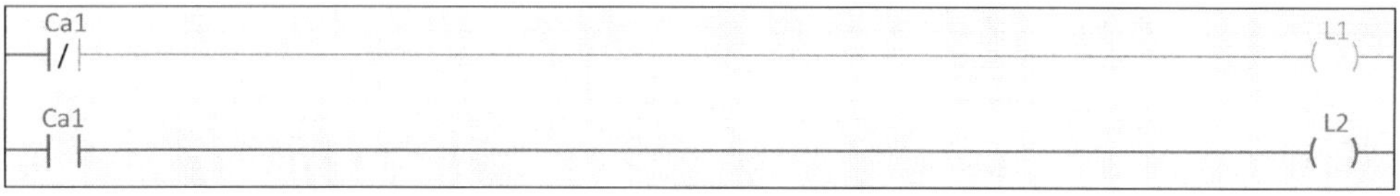

Figura 5.176 Sinalização em *ladder*.

Exercício

A Figura 5.177 apresenta o diagrama de comando e a Figura 5.178 mostra o programa de CP para um processo industrial com dois cilindros de dupla ação acionados por um botão (B1) e desligados por um botão (B0). Quando a caixa sensibiliza o sensor óptico (S1), o sensor aciona o cilindro (1) de dupla ação que avança e levanta a caixa. A caixa no movimento (1) sensibiliza o sensor óptico (S2) que aciona o avanço do cilindro (2) e o retorno do cilindro (1). O cilindro (2) no movimento (2) de avanço empurra a caixa e, no final do movimento (2), a caixa sensibiliza o sensor óptico (S3) que aciona o cilindro (2) para o retorno, finalizando o ciclo. Então, (F1) aciona a solenoide Ym que libera a caixa para o início do processo.

Linguagens gráficas 323

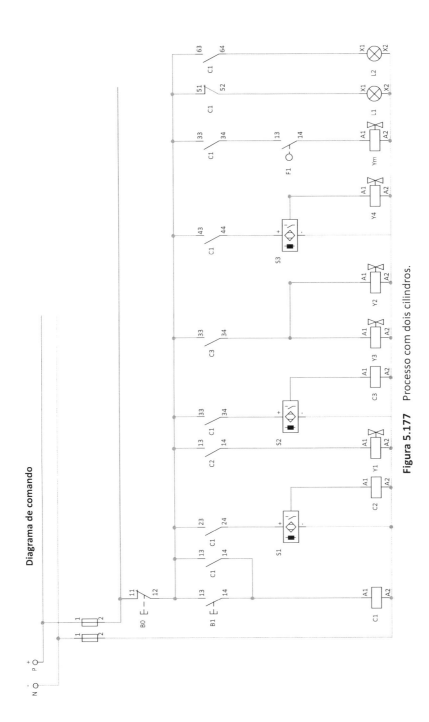

Figura 5.177 Processo com dois cilindros.

Na Figura 5.178, está o exercício para dois cilindros eletropneumáticos. Na primeira sequência, estão os passos para habilitar a lógica. A avaliação e a execução são da esquerda para a direita.

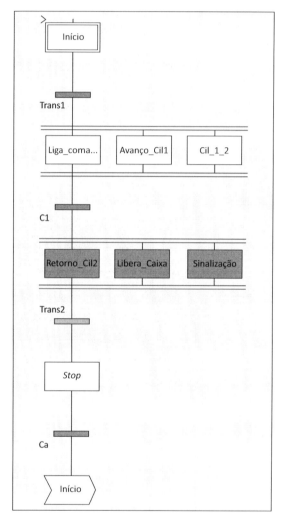

Figura 5.178 SFC para dois cilindros.

A Figura 5.179 mostra o passo Liga_comando em linguagem *ladder*.

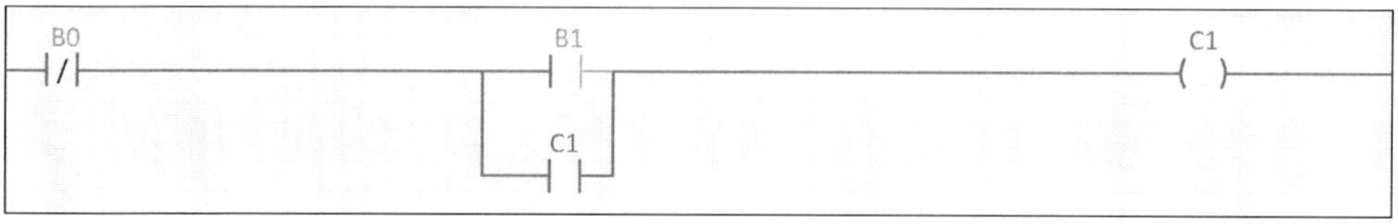

Figura 5.179 O primeiro passo.

A Figura 5.180 apresenta a lógica para avanço do cilindro (1), que representa a ação do passo Avanço_Cil1 em linguagem *ladder*.

Figura 5.180 Avanço do cilindro (1).

A Figura 5.181 mostra a programação do avanço do segundo cilindro e o retorno do cilindro (1), passo Cil_1_2.

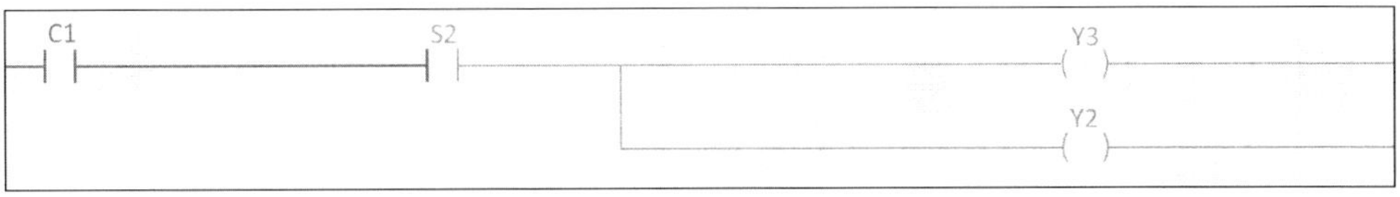

Figura 5.181 Passo de avanço do cilindro (2) e retorno do cilindro (1).

Na Figura 5.182, comando de retorno do cilindro (2), passo Retorno_cil2.

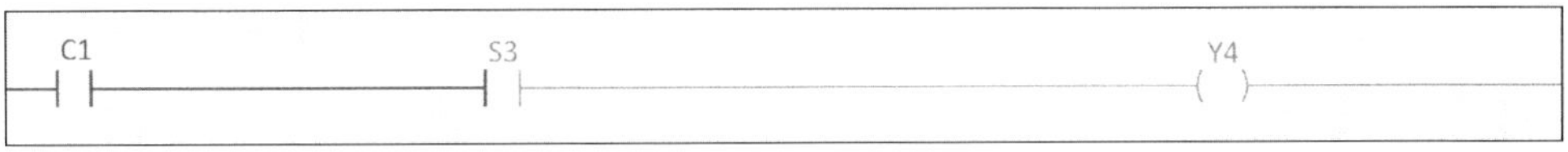

Figura 5.182 Passo de retorno do cilindro (2).

A Figura 5.183 mostra a sinalização do sistema com L1 parado mesmo com a rede SFC desabilitada, e sistema com L2 ligado com rede SFC habilitada.

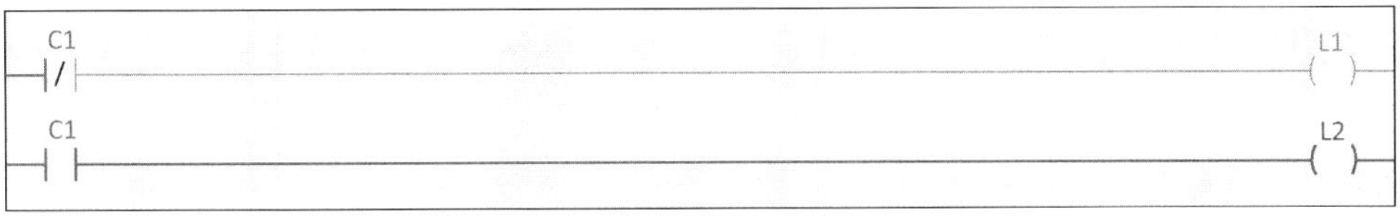

Figura 5.183 Sinalização.

Na Figura 5.184, está o comando para liberar produto (caixa), passo Libera_caixa.

Figura 5.184 Passo para liberar caixa.

Exercício

Agora, um exercício com uma abordagem diferente. Dois cilindros de dupla ação acionados por um botão (B1) e desligados por um botão (B0). O sensor óptico (S1) aciona o temporizador 1 que, após 3 segundos, aciona o cilindro (1) de dupla ação; o cilindro avança a peneira de produto. O movimento (1) sensibiliza o sensor óptico (S2) que aciona o temporizador 2; após 3 segundos, o temporizador 2 aciona o avanço do cilindro (2) e o retorno do cilindro (1). O cilindro C2 avança no movimento (2). No final do movimento (2), a peneira sensibiliza o sensor óptico (S3) que aciona o retorno do cilindro (2) finalizando o ciclo. Então, aciona a solenoide Ym e libera a entrada de produto para o início do processo.

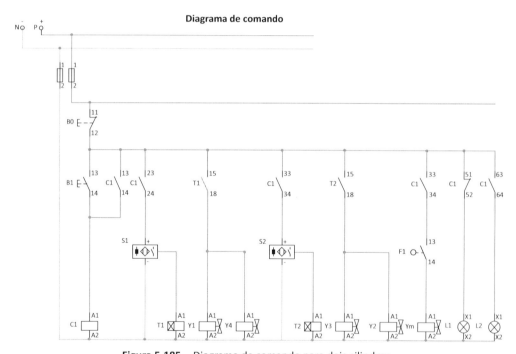

Figura 5.185 Diagrama de comando para dois cilindros.

Descrição das variáveis do comando da Figura 5.185:

- B0: botoeira para desligar.
- Cil1 e Cil2: cilindros.
- Y1 e Y2: válvulas do cilindro (1).
- B1: botoeira para ligar.
- Y3 e Y4: válvulas do cilindro (2).

- L1: sistema desligado.
- L2: sistema ligado.
- S1: sensor óptico.
- S2: sensor óptico.
- F1: chave de fim de curso.

A Figura 5.186 mostra a programação SFC para dois cilindros eletropneumáticos com temporizador com tempo para acionamento. Na primeira sequência, estão os passos para habilitar a lógica. A avaliação e a execução são da esquerda para a direita.

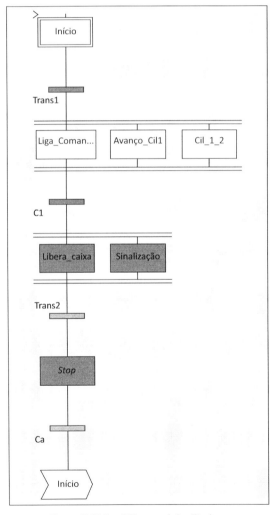

Figura 5.186 SFC para dois cilindros.

O passo Liga_comando da Figura 5.187 foi desenvolvido em linguagem *ladder*.

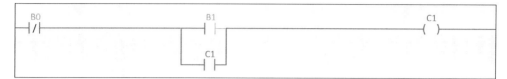

Figura 5.187   Primeiro passo.

A Figura 5.188 mostra a lógica para o avanço do cilindro (1) e o retorno do cilindro (2). A ação do passo Avanço_Cil1 está em linguagem *ladder* com tempo para acionamento.

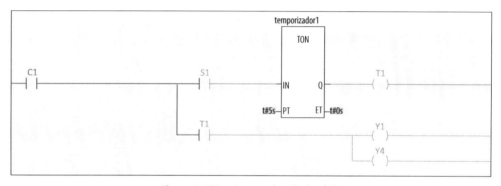

Figura 5.188   Avanço do cilindro (1).

A Figura 5.189 mostra o retorno do cilindro (1) e o avanço do cilindro (2). A ação do passo Cil_1_2 está em linguagem *ladder* com tempo para acionamento.

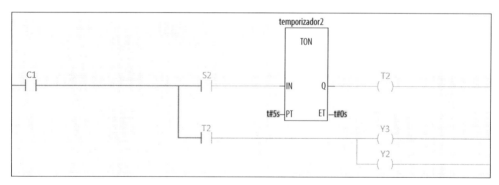

Figura 5.189   Retorno do Cil1 e avanço do Cil2.

O comando para liberar o produto (caixa) está no passo Libera_caixa da Figura 5.190.

Figura 5.190 Libera caixa para o início do processo.

A Figura 5.191 mostra a sinalização do sistema com L1 parado mesmo com a rede SFC desabilitada e L2 ligado com rede SFC habilitada.

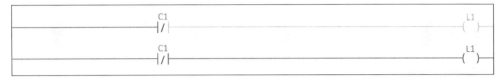

Figura 5.191 Sinalização do sistema.

Exercício

Um ar-condicionado central composto de uma máquina é utilizado para refrigerar um ambiente. A central é formada por um evaporador (ventilador), um condensador e um compressor. O sistema de partida do evaporador e do condensador é uma partida direta; o sistema de partida do compressor é uma estrela triângulo. A transformação de calor em frio é baseada na lei dos gases perfeitos que diz que um gás mantido sob alta pressão, ao se expandir e aumentar seu volume, tem sua temperatura diminuída. Os equipamentos elétricos que fazem com que esse processo ocorra são: um compressor para comprimir o gás, um condensador que transforma o gás em líquido e um ventilador para difundir o frio no ambiente. O sistema de controle pode ser dividido em três partes: controle do ventilador, do condensador e do compressor. A chave geral do sistema é pelo comando auxiliar Ca, ele é ligado por B1 e desligado por B0.

O comando auxiliar liga o contator do ventilador, que deve fechar imediatamente para que o ar comece a circular pelo ambiente. Se o ambiente estiver quente, o contato do termostato fecha. Na sequência, o condensador deve ser energizado, seguido pelo compressor (quando o condensador funciona o compressor também funciona), fazendo que a totalidade do circuito de resfriamento esteja funcionando. O sistema deve prever uma maneira (um temporizador) de evitar que em qualquer situação o compressor dê partida ao mesmo tempo que o condensador (o compressor deve ligar após o condensador).

O termostato controla a temperatura a 20 °C, desliga o condensador e o compressor e volta a ligar a 30 °C. A Figura 5.192 mostra os diagramas de comando e de força.

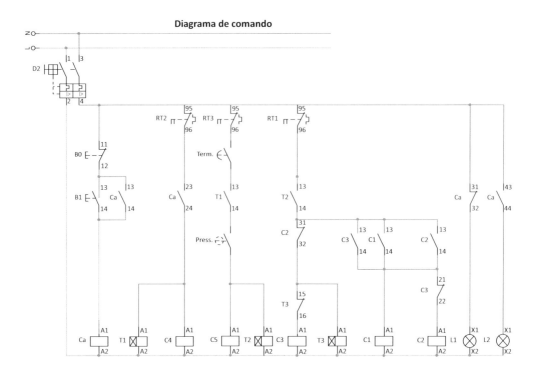
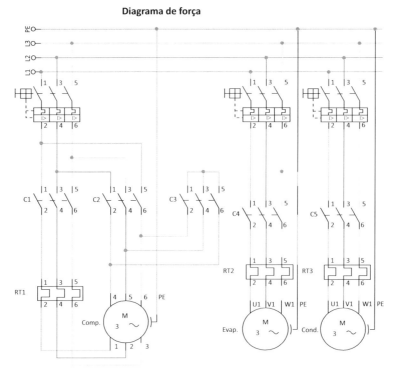

Figura 5.192

O sistema de ar-condicionado apresentado na Figura 5.193 possui o compressor com partida estrela triângulo. O evaporador e o condensador são acionados por chave de partida direta. A rede SFC para o sistema possui a primeira sequência para ativação da transição Ca. Após ativada a sequência simultânea com os passos Evaporador, Condensador, Sinal_1, o compressor acionado pela chave estrela triângulo está na terceira sequência.

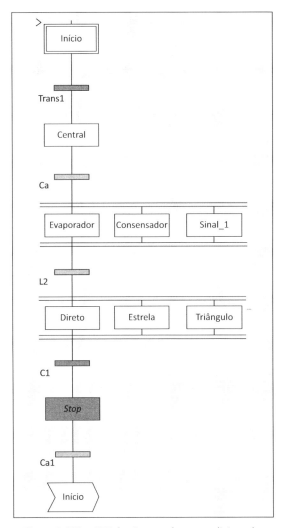

Figura 5.193 SFC do sistema de ar-condicionado.

A lógica do sistema com todos os passos está desenvolvida em texto estruturado. A primeira sequência ativa o sistema pelo passo Central. O acionamento do evaporador é pelo passo Evaporador com lógica desenvolvida em texto estruturado.

```
(*Acionamento da central de ar*)
(*Sistema ligado*)
IF (B0=true) and  (B1=false or Ca=true) THEN Ca:=false;
END_IF;
IF (B0=false) and (B1=true or Ca=true) THEN Ca:=true;
END_IF;
```

Agora, passo Evaporador.

```
(*Acionamento do evaporador*)
IF (RT2=true or B0=true) and (Ca=true)
THEN C4:=false; END_IF;
IF (RT2=false and B0=false)
and (Ca=true) THEN C4:=true; END_IF;
(*Temporizador1*)
temporizador1 (IN :=C4 (*BOOL*),
PT :=pres1 (*TIME*),
Q =>temp1 (*BOOL*),
ET =>efe1 (*TIME*));
```

A seguir, o condensador com solução em texto estruturado, com tempo entre o evaporador e o condensador.

```
(*Acionamento do condensador*)
IF (RT3=true or B0=true) and (term=true and press=true or temp1=true)
THEN C5:=false; END_IF;
IF (RT3=false and B0=false) and (term=true and press=true) and temp1=true
THEN C5:=true; END_IF;
(*Temporizador2*)
temporizador2 (IN :=C5 (*BOOL*),
PT :=pres2 (*TIME*),
Q =>temp2 (*BOOL*),
ET =>efe2 (*TIME*));
```

Linguagens gráficas

Sinalização em texto estruturado.

```
(*Sinalização sistema desligado*)
IF (Ca=true)
THEN L1:=true; END_IF;
IF (Ca=false)
THEN L1:=false; END_IF;
(*Sinalização sistema ligado*)
IF (Ca=false)
THEN L2:=false; END_IF;
IF (Ca=true)
THEN L2:=true; END_IF;
```

Na sequência simultânea para acionamento do compressor por meio da chave estrela triângulo, o primeiro passo Direto está com lógica em texto estruturado para acionamento do contator direto que aciona o compressor.

```
(*Chave partida estrela triângulo*)
(*Contator direto*)
IF (C3=true or C1=true) and (RT1=false and temp2=true) and B0=false
THEN C1:=true;
ELSE
C1:=false;
END_IF;
```

Na partida em estrela, o contator estrela fecha os terminais do motor nessa configuração por meio da lógica que está no passo Estrela.

```
(*Contator estrela*)
IF (RT1=false and temp2=true) and (C2=false and temp3=false)
and B0=false  THEN C3:=true;
ELSE
C3:=false; END_IF;
temporizador3 (IN :=C1 (*BOOL*),
PT :=pres3 (*TIME*),
Q =>temp3 (*BOOL*),
ET =>efe3 (*TIME*));
temporizador4 (IN :=temp3 (*BOOL*),
PT :=pres4 (*TIME*),
Q =>temp4 (*BOOL*),
ET =>efe4 (*TIME*));
```

Na comutação em triângulo, o contator triângulo fecha os terminais nessa configuração por meio da lógica que está no passo Triângulo.

```
(*Contator triângulo*)
IF (temp4=true or C2=true) and (C3=false) and (B0=false and RT1=false)
THEN C2:=true;
ELSE
C2:=false;
END_IF;
```

Exercício

No processo industrial da Figura 5.194, uma correia transportadora, acionada pelo motor M1, conduz o produto A que é despejado pela válvula Va no reservatório misturador. O produto B é despejado quando a válvula Vb é acionada. As duas substâncias são misturadas pelo agitador que é acionado pelo motor M2. O esvaziamento do reservatório com os produtos é realizado pelo acionamento da bomba Ba e da válvula Vc. Um sensor de nível mínimo interrompe o esvaziamento e o sensor máximo é uma emergência para a entrada de produtos que interrompem Va e Vb. A Figura 5.195 mostra os diagramas de força e de comando.

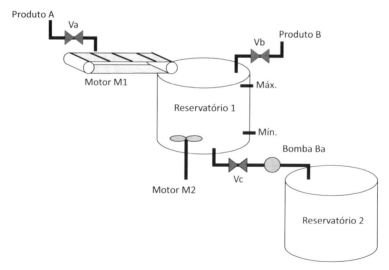

Figura 5.194   Processo industrial.

Linguagens gráficas

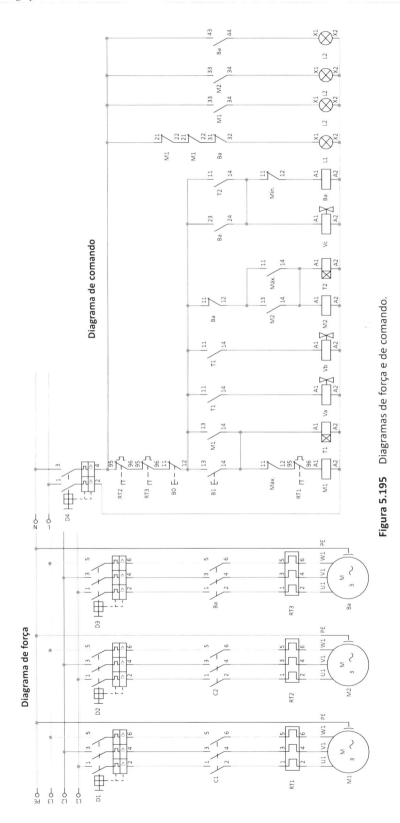

Figura 5.195 Diagramas de força e de comando.

O processo industrial da Figura 5.196 possui três partidas diretas. A esteira é acionada por chave de partida direta representada pelo passo Esteira. Em seguida, há a transição Motor1 em que a rede SFC para o processo possui a primeira sequência simultânea com os passos Produto_A, Produto_B, Sinal_1. Depois, a transição Va, que ativa a sequência simultânea com os passos Agitador, Val_saída, Bomba_saída, Sinal_2.

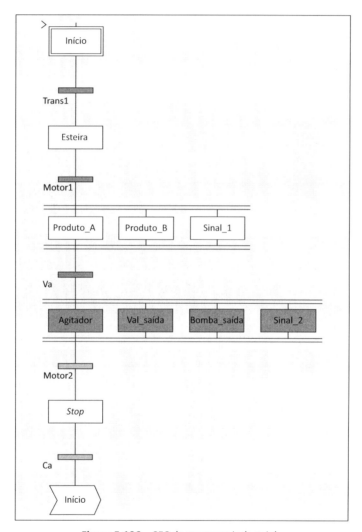

Figura 5.196 SFC do processo industrial.

Linguagens gráficas

A seguir, a esteira com programação em texto estruturado com tempo entre os produtos A e B.

```
(*Controle de processo*)
(*Acionamento da esteira do produto A motor M1*)
IF (RT2=true or RT3=true or B0=true
or RT1=true or Max=true)
and  (B1=false or Motor1=true) THEN Motor1:=false;
END_IF;
IF (RT2=false or RT3=false or B0=false
or RT1=false or Max=false)
and (B1=true or Motor1=true) THEN Motor1:=true;
END_IF;
(*temporizador T1*)
temporizador1 (IN :=Motor1 (*BOOL*),
   PT :=pres1 (*TIME*),
   Q =>temp1 (*BOOL*),
   ET =>efe1 (*TIME*));
```

O produto A liberado pela válvula Va é acionado depois de um tempo. O sistema é desenvolvido em texto estruturado.

```
(*Produto_A (solenoide Va)*)
IF temp1=true THEN Va:=true;
END_IF;
IF temp1=false THEN Va:=false;
END_IF;
```

O produto B liberado pela válvula Vb é acionado depois do tempo da esteira ligada. O sistema também é desenvolvido em texto estruturado.

```
(*Produto_B (solenoide Vb)*)
IF temp1=true
THEN Vb:=true;
END_IF;
IF temp1=false
THEN Vb:=false;
END_IF;
```

A seguir, sinalização para indicar processo desligado e esteira ligada.

```
(*Sinalização L1 sistema desligado*)
IF (Motor1=false or Motor2=false or Bomba_Ba=false)
THEN L1:=true;
END_IF;
IF (Motor1=true or Motor2=true or Bomba_Ba=true)
THEN L1:=false;
END_IF;
(*Sinalização L2, M1 ligado*)
IF Motor1=false THEN L2:=false;
END_IF;
IF Motor1=true THEN L2:=true;
END_IF;
```

O agitador é acionado após a lógica ser atendida. O passo referente ao agitador (Agitador) está em texto estruturado.

```
(*Acionamento do agitador motor M2*)
IF Bomba_Ba=false and
(Max=true or Motor2=true)
THEN Motor2:=true;
END_IF;
IF Bomba_Ba=true and
(Max=false or Motor2=false)
THEN Motor2:=false;
END_IF;
(*Temporizador T2*)
temporizador2 (IN :=Motor2 (*BOOL*),
    PT :=pres2 (*TIME*),
    Q =>temp2 (*BOOL*),
    ET =>efe2 (*TIME*));
```

A bomba de saída é acionada depois de a lógica ser atendida. O passo referente à bomba Ba (Bomba_saída) está em texto estruturado.

```
(*Acionamento da bomba Ba*)
IF Min=false and (temp2=true or Bomba_Ba=true)
THEN Bomba_Ba:=true;
END_IF;
IF Min=true and (temp2=false or Bomba_Ba=false)
THEN Bomba_Ba:=false;
END_IF;
```

Linguagens gráficas

Antes de a bomba Ba ligar a válvula Vc, deve ser acionada para a liberação do produto de saída. A lógica foi desenvolvida em texto estruturado.

```
(*Acionamento da válvula Vc*)
IF Bomba_Ba=true THEN Val_Vc:=true;
END_IF;
IF Bomba_Ba=false THEN Val_Vc:=false;
END_IF;
```

A seguir, a sinalização que completa o processo com solução em ST.

```
(*Sinalização L1 sistema desligado*)
IF (Motor1=false or Motor2=false
or Bomba_Ba=false) THEN L1:=true;
END_IF;
IF (Motor1=true or Motor2=true
or Bomba_Ba=true) THEN L1:=false;
END_IF;
(*Sinalização L3, M2 ligado*)
IF Motor2=false THEN L3:=false;
END_IF;
IF Motor2=true THEN L3:=true;
END_IF;
(*Sinalização L4, Ba ligado*)
IF Bomba_Ba=false THEN L4:=false;
END_IF;
IF Bomba_Ba=true THEN L4:=true;
END_IF;
```

Exercício

A Figura 5.197 apresenta um sistema eletropneumático e a Figura 5.198, o diagrama de comando do programa do CP, capaz de efetuar o controle de uma prensa que é avançada quando dois botões são acionados exatamente ao mesmo tempo. No entanto, se o operador apertar qualquer um dos dois botões e demorar mais do que 5 segundos para apertar o outro botão, a prensa não atua. Para uma nova tentativa, o operador deve soltar os dois botões. O retorno da prensa acontece assim que qualquer botão seja desacionado.

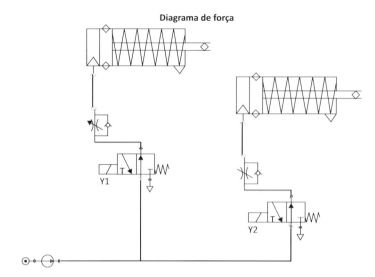

Figura 5.197 Sistema eletropneumático.

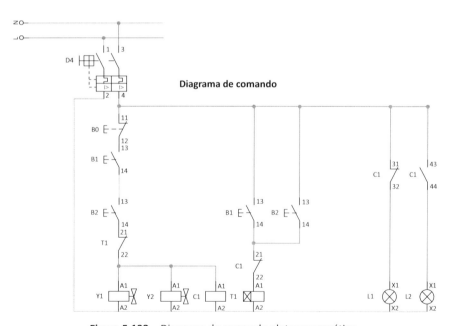

Figura 5.198 Diagrama de comando eletropneumático.

O comando eletropneumático possui dois cilindros simples representados na Figura 5.199, pelo passo Cilindros. Na mesma sequência há o bloqueio representado pelo passo Bloqueio. Depois há o passo sinalização. Todos estão em lógica desenvolvida em linguagem *ladder*.

Linguagens gráficas

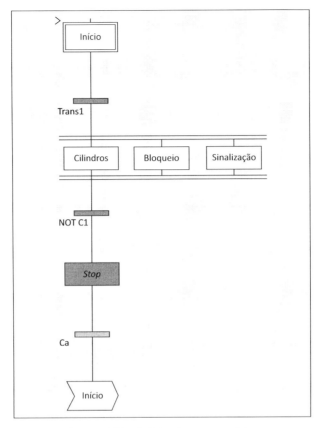

Figura 5.199 SFC do eletropneumático.

O acionamento da guilhotina foi desenvolvido em linguagem *ladder* e é representado pelo passo Cilindros (Figura 5.200).

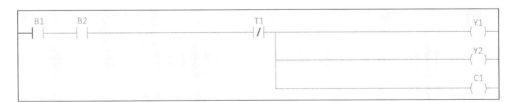

Figura 5.200 SFC do passo Cilindros.

A sinalização também está em linguagem *ladder* (Figura 5.201).

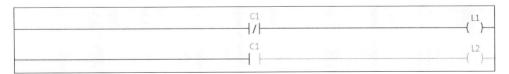

Figura 5.201 SFC da sinalização.

O bloqueio é em linguagem *ladder* (Figura 5.202), com tempo de bloqueio.

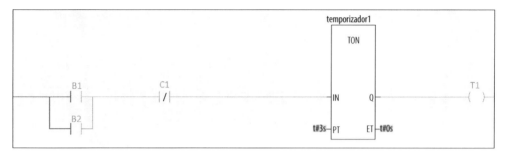

Figura 5.202   SFC do tempo de acionamento dos cilindros.

Exercício

A Figura 5.203 apresenta o separador de caixas e a Figura 5.204 mostra o diagrama de comando do programa de CP para processo industrial. Nesse processo, uma esteira acionada pelo motor M1 transporta caixas de três tamanhos (pequena, média e grande) que sensibilizam três sensores ópticos (Sp, Sm, Sg). O processo tem início quando a botoeira (B1) é acionada e interrompido pela botoeira (B0). A seleção do tipo de caixa é feita a partir de uma chave seletora de três posições (P, M e G). Assim, por exemplo, quando selecionadas caixas grandes, a esteira deve parar e a sirene soar caso uma caixa pequena ou média seja detectada. Ela deve ser expulsa pelo cilindro (Cil), e o operador religa o sistema em (B1).

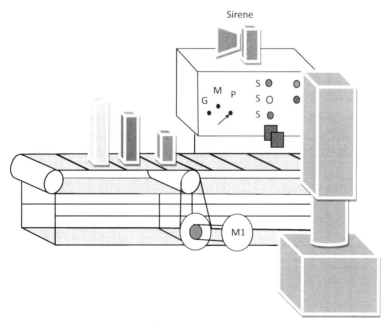

Figura 5.203   Separador de caixas.

Linguagens gráficas 343

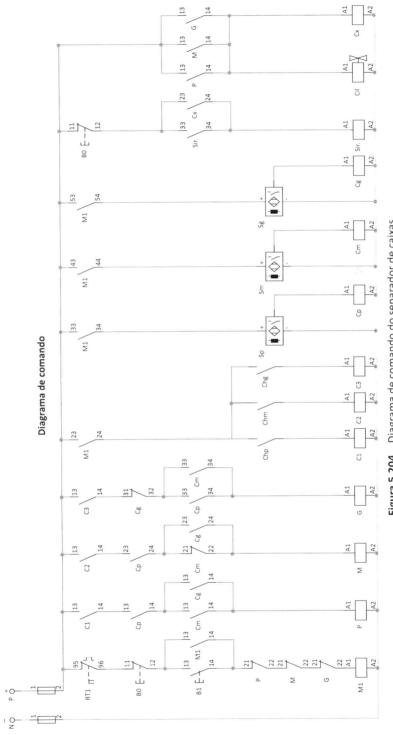

Figura 5.204 Diagrama de comando do separador de caixas.

O processo industrial da Figura 5.205 possui duas sequências simultâneas. A primeira tem os passos Esteira, Seleção_ta, Sensores. Em seguida, a transição Trans1 habilita a segunda sequência simultânea com os passos Sirene, Cilindro.

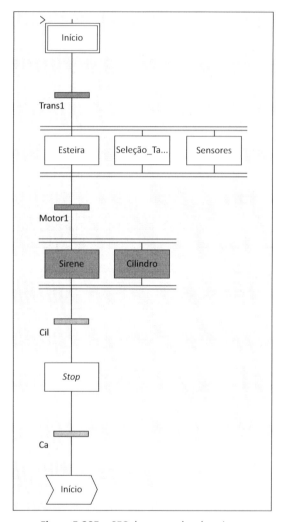

Figura 5.205 SFC do separador de caixas.

O passo da esteira é desenvolvido em linguagem *ladder* (Figura 5.206).

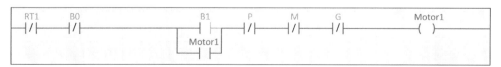

Figura 5.206 SFC do separador de caixas.

Para selecionar o tamanho do produto, há necessidade de uma chave manual que seleciona produto pequeno Chp, médio Chm ou grande Chg (Figura 5.207).

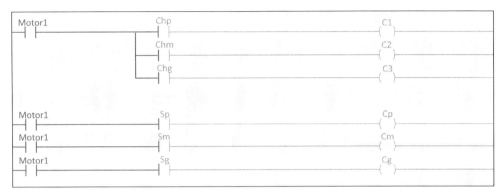

Figura 5.207 Seleciona caixas.

Os sensores para seleção são P para pequeno, M para médio e G para grande, todos no passo Sensores (Figura 5.208).

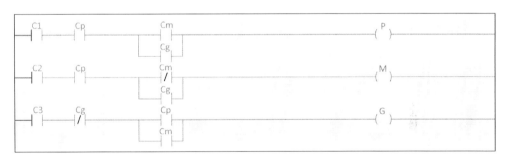

Figura 5.208 Sensores para seleção de caixas.

A seguir, o acionamento do cilindro de expulsão do produto indevido (Figura 5.209).

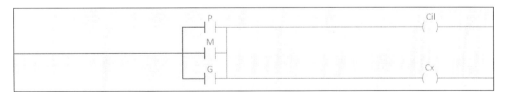

Figura 5.209 Cilindro de expulsão.

Se houver um produto indevido na produção, o cilindro atua retirando esse produto. Enquanto isso o alarme soa (Figura 5.210).

Figura 5.210 Alarme.

Exercício

A Figura 5.211 mostra o sistema de controle de enchimento de silo. Com dois produtos sólidos (X, Y) e um líquido (Z), o transporte de sólidos é feito por esteiras e do líquido é por tubulação com válvula. O diagrama de força está na Figura 5.212 e o diagrama de comando elétrico aparece na Figura 5.213.

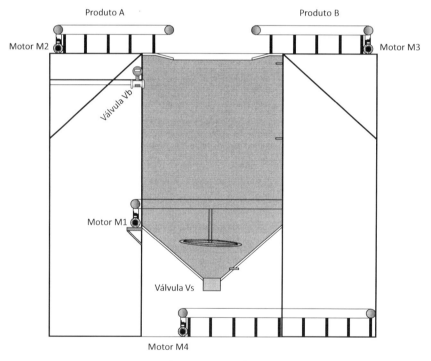

Figura 5.211 Silo.

O comando liga B1 e desliga pela botoeira B0. A válvula de entrada do líquido Z, válvula Ve, liga com B1 e só desliga pelo sensor final Sf no final do enchimento do tanque Tq1. A esteira X é acionada com a válvula Ve e desliga com o sensor médio Sm. A esteira do sólido Y deve completar o enchimento até que este seja desligado com o sensor final Sf. Ao desligar a válvula Ve, o agitador M1 liga e fica ligado durante 30 segundos. Feita a mistura, a válvula de saída Vs do tanque Tq1 é aberta. O transporte do produto misturado é feito pela esteira do motor M4 que é acionado 5 segundos antes da válvula Vs abrir. A esteira de transporte da mistura somente deve ser desligada com a válvula Vs, quando não há mais produto no tanque e o sensor mínimo Smn é atingido.

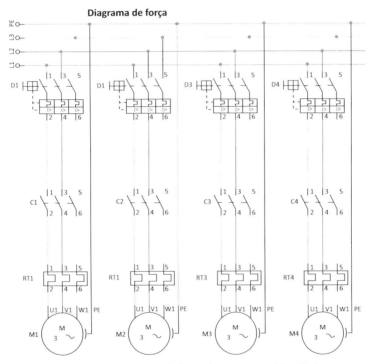

Figura 5.212   Diagrama de força de quatro partidas diretas.

348 *Introdução às linguagens de programação para CLP*

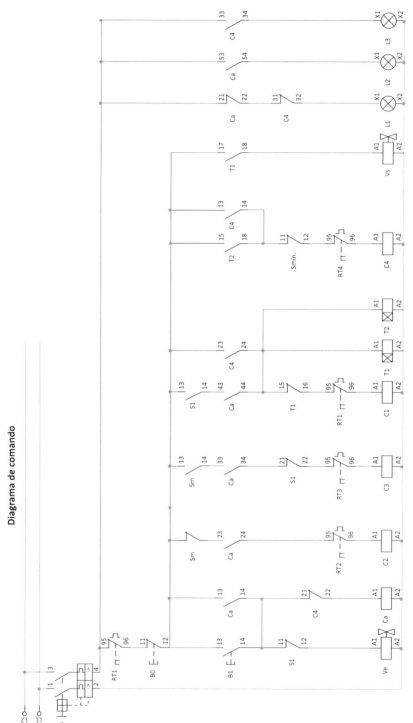

Figura 5.213 Diagrama de comando.

Linguagens gráficas

O processo industrial possui duas sequências simultâneas. A primeira tem os passos Produto_A, Produto_B, Agitador; a segunda apresenta os passos Válvula_C, Bomba_Ba, Sinalização. Todos são desenvolvidos em linguagem *ladder* (Figura 5.214).

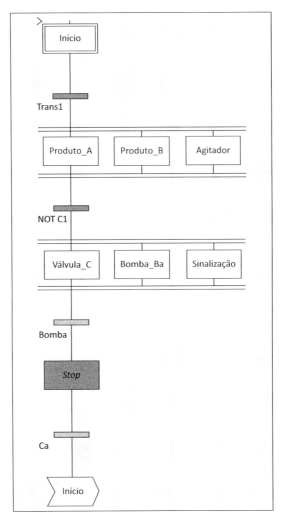

Figura 5.214   SFC do processo de silo.

Como pedido do exercício, foi inserido um tempo para acionar a válvula Va do produto A e a válvula Vb do produto B (Figura 5.215).

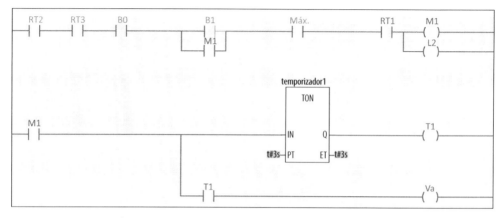

Figura 5.215 Diagrama *ladder* do tempo entre válvulas.

O comando para o produto B é simples e tem a implementação de uma linha para acionar a válvula Vb (Figura 5.216).

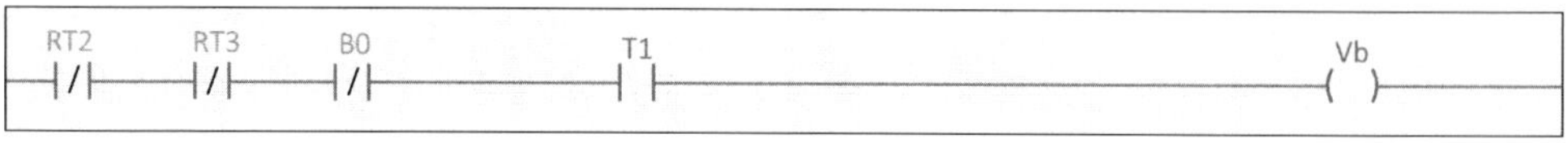

Figura 5.216 Acionamento da válvula Vb.

O agitador é acionado pelo motor de indução M2 (Figura 5.217).

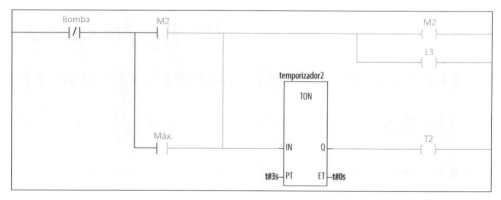

Figura 5.217 Agitador.

Em seguida, a bomba de escoamento da saída do produto é acionada (Figura 5.218).

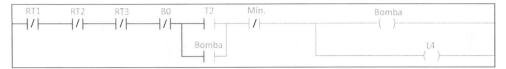

Figura 5.218 Bomba de escoamento.

Para a mistura ser escoada pela bomba Ba, a válvula Vc tem que abrir a tubulação (Figura 5.219).

Figura 5.219 Diagrama *ladder* para acionar a bomba de escoamento.

A sinalização simples indica processo acionado (Figura 5.220).

Figura 5.220 Diagrama *ladder* para sinalização.

Referências bibliográficas

BONFATTI, F.; MONARI, P.; SAMPIERI, U. **IEC 1131-3** programming methodology. [S.l.]: CJ International, 1997.

CAPELLI, A. **Automação industrial**: controle do movimento e processos contínuos. São Paulo: Érica, 2006. 240 p.

FIALHO, A. B. **Automação pneumática**: projetos, dimensionamento e análise de circuitos. 3. ed. São Paulo: Érica, 2003. 324 p.

FONSECA, M. O. Novas tendências para o desenvolvimento de projetos de automação industrial. In: SEMINÁRIO DE AUTOMAÇÃO DE PROCESSOS, 7., 2003, Santos. **Anais**... Santos: ABM, 2003. p. 78-86.

_____. Sistemas de controle híbrido. **Revista Intech Brasil**, São Paulo, n. 62, p. 12-20, 2004.

FONSECA, M. O.; FILHO, C. S.; FILHO, A. B. **Aplicando a norma IEC 61131 na automação de processos**. São Paulo: ISA Distrito 4, 2008. 568 p.

FRANCHI, C. M. **Acionamentos elétricos**. 4. ed. São Paulo: Érica, 2008. 256 p.

FRANCHI, C. M.; CAMARGO, V. L. A. **Controladores lógicos programáveis**: sistemas discretos. São Paulo: Érica, 2008. 352 p.

GEORGINI, M. **Automação aplicada**: descrição e implementação de sistemas sequenciais. 6. ed. São Paulo: Érica, 2003. 240 p.

HUGH, J. **Automating manufacturing systems with PLCs**: version 4.2. [S.l.]: Free Software Foundation, 2003.

INTERNATIONAL ELECTROTECHNICAL COMMISSION. **IEC 61131-1**: programmable controllers: part 1: general information. Genève, 1992. 34 p.

_____. **IEC 1131-2**: programmable controllers: part 2: equipment requirements and tests. Genève, 1992. 113 p.

_____. **IEC 61131-3**: programmable controllers: part 3: programming languages. 2. ed. Genève, 2002. 215 p.

_____. **IEC 61131-4**: programmable controllers: part 4: user guidelines. 2. ed. Genève, 2000. 99 p.

_____. **IEC 61131-5**: programmable controllers: part 5: communications. Genève, 2000. 99 p.

LEWIS, R. W. **Programming industrial control systems using IEC 61131-3**. London: Institution of Electrical Engineers, 1995. 293 p.

_____. **Modeling control systems using IEC 61499**: applying function blocks to distributed systems. London: Institution of Electrical Engineers, 2001. 192 p.

MODICON M340: Unity Pro. [S.l.]: Schneider Electric, [s.d].

NATALE, F. **Automação industrial**. 10. ed. São Paulo: Érica, 2008. 256 p.

PLCOPEN. **PLCopen adds independent XML Schemes to IEC 61131-3**. 2004. Disponível em: <http://www.plcopen.org/pages/tc6_xml/xml_intro/>. Acesso em: 31 mar. 2010.

YOUNIS, M. B; FREY, G. Visualization of PLC programs using XML. In: AMERICAN CONTROL CONFERENCE, 2004, Boston. **Proceedings**... Boston: American Automatic Control Council, 2004. 4 v. p. 3082-3087.